中國學術思想

研究輯刊

九 編

林 慶 彰 主編

第 19 冊

《中庸》形上思想研究

王 聰 明 著

花木蘭文化出版社

國家圖書館出版品預行編目資料

《中庸》形上思想研究／王聰明 著 — 初版 — 台北縣永和市：
花木蘭文化出版社，2010〔民 99〕
序 4+ 目 2+256 面；19×26 公分
（中國學術思想研究輯刊 九編；第 19 冊）
ISBN：978-986-254-285-9（精裝）
1. 中庸　2. 形上學　3. 研究考訂
121.2537　　　　　　　　　　　　　　　　　99014472

ISBN - 978-986-254-285-9

9 789862 542859

中國學術思想研究輯刊
九　編　第十九冊　　　　　　　　ISBN：978-986-254-285-9

《中庸》形上思想研究

作　　者	王聰明
主　　編	林慶彰
總 編 輯	杜潔祥
出　　版	花木蘭文化出版社
發 行 所	花木蘭文化出版社
發 行 人	高小娟
聯絡地址	台北縣永和市中正路五九五號七樓之三
	電話：02-2923-1455／傳眞：02-2923-1452
網　　址	http://www.huamulan.tw 信箱 sut81518@ms59.hinet.net
印　　刷	普羅文化出版廣告事業
封面設計	劉開工作室
初　　版	2010 年 9 月
定　　價	九編 20 冊（精裝）新台幣 33,000 元

《中庸》形上思想研究

王聰明　著

作者簡介

王聰明，山東昌邑人，一九五八年生於新竹，台灣師範大學國文系、國文研究所碩士班及博士班畢業，一九九八年獲台灣師範大學文學博士。曾任中學教師，現任明新科技大學人文社會與科學學院人文藝術教學中心副教授，講授中文領域、詩經、易經、老莊哲學等課程。主要著作有《左傳之人文思想研究》（碩士論文）、《中庸形上思想研究》（博士論文）等。

提　　要

　　本論文旨在探討《中庸》的形上思想。第一章《中庸》的名義、作者、成書年代及其地位。首節就中、庸二字在先秦典籍與《中庸》書裡的使用情形，論定其確實的意義；次節考察《中庸》作者及成書年代的問題；末節說明《中庸》在中國思想史上的地位。

　　第二章《中庸》形上思想與儒學傳統。主要以性與天道為範疇，針對《中庸》「天命之謂性」此一思路的形成，探討其形上思想與儒學傳統的關係。首節由《詩》、《書》、《左傳》等古經記載，分別探討了「自生說性」及「自天命下貫說性」的兩大傳統；次節論述孔子對天道「超越的遙契」發展為《中庸》對天道「內在的遙契」的過程；第三節闡發曾子守約忠恕的要義，以明《中庸》「慎獨」觀念的歷史淵源；末節探討孟子的心性論與工夫論，指出《中庸》言性當是繼孟子性善之說而立論，且《中庸》從天命下貫言性的思路，其實可由孟子說「心之官」是「此天之所與我者」轉出。至於孟子求放心、存養夜氣的工夫論，與《中庸》慎獨、致中和、率性、盡性、誠之、明誠等工夫論一樣，都是逆覺自證的道德工夫。

　　第三章當代《中庸》形上思想詮釋系統的考察。經由當代《中庸》詮釋系統間的對比反省，抉擇出其中較為合理的詮釋，以衡定《中庸》形上思想的義理性格，並作為建構其形上思想的基礎與依據。

　　第四章《中庸》形上思想的綱領與內涵。首節《中庸》形上思想的綱領，主要是就「天命之謂性，率性之謂道，修道之謂教」這三句話，進行義理解析，以確定天、命、性、道、教等諸詞的實際含義；次節《中庸》形上思想的內涵，先區分為本體論與工夫論兩個部份，再進而對《中庸》形上思想加以舖陳與展示。

目次

自　序

前　言 1

第一章　《中庸》的名義、作者、成書年代及其地位
.... 5

　　第一節　中庸的名義 5

　　第二節　《中庸》的作者及其成書年代 18

　　第三節　《中庸》在中國思想史上的地位 55

第二章　《中庸》形上思想與儒學傳統 65

　　第一節　《詩》、《書》、《左傳》中自生說性與自天
　　　　　　命下貫說性的傳統 65

　　第二節　孔子的仁教 77

　　第三節　曾子守約之學 88

　　第四節　孟子的心性論與工夫論 93

第三章　當代《中庸》形上思想詮釋系統的考察 · 131

　　第一節　錢穆先生《中庸》詮釋系統的考察 133

　　第二節　勞思光先生《中庸》詮釋系統的考察 143

　　第三節　徐復觀先生《中庸》詮釋系統的考察 161

　　第四節　唐君毅先生《中庸》詮釋系統的考察 170

　　第五節　牟宗三先生《中庸》詮釋系統的考察 183

第四章　《中庸》形上思想的綱領與內涵 199

　　第一節　《中庸》形上思想的綱領 199

　　第二節　《中庸》形上思想的內涵 222

結　論 247

主要參考書目 251

自　序

　　記得以前看《中國哲學史》時，我發現像勞思光先生他是把《中庸》放在漢代哲學的部份來敘述，因為他認為《中庸》代表的是儒學中最早的形上學理論，這種以形上學為主的立場已經偏離了孔、孟心性論中心的方向，而是屬於漢儒型的理論。可是當我在讀唐君毅、牟宗三先生的著作時，我又發現，他們基本上都認為《中庸》是由心性的自覺所證成的形上學系統，是孔、孟思想的進一步開展與極成，也就是說，《中庸》形上思想仍是屬於先秦儒家思想的範疇。由此可見，在對《中庸》形上思想的理解上，勞先生與唐先生、牟先生的看法是不同的，這種對《中庸》義理性格認定上的岐異，甚至影響到學說的歸屬與成書年代的判斷。像勞先生主張孔孟思想是純粹「心性論中心的哲學」，其中並不涉及形上學的問題，而《中庸》卻是以形而上意義的「存有」解釋「價值」的理論系統，《中庸》成書年代當在漢初；唐先生、牟先生則認為《中庸》作為儒學的形上學理論，它跟孔孟思想一樣，都是由主觀面的道德實踐，進而體證客觀面的形上世界，同屬於「天人合德」的形上學，也就是所謂「道德的形上學」，所以《中庸》成書年代在孟子之後，跟漢儒型的理論有別。同樣一部儒學典籍，為什麼當代學者在詮釋上會有這麼大的不同？到底《中庸》形上思想在哲學史上應該如何去定位比較合理恰當？我認為這是有必要進一步加以釐清分判的，因此我就選擇了《中庸》形上思想，作為研究的題目，這是我研究這篇論文的原始動機。

　　題目確定以後，我開始構思這篇論文的架構，首先我覺得有必要針對當代《中庸》形上思想的詮釋系統加以考察，藉此確定《中庸》形上思想的義理性格，並作為建構《中庸》形上思想的基礎與依據。這個部份我選擇了五

位當代學者的詮釋系統進行論述，實際上，這五位當代學者分別代表了三種典範性的詮釋系統，透過比較的方法，我確立了牟先生的詮釋系統的優越性。牟先生詮釋中國儒家哲學，建立了「道德的形上學」的系統，本文在探討《中庸》的形上思想時，主要就是採取牟先生的詮釋進路。至於錢穆先生「自然主義」的詮釋進路，以及勞思光先生「以存有論解釋價值論」的詮釋進路，我認爲並不適合拿來作爲詮釋《中庸》形上思想的依據。然後我回到《中庸》本身，分三章加以論述，也就是第一章《中庸》的名義、作者、成書年代及其地位，第二章《中庸》形上思想與儒學傳統，第四章《中庸》形上思想的綱領與內涵。第一章部份，比較重要的結論是我認爲《中庸》有關形上思想的部份，例如「中」的觀念，「誠」的觀念，「愼獨」的思想以及「性與天道」方面的論述，都應當是出於孟子之後才是。從這個結論來看，《中庸》形上思想與儒學傳統必然有密切的關係，因此在第二章部份，我就以「性與天道」爲主要線索，探討《中庸》從天命下貫說性的思路形成的歷史背景，並且《中庸》的一些重要工夫理論，像愼獨、致中和、率性、盡性、誠之、明誠等等觀念，也都可以從孔子、曾子、孟子的思想中找到演變的線索。所以第二章論述，主要是運用「思想史研究法」，著眼於考察觀念與概念間內在理路的發展或變化。第四章才是直接探討《中庸》形上思想的綱領與內涵，關於綱領的部份，主要是就「天命之謂性，率性之謂道，修道之謂教」這三句話，進行義理的解析，以確定天、命、性、道、教這些語詞的實際含義，所以這個部份主要用的是「解析研究法」，也就是注重客觀地解析每一思想所使用的語詞及論證的確切意義。至於內涵的部份，我是就本體論與工夫論這兩個範疇，對於《中庸》形上思想加以舖陳與展示，這是屬於所謂的「體系研究法」，也就是著眼於每一思想內部觀念間組成的理論構造，而進行系統性的陳述。以上是我這篇論文在寫作方法上的運用情形。

這篇論文在寫作過程中，無可避免地遭遇到一些困難。首先，我這篇論文主要是研究《中庸》的形上思想，這裏形上學是借用西方哲學的名詞，名稱雖然相同，但內涵、實質卻是不同的。究竟中、西形上學的差異在那裏？這個問題必須先加以釐清分辨，否則這篇論文的研究範疇無法確定。但中、西形上學的差異事實上又跟整個中、西方的哲學傳統是關聯在一起的，在這一點上，我覺得西方哲學知識的不足，必然會影響到我的研究水準。因爲從大學開始，一直到博士班，我都是在本校國文系所就讀，我不可能像哲學系

的學生一樣，接受完整而嚴格的西方哲學的訓練，這是我在一開始就感到比較困擾的地方。但是既然確定了研究的主題，我也只有儘量去涉獵一些相關的書籍，彌補背景知識的不足，至少對中、西形上學的差異，能夠作出一些基本而有效的區隔，這樣才不至於在研究方向上產生偏差，或是跟西方形上學的觀念糾結在一起。其次，我對《中庸》形上思想的詮釋，基本上是採取牟先生的詮釋進路。牟先生詮釋中國儒家哲學，最重要的是建立了「道德的形上學」的系統。他認為「道德的形上學」並不是他所首創，先秦儒家從孔子開始就朝向這個趨勢發展，到宋明理學「道德的形上學」已經被充分的完成。因而他認為，儒學的發展，實質上是「道德的形上學」的形成、發展和充分完成的歷史。但是要了解牟先生的詮釋進路，必須先對牟先生一系列的主要著作，進行研讀跟消化。牟先生的書號稱難讀，所以為了了解他的義理架構，花了不少時間，這篇論文之所以到第八年才提出，這也是原因之一。第三個困難是出在《中庸》文獻本身。因為《中庸》思想的內容過於簡略，所以在詮釋上容易造成分歧。舉例來說，《中庸》說「誠者，自成也；而道，自道也」這段話，勞思光先生認為這是取形上詞義，意思是「誠」跟「道」本身有實現它自己的動力；但是這段話也可以落在主體的修為上說，意思是指「誠」與「道」是要通過人自己的工夫實踐去完成的，這就變成是在強調人格的自我完成和自我實現，也就是強調人的主體能動的作用。到底這兩種不同的詮釋，那一種才符合《中庸》的原意呢？這就必須加以判斷、抉擇。類似這種例子，我認為一方面要考慮到《中庸》的義理性格，一方面所有的解釋必須滿足詮釋合理性原則的要求，例如說：一項合理的詮釋必須能夠還原到經典中，取得文獻的印證與支持；應該儘可能運用經典本身無疑義的文獻來解釋有疑義的章句；應該將經典本身視為在思想上一致和諧的整體，避免將詮釋對象導入自相矛盾的立場等等。基本上我是通過這些方法跟原則，來處理《中庸》文獻在詮釋上所遭遇到的困難。

這篇論文在研究成果方面，我覺得有幾點可以提出來說明。第一、牟先生建立了「道德的形上學」的哲學體系，來詮釋中國儒家哲學，但是他並沒有專章討論《中庸》的義理，本文則是比較集中而全面的探討《中庸》形上思想，可以說是證成了牟先生「道德的形上學」的說法。第二，有關《中庸》的名義、作者及其成書年代的問題，我作了一番考察、釐清、辨正的工作，提出了比較明確的看法。第三，綜合學者們從思想史的考察所得到的結論，

我推定《中庸》有關形上思想方面的論述應當是出於孟子之後，而由孟子以後的學者所完成。第四，關於《中庸》形上思想和儒學傳統的關係，我作了一番詳細的考察、探討，對於《中庸》形上思想在儒學傳統中發展的過程，我理出了一個較為清晰的線索，這有助於了解《中庸》本體及工夫觀念形成的歷史背景。第五，有關《中庸》形上思想的綱領與內涵，我嘗試用現代語言與哲學經驗加以分析、表述，使《中庸》形上思想能有一個比較明確清晰的意義呈現。第六，對於《中庸》形上思的詮釋，當代學者之間顯然有很大的出入，經過本文的考察、反省與批評，我確立了牟先生詮釋系統的優越性，而把《中庸》形上思想的義理性格，定位為「道德的形上學」，因而《中庸》在先秦儒學的發展史上，取得了一個比較明確的地位。

這篇論文，除了對《中庸》形上思想的內涵加以探討外，對《中庸》形上思想在先秦儒學史上的發展，也有詳細的分析。但遺憾的是，關於《中庸》形上思想在宋明理學中的發展，沒有能夠一併完成，我想這是本文未來發展的首要方向。

本文的撰述，多蒙業師黃錦鋐教授的關切、激勵及指正，始克完成。提攜裁成之德，不敢一日或忘。又這篇論文在初稿完成之後，曾蒙陳滿銘、陳郁夫、朱榮智、傅武光等四位教授不辭辛勞地披閱，並提供許多寶貴的意見，在此一併表示感謝之意。「博士畢業只是研究學問的開始」，願以此言自勉之。

前　言

　　本文論述的目的，旨在探討《中庸》的形上思想。在進入主題之前，先對「形上學」一詞的涵義略作說明。

　　一般所謂的「形上學」，主要是指西方哲學亞里斯多德系統所使用的意義。亞里斯多德在他的哲學系統中，指凡是以探討「存有物之為存有物」的「終極實在」為目的的學問，謂之形上學。換言之，形上學是以「存有」為研究對象。這種形態的形上學稱之為「實有形態的形上學」或「觀解的形上學」。在現代，通常又將形上學區分為「存有論」與「宇宙論」兩個領域。探討「存有」的形上學，稱為「存有論」（也稱作「本體論」）；另外討論宇宙生成變化的形上學，稱為「宇宙論」。廣義的形上學包括這兩個部門，狹義的形上學則宇宙論除外。對於形上學，西哲重視的是概念的思考、理論的創發與系統的建立，而鮮少涉及實存的體證，特別是道德行為的踐履。所以西方這一套經由客觀分解而建立的形上學，往往易流於猜測、獨斷，而缺乏必然性與真實性。

　　實有形態（觀解）的形上學是西方哲學的主流，然而卻是中國思想所不注重的，因而也可說是沒有的。然則這並不表示中國沒有形上學，而是和西方那種觀解的實有形態不同。中國儒道佛三家都是從實踐的立場說形上學，這種從主觀面講的形上學，稱為「實踐的形上學」，或稱「實踐的存有論」。中國哲學中的形上學，都是依實踐所達至的心靈狀態（主觀心境）來講世界的存有，所以也都具有境界形態的形上學的性格。人的實踐方式不同，所達到的心靈境界也有所不同，於是我們所觀看或說明的世界，就不是平常所說的既成的經驗世界，而是隨著實踐路數之不同而有昇進有異趣的價值世界。

換言之，就中國哲學而言，存有論就是價值論。在中國思想史上，個人修養一直居於主流的地位，而個人修養的最終目標仍是自我求取在人倫秩序與宇宙秩序中的和諧。這和西方哲學顯然有很大的不同，從根源上起，西方就強調本體界與現象界、天國與人間、烏托邦與現實的對立，而陷入了一種二元分割、矛盾衝突的局面。可是儒道佛三家經由修行實踐而達到物我雙忘、主客並遣的境界時，二元論就不能成立。

以儒家「道德的形上學」來說，它是依道德實踐的進路而建立的關於智思界的形上學。在「道德的形上學」中，吾人對形上實體的肯認是通過道德實踐而獲致的，如缺乏懇切的工夫體證，則所說的這一套形上學的理論便不可能成立。儒家自孔孟立教，講本體必函著講工夫，即在工夫中印證本體；講工夫必預設本體，即在本體中領導工夫。儒家所謂「本體」的問題，原就不是知識性的問題，而是實踐性的問題。也就是說，本體的問題是本質上須關聯於工夫的問題來討論的。因此，本文在探討《中庸》的形上思想時，即分別就這兩個面向展開說明。道德的形上學有其必然性與真實性，這是一個唯一可以充分證成的形上學。

就《中庸》形上思想的研究而言，由於現代學者受到西方哲學理論與方法的影響，不同的詮釋觀點及理論預設，使得《中庸》形上思想也呈現出不同的義理面貌。加上研究者本身的學養背景不一，同一部經典《中庸》卻往往解讀出不同的義涵來。這些都是我們在進行研究時，所必須釐清及抉擇的問題。如果我們確信《中庸》思想的本身有其內在的一致性與整體性，而且它所呈顯的義理必與孕育它的傳統有密切的關聯，那麼對於《中庸》文獻的理解，應當還是可以有一個客觀軌道可供依循的。因此，本文在探討《中庸》形上思想時，為了避免斷章取義，所有的分析不但要求能還原到經典脈絡來說明，而且也要求將整個《中庸》形上思想的理解置於它所繼承的傳統之中來掌握。換言之，本文在研究方法上，一方面採取思想史的進路，參考思想史研究所建立的各種結論，以期疏導出《中庸》形上思想的歷史線索；一方面採取觀念系統的進路，強調《中庸》思想內在邏輯的整體性，並建立其形上思想的理論體系；同時還透過對比的方法，針對幾個當代《中庸》形上思想的詮釋系統加以考察，藉以衡定《中庸》形上思想的義理性格，並作為建構《中庸》形上思想的依據。

本論文的主體架構，除前言與結論外，共分四章。第一章《中庸》的名

義、作者、成書年代及其地位，下分三節，第一節就中、庸二字在先秦典籍
與《中庸》書裡的使用情形，論定其確實的意義。第二節針對《中庸》作者
及成書年代的問題，考察古今學者的意見，並提出自己的看法。第三節說明
《中庸》在中國思想史上的地位。第二章《中庸》形上思想與儒學傳統，主
要以先秦儒家形上思想的基源問題——性與天道為範疇，針對《中庸》「天命
之謂性」此一思路的形成，探討其形上思想與儒學傳統的關係。下分四節，
首先由《詩》、《書》、《左傳》等古經的記載，分別探討了自生說性及自天命
下貫說性的兩個傳統；其次究明孔子何以不常說「性與天道」的原因，並就
孔子對天道「超越的遙契」發展為《中庸》對天道「內在的遙契」的過程，
加以論述說明；再則闡發曾子守約忠恕的要義，以明《中庸》「慎獨」觀念的
歷史淵源；最後探討孟子的心性論與工夫論，指出《中庸》言性當是繼孟子
性善之說而立論，並且《中庸》從天命下貫言性的思路，其實可由孟子說「心
之官」是「此天之所與我者」轉出。因此，孟子從內在道德性規定「性」的
思路與《中庸》從天命下貫規定「性」的思路，並非敵對之兩途。至於孟子
求放心、存養夜氣的工夫論，與《中庸》慎獨、致中和、率性、盡性、誠之、
明誠等工夫論一樣，都函有逆覺體證的意義，都是逆覺自證的道德工夫。以
上這些論述均屬於思想史背景的研究。第三章當代《中庸》形上思想詮釋系
統的考察，經由當代《中庸》詮釋系統間的對比反省，抉擇出其中較為合理
的詮釋，以衡定《中庸》形上思想的義理性格，並作為建構其形上思想的基
礎與依據。第四章《中庸》形上思想的綱領與內涵，下分二節，第一節《中
庸》形上思想的綱領，主要是就「天命之謂性，率性之謂道，修道之謂教」
這三句話，進行義理的解析，以確定天、命、性、道、教等諸詞的實際含義。
第二節《中庸》形上思想的內涵，先區分為本體論與工夫論兩個部份，再進
而對《中庸》形上思想加以舖陳與展示，這是屬於觀念系統的研究。最後是
結論，對本文的研究所得作一簡括的綜述，並指出今後努力的方向與課題。

　　關於《中庸》的分章，前人說法不一，朱子《中庸章句》分《中庸》為
三十三章，理路一貫而且通行最廣，因此本文採用他的分章作為標準。

第一章 《中庸》的名義、作者、成書年代及其地位

第一節 中庸的名義

一、中、庸二字的本義

　　中央的中，甲骨文作**中**、**中**、**中**、**中**，均象旗立中央，旗游隨風飄揚的形狀，所以中字的本義當爲「旗名」。許愼《說文解字》：「中，內也，從口一」，顯然釋形釋義都有錯誤。由卜辭所見，中有三義：第一是旗名，第二是中央，第三是方名與姓氏。〔註1〕作旗名解是本義；作中央解是引申義，因上古時代以立中聚眾，中字便引申出中央的意思來；至於作方名與姓氏解則是中的假借義。

　　庸字，甲骨文、金文均未見。《說文》：「庸，用也。從用庚。庚，更事也。」如許說不誤，則「用」當即是庸字的古義和本義。至於庸字其他的意義，或爲引申，或爲假借。

二、中、庸二字在先秦典籍裏的一般用法

　　關於中、庸二字在先秦典籍裏使用的大概情形，陳滿銘先生《中庸思想研究》一書曾經作過一般性的分析與歸納。根據他的考察，「中」這個字，在春秋以前，就已用得頗爲普遍。由《詩經》、《今文尚書》、《周易》〈爻辭〉等

〔註1〕參見王讚源《周金文釋例》，臺北：文史哲出版社，民國69版，頁84。

典籍看來，中字的意義有表示「方位」或「等第」的，也有專作「內部」、「裏面」之義來使用的。〔註2〕如：

> 日之方中，在前上處。（詩經、邶風簡兮）

> 厥田惟上下，厥賦中上。（尚書、禹貢）〔註3〕

> 无攸遂，在中饋，貞吉。（周易、家人六二）

這些中字都與道德意義無關。但在《今文尚書》及《周易》〈爻辭〉中，也有出現含有道德意味的中字的，如《今文尚書》：

> 太史，司寇蘇公！式敬爾由獄，以長我王國。茲式有慎，以列用中罰。（立政）

> 爾克永觀省，作稽中德。（酒誥）

> 非佞折獄，惟良折獄，罔非在中。（呂刑）

在這些例子裏，「以列用中罰」是說「要加以比較而用適當的刑罰」，「作稽中德」是說「能合乎中正的美德」，「罔非在中」是說「目的無非在求得公正」。〔註4〕可見中字有「中正」、「適當」、「公正」的意義。又如《周易》〈爻辭〉：

> 朋亡，得尚于中行。（泰九二）

> 中行獨復。（復六四）

這裏所謂的「中行」，就象而言，固然指的是爻位之居中，但就德而言，則指的是合乎中道的行為。〔註5〕可見中字也含有「中道」的意義。

春秋以後，一直到戰國初期，中字的「中道」一義仍可見之於《論語》一書：

> 子曰：「中庸之為德也，其至矣乎！民鮮久矣。」〈雍也〉

> 子曰：「不得中行而與之，必也狂狷乎！狂者進取，狷者有所不為也。」〈子路〉

> 堯曰：「咨！爾舜！天之曆數在爾躬，允執其中！四海困窮，天祿永

〔註2〕 參見陳滿銘《中庸思想研究》，臺北：文津出版社，民國78年版，頁2。

〔註3〕 《尚書》〈禹貢〉的著成時代，據吳興《新譯尚書讀本》的考證，當早於春秋之前。臺北：三民書局，民國66年版，頁36。

〔註4〕 以上三句解釋，見屈萬里《尚書今註今譯》，臺北：商務印書館，民國75年版，頁162、108、183。

〔註5〕 參見黃師慶萱《周易讀本》〈周易泰否釋義〉，臺北：三民書局，民國69年版，頁166。

終。」舜亦以命禹。〈堯曰〉

〈雍也篇〉所載孔子的那一段話，也見諸《禮記》《中庸》：「子曰：中庸其至矣乎！民鮮能久矣！」文字小異而已。「中庸」的名稱，應當始見於此。〈子路篇〉孔子所謂的「中行」，是指行為合乎中道的稟賦的人（中行之資），所以中行即是中道。孟子說：「孔子不得中道而與之，必也狂狷乎！」（盡心下）即以「中道」代「中行」。但中道之人不可必得，只好思其次而有取於狂狷。由〈堯曰篇〉所引堯的一段話可知，「執中」之言是堯傳給舜，又由舜傳給禹的。《孟子》〈離婁下〉：「孟子曰：湯執中，立賢無方。」是湯也能執守中道。足見「執中」是堯、舜、禹、湯一脈相傳的為政最高指導原則。《論語》裏頭，多見孔子推崇堯舜禹的話，他曾說：「大哉，堯之為君也。巍巍乎，唯天為大，唯堯則之。蕩蕩乎，民無能名焉。巍巍乎，其有成功也。煥乎，其有文章。」（泰伯）又說：「無為而治者，其舜也與！夫何為哉？恭己正南面而已矣。」（衛靈公）又說：「巍巍乎，舜禹之有天下也，而不與焉。」（泰伯）又說：「禹，吾無間然矣！菲飲食，而致孝乎鬼神；惡衣服，而致美乎黻冕；卑宮室，而盡力乎溝洫。禹，吾無間然矣！」（同上）〈堯曰篇〉的一段話更盛贊二帝三王之德，以見聖道相傳之意，〔註6〕而孟子在〈盡心下〉最後一章歷敘自古聖人的道統，由堯舜禹湯文王到孔子，〔註7〕相承不絕。可見後儒稱孔子繼承堯舜禹湯文武周公之道，不是沒有根據〔註8〕由此可以推斷：孔子「中庸」的思

〔註6〕《論語》〈堯曰〉篇首章，歷述堯舜禹湯文武的敬心施政，藉以顯示二帝三王道脈相承之意：堯曰：「咨！爾舜！天之曆數在爾躬，允執其中！四海困窮，天祿永終。」舜亦以命禹。曰：「予小子履。敢用玄牡，敢昭告于皇皇后帝：有罪不敢赦，帝臣不蔽，簡在帝心！朕躬有罪，無以萬方；萬方有罪，罪在朕躬。」「周有大賚。善人是富。」「雖有周親，不如仁人；百姓有過，在予一人。」謹權量，審法度，修廢官，四方之政行焉。興滅國，繼絕世，舉逸民，天下之民歸心焉。所重民、食、喪、祭。寬則得眾，信則民任焉。敏則有功，公則說。

〔註7〕《孟子》〈盡心下〉末章原文：孟子曰：「由堯、舜至於湯，五百有餘歲。若禹、皋陶則見而知之，若湯則聞而知之。由湯至於文王，五百有餘歲，若伊尹、萊朱則見而知之，若文王則聞而知之。由文王至於孔子，五百有餘歲，若太公望、散宜生則見而知之，若孔子則聞而知之。由孔子而來至於今，百有餘歲，去聖人之世，若此其未遠也，近聖人之居，若此其甚也！然則無有乎爾！則亦無有乎爾！」

〔註8〕如韓愈〈原道篇〉說：堯以是傳之舜，舜以是傳之禹，禹以是傳之湯，湯以是傳之文武周公，文武周公傳之孔子，孔子傳之孟軻，軻之死不得其傳焉。（《韓昌黎全集》卷第十一，《四部備要》〈集部〉，頁5）。

想，應當是從堯舜禹湯「執中」的觀念演變而來。高師仲華說：

> 堯、舜、禹、湯都知道「執中」，這是孔子「中庸」思想的來源。孔
> 子把舜的「執中」，說成「執兩用中」。《中庸》說：「子曰：舜其大知
> 也與」！……執其兩端，用其中於民。於是從「用中」而衍生「中庸」
> 這個名詞，就有《論語》（雍也篇）所記孔子的那一段話了。〔註9〕

從「用中」衍生「中庸」的關鍵，在於「庸」字的本義爲「用」，劉寶楠《論
語正義》說：「執而用中，舜所受堯之道也。用中即中庸，故庸訓用也。中庸
之義，自堯發之。」〔註10〕轉變的方式，可以先由「用中」轉成「中用」，然
後再由「中用」轉成「中庸」，或是先由「用中」轉成「庸中」，然後再由「庸
中」轉成「中庸」。「用中」轉成「中用」，或「庸中」轉成「中庸」，其間只
是文法構造的不同而已。不過，堯舜禹湯相傳的「執中」之道，偏指施行政
治時的最高指導原則，雖然這種原則也要以內心的權衡爲依據。孔子所謂的
「中庸」之道，則已轉成吾人道德行爲的終極標準，所以他說「中庸之爲德
也，其至矣乎！」。孔子的中心思想是「仁」，仁的表現，自應無「過」與「不
及」，以得其「中」。惟一般人在表現道德行爲時，不是過，便是不及，「民鮮
能久矣」、「道其不行矣夫」，〔註11〕即以此故。在孔門弟子中，也只有「其心
三月不違仁」的顏淵能夠「擇乎中庸」。所以孔子讚美他說：

> 回之爲人也，擇乎中庸，得一善，則拳拳服膺而弗失之矣。（中庸、
> 第八章）

相對於一般人的「擇乎中庸而不能期月守」（同上、第七章），顏淵的守之勿
失確實難能可貴。

「執中」的觀念也見之於《孟子》：

> 孟子曰：「楊子取爲我，拔一毛而利天下，不爲也。墨子兼愛，摩頂
> 放踵利天下，爲之。子莫執中，執中爲近之，執中無權，猶執一也。
> 所惡執一者，爲其賊道也，舉一而廢百也。」（盡心上）

依孟子之意，執中是近乎道的，但執中必須有「權」，才能眞正合道。楊氏爲
我，墨氏兼愛，固是「執一」，而子莫執中卻不知權變，仍然是「執一」。執
一者必然害道，楊子爲我則自私自利，這是有害於「仁」；墨子兼愛則親疏無

〔註9〕高師仲華《禮學新探》，頁142。
〔註10〕劉寶楠《論語正義》二十三（《四部備要》〈經部〉），頁2。
〔註11〕分見《中庸》第三章、第五章孔子語。

別，這是有害於「義」；子莫執中無權，則是有害於「時中」。三者皆「舉一而廢百」，所以爲君子所惡。孟子稱孔子爲「聖之時者也」（萬章下），正因他「可以仕則仕，可以止則止，可以久則久，可以速則速」（公孫丑上）。也就是說，有時候應該「進」而「行義以達其道」，有時候卻必須「退」而「隱居以求其志」。〔註12〕無論進退出處，只是一個「義之與比」。〔註13〕如此，始可謂之執中有權，而能得其「時中」。中，是常道，是理，是經，這是永恆不變的；而事變則是經驗的，不能不隨實際的需要而作適當的調整與變動。這是儒家所謂的經權之義、「時中」之道。孟子說：「嫂溺不援，是豺狼也。男女授受不親，禮也；嫂溺援之以手者，權也。」（離婁上）《中庸》引孔子的話說：「君子中庸，小人反中庸。君子之中庸也，君子而時中；小人之反中庸也，小人而無忌憚也。」（第二章）都是申明此意。

又《荀子》〈儒效篇〉也提到「中」的觀念，荀子說：

> 先王之道，仁之隆也，比中而行之。曷謂中？曰：禮義是也。道者，
> 非天之道，非地之道，人之所以道也，君子之所道也。

由這段話可知，「中」就是「禮義」，就是「道」。而這裏所謂「禮義」，實即「道德」之意。荀子很少直接用「道德」二字，而是將道德攝入「禮義」之中。禮義（中）是道德的規範，行爲的標準，依孔、孟，這是由仁心善性所自發自律的，可是荀子主張性惡，他所說的心又是「認知心」而非「道德心」，於是作爲道德規範、行爲標準的禮義（中），便失去其先天的、內在的心性基礎，而只是一個外在的行爲活動所當依循的標準，這就是荀子要求之於歷史文化而從百王法度的累積說禮義之統的緣故了。可見荀子說中的涵義與孔、孟有本質上的不同（實即「他律道德」與「自律道德」間的差異）。

中字由形容詞或名詞轉作動詞，也可以當「合」來解釋，如《論語》〈微子篇〉：

> 子曰：「不降其志，不辱其身，伯夷叔齊與？」謂柳下惠、少連：「降
> 志辱身矣，言中倫，行中慮，其斯而已！」謂虞仲、夷逸：「隱居放
> 言，身中清，廢中權。」

其中四個「中」字，都讀去聲，是「合」的意思。《中庸》「從容中道，聖人

〔註12〕《論語》〈季氏篇〉子曰：「見善如不及，見不善如探湯。」吾見其人矣，吾聞其語矣！「隱居以求其志，行義以達其道。」吾聞其語矣，未見其人也！
〔註13〕《論語》〈里仁篇〉子曰：君子之於天下也，無適也，無莫也，義之與比。

也」，「中」字的用法與此處相同。

在《春秋左氏傳》裏，中字也有作天地之間的「中和之氣」來解釋的，如：

> 吾聞之，民受天地之中以生，所謂命也。（成公十三年）

由於天地間「中和之氣」的作用，而有個體生命的存在。

此外，在《老子》和《莊子》書裡，也出現過中字，如：

> 多言數窮，不如守中。（老子、第五章）

> 且夫乘物以遊心，託不得已以養中，至矣！（莊子、人間世）

「守中」是「持守虛靜」的意思，「中」當是「沖」字的闕壞，乃「沖虛」之意。至於「養中」的「中」，則是當作「乘物以遊心」的「心」來解釋。「養中」意謂「蓄養心靈的和諧」。〔註14〕這些中字的涵義都與中庸的中有別。

「庸」這個字，早在《詩》、《書》時代，就已具有「用」、「功」、「勞」、「捨棄」、「姓氏」等多種意義；春秋以後，則又多了「國名」、「人名」、「常」、「何」、「豈」、「凡俗」等不同的用法。如《今文尚書》：

> 無總于貨寶，生生自庸。（盤庚）

> 造民大譽，弗念弗庸。（康誥）

> 天不庸釋于文王受命。（君奭）

其中〈盤庚〉「自庸」的「庸」作「用」解；〈康誥〉「弗庸」的「庸」作「勞」解；〈君奭〉「庸」與「釋」連用，作「捨棄」解。〔註15〕又如《詩經》：

> 因是謝人，以作爾庸。（大雅、崧高）

> 云誰之思？美孟庸矣。（鄘風、桑中）

> 錫之山川，土田附庸。（魯頌、閟宮）

> 庸鼓有斁，萬舞有奕。（商頌、那）

其中〈崧高篇〉「爾庸」的「庸」作「功」解；〈桑中篇〉「孟庸」的「庸」是指「姓氏」而言；〈閟宮篇〉「附庸」連用，指的是「附屬於諸侯的小國」；〈那篇〉「庸」通「鏞」，意謂「大鐘」。

春秋以後，庸字除了「用」、「功」等一般用法外，也有一些新義產生。

〔註14〕「守中」、「養中」的解釋，參見陳鼓應《老子今註今譯》頁61、《莊子今註今譯》上冊頁138。臺北：商務印書館，民國66年版。

〔註15〕以上各訓釋，依次見屈萬里《尚書今註今譯》頁64、102、143。

如《春秋》：

> 楚人、秦人巴人滅庸。（文公十六年）

「庸」指「國名」，是屬楚的一個小國。又如《左傳》：

> 箕子曰「其後必大」，晉其庸可冀乎？（僖公十五年）

> 子儀在位十四年矣！而謀召君者，庸非貳乎？（莊公十四年）

> 彌庸不可，屬徒五千。（哀公十三年）

其中「庸可冀乎」的「庸」作「何」解；「庸非貳乎」的「庸」作「豈」解；「彌庸」則是人名。這些都是新的用法。

在《孟子》一書中，也有出現作「常」解的「庸」字的新義：

> 庸敬在兄，斯須之敬在鄉人。（告子上）

這兩句話意謂：「平素常敬敬於兄，特殊情況下暫時之敬敬於鄉人。」〔註16〕「庸」是「平常、平素」的意思。《荀子》〈不苟篇〉：「庸言必信之，庸行必慎之。」「庸」字也訓作「常」，與此處義同，「庸言」、「庸行」意謂「日常的言語」、「日常的行為」。又《周易》〈乾文言〉：「庸言之信，庸行之謹。」「庸」字也是「日常、平常」的意思。這與《中庸》第十二章所說的「庸德之行，庸言之謹」，結構一致，而語義也十分相近。

此外，「庸」字的新義還有：

> 庸眾駑散，則劫之以師友。（荀子、修身）

> 彼兀者也，而王先生，其與庸亦遠矣。（莊子、德充符）

> 欲惡去就，於是橋起；雌雄片合，於是庸有。（同右、則陽）

> 澤居而苦水者，買庸而決竇也。（韓非子、五蠹）

〈修身篇〉「庸眾」的「庸」是「凡俗」之意；〈德充符篇〉的「庸」字解作「凡人」；〈則陽篇〉「庸有」的「庸」訓為「常」，但非「日常、平常」的意思；〈五蠹篇〉「買庸」的「庸」通「傭」字，指的是受僱傭的勞動者。

以上是中、庸二字在先秦以前使用的大概情形。就「中」字而言，其「中德、中道」的涵義已發展成為先秦儒學的重要概念。由堯、舜、禹、湯的「執中」之道，演變為孔子的「中庸」思想，進而有孟子「執中用權」的義理，最後更提升為《中庸》「中也者，天下之大本也」的觀念，這前後是有著一脈相承的線索的。就「庸」字而言，在先秦典籍裡，「庸，用也」的本義是使用

〔註16〕牟宗三《圓善論》，臺北：學生書局，民國74年版，頁17。

得最爲普遍的。至於庸字的其他意義，除了與中字連用成爲「中庸」一詞首見於《論語》外，並未發現有當作「德性」意義使用的例子。雖然《周禮》提到「以樂德教國子：中、和、祗、庸、孝、友」（春官大司樂），但「庸」字指的也僅是音樂的諸多特質之一。何況《周禮》一書有眞僞及著成時代的問題，而此一用法又前無所承，只能闕疑。

三、中、庸二字在《中庸》一書裏的意義

關於中、庸二字的涵義，前賢有不同的講法，據孔穎達《禮記正義》引鄭玄《三禮目錄》的解說：

> 名曰「中庸」者，以其記中和之爲用也。庸，用也。

這是以「中和」訓「中」，以「用」訓「庸」。但鄭氏在《中庸》第二章的注裏裡，對「庸」字的解釋卻又有些差異：

> 庸，常也，用中爲常道也。

以「常」訓「庸」，此「常」是「定常、恆常不變」的意思。雖然「庸」解作「常」，但鄭氏又不放棄「用」字之訓，於是就合成「用中爲常道」的說法。程頤以爲：

> 不偏之謂中，不易之謂庸；中者天下之正道，庸者天下之定理。（朱子《中庸章句》引）

這是以「不偏」或「天下之正道」訓「中」，而以「不易」或「天下之定理」訓「庸」。朱子的解釋則是：

> 中者，不偏不倚無過不及之名；庸，平常也。（中庸章句）

又於第二章「仲尼曰：君子中庸，小人反中庸」下注說：

> 中庸者，不偏不倚無過不及而平常之理，乃天命所當然，精微之極致也。

可見朱子以「不偏不倚無過不及」訓「中」，而以「平常」訓「庸」。「中」解作「不偏不倚無過不及」，這是本於程頤之說，至於以「平常」解「庸」，似乎是他獨有的看法，但此「平常」之義，也不可能是一般所謂「淺易、普通」的意思，否則朱子也不會說「中庸」是「天命所當然，精微之極致」了。朱子《中庸或問》提到：

> 曰：「庸字之義，程子以不易言之，而子以爲平常，何也？」曰：
> 「唯其平常，故可常而不可易，若驚世駭俗之事，則可暫而不得

爲常矣。二說雖殊，其致一也。但謂之不易則必要於久而後見，
不若謂之平常則直驗之於今之無所詭異，而其常久而不可易者可
兼舉也。」

又：

曰：「然則所謂平常將不爲淺近苟且之云乎？」曰：「不然也。所謂
平常，亦曰事理之當然而無所詭異云爾，是固非有甚高難行之事，
而亦豈同流合污之謂哉？」〔註17〕

正因爲「平常」是「事理之當然而無所詭異」，而且是「固眾人之所能知能行
者」，〔註18〕所以朱子才說「唯其平常，故可常而不可易」。他的這種詮釋，
一則可從《中庸》說君子之道「夫婦之愚可以與知焉」、「夫婦之不肖可以能
行焉」〔註19〕取得印證，一則也顯示他對「庸」字意義的理解，最後仍然回
歸到程頤「不易」的說法。

　　關於中庸的名義，前賢既有種種不同的說解，究竟應以何說爲是呢？這
就必須進一步從《中庸》一書的內容來加以考察、分判了。

　　以「中」字而言，它除了與「庸」字並用者外，見於《中庸》的還有以
下數章：

喜怒哀樂之未發謂之中，發而皆中節謂之和。中也者，天下之大本也；
和也者，天下之達道也。致中和，天地位焉，萬物育焉。（第一章）

君子而時中。（第二章）

子曰：「舜其大知也與！舜好問而好察邇言，隱惡而揚善，執其兩端，
用其中於民，其斯以爲舜乎！」（第六章）

子曰：「人皆曰予知，驅而納諸罟擭陷阱之中而莫之知辟也。」（第
七章）

中立而不倚，強哉矯！（第十章）

誠者，不勉而中，不思而得，從容中道，聖人也。（第二十章）

齊莊中正，足以有敬也；……是以聲名洋溢乎中國。（第三十一章）

〔註17〕朱子《中庸或問》（《四庫全書》〈經部〉一九九〈四書類〉）。頁 949。

〔註18〕朱子《四書集註》〈中庸章句〉第十三章「子曰：道不遠人，人之爲道而遠人，
不可以爲道」下注云：道者率性而已，固眾人之所能知能行者也。臺北：學
海出版社，民國 66 年版，頁 8。

〔註19〕《中庸》第十二章語。

其中「陷阱之中」的「中」、「中國」的「中」，是「內部、裏面」之義；「不勉而中」、「從容中道」的「中」，都作動詞用，有「恰當、合」的意思。這些中字均無道德意義，可說和中庸的中並無關係。具有道德意義而又和中庸的中發生關係的，則有「齊莊中正」的「中」，這是指行爲的不偏不倚；「中立而不倚」的「中」、「時中」的「中」，都是指「中道」之義；「中立」是立乎中道，即是「執中」，以「中」爲行爲的原則而無所偏倚，這是孔子所謂的「強者」；而「時中」的「時」，則顯示孔子所說的「中」，有隨時「損益、斟酌、變通」之義，這也是孟子「執中用權」的觀念。「中立」、「時中」的「中」，說明了「中」正是道德行爲的標準，一個最後的決定是非善惡的標準。依儒家孔孟之義，這種指導吾人行爲的「當然之理」（道德標準、道德法則），其最後的根源必在本心眞性（由本心眞性所自發），而不在經驗知識。因爲經驗知識是實然，實然不能決定當然。本心眞性自能超越地先天地知而且決定何者爲是，何者爲非，何者爲善，何者爲惡，而內在地自作斷制，自立準則，以作爲我們行動的主宰。〔註20〕不過，本心眞性（良知天理）「只是一個應當不應當之先天的決定」，至於在具體的道德實踐中，當我們面對特殊的情境時，則必須有「經驗知識」（形構之理）以爲指標或軌跡，始能泛應曲當。〔註21〕譬如對父母，本心眞性決定我們當孝，但假使我們對於父母的身體狀況與心志情境一無所知，又怎能恰當地去表現此一孝的行爲呢？唐君毅先生曾說：「仁義禮智或其他道德規律之爲普遍，皆在其只規定吾人之存心，而不規定吾人在當機之如何表現吾人存心之道德行爲方式。」〔註22〕良知天理與經驗知識的區分即張載所謂「德性之知」與「見聞之知」的區分。「執其兩端，用其中於民」的「中」，也是「中道」的意思。孔子的這兩句話，正是「中庸」兩字的注腳。所謂執兩用中，可以有兩種詮釋，一是如鄭注所說：

　　　　兩端，過與不及也，用其中於民，賢與不肖皆能行之也。

把「兩端」解作「過與不及」，這是上承第四章「子曰：道之不行也，我知之矣。知者過之，愚者不及也。道之不明也，我知之矣。賢者過之，不肖者不

〔註20〕參見牟宗三《從陸象山到劉蕺山》，臺北：學生書局，民國六十八年版，頁 259～263。

〔註21〕參見牟宗三《心體與性體》，第一冊，頁 109～110。

〔註22〕唐君毅《中國文化之精神價值》，臺北：正中書局，民國 66 年版，頁 158。

及也」而來的說法。按之文義，並無不合。一是如王開府先生所說：

> 「執其兩端，用其中於民」是說他掌握別人所說的兩種極端的主張，
> 進一步予以考量，選擇兩極端之間最好的用在百姓身上。所以「兩
> 端」是指「言」之兩端，由「遍言」說過來，說的是兩種極端的主
> 張，原來並不一定是善或惡。等考量清楚後，選擇了「中」，「中」
> 是善，則兩端顯然是不善了。〔註23〕

把「兩端」解作「兩種極端的主張」，這是順本章上下文脈絡意義而有的說法。二說並不衝突，實可互通。可見當中道運用到政治上時，它就是「施政的最高標準」。

「執中」的思想發展到《中庸》，便是首章所說的「喜怒哀樂之未發謂之中」、「中也者，天下之大本也」、「致中和，天地位焉，萬物育焉」的「中」。此「中」並非就喜怒哀樂未被激發起的平靜心境說，而是就喜怒哀樂未發之靜時所見的超越實體說，所以「中」得為「天下之大本」。中即是體，可稱為「中體」。如以此「中體」主宰氣化情變，則喜怒哀樂之發自然無不中節合度，這便是達道之「和」。由中導和，始能引生真正的道德行為，乃至於「天地位，萬物育」，此謂之「致中和」。牟宗三先生說：

> 此中體，如統宇宙而言之，即是「維天之命於穆不已」這一本體宇
> 宙論的，即活動即存有的實體。如就命于人而言之，即為吾人之性
> 體，此性體非他，即是此於穆不已之實體之具于個體中也。此實體，
> 若就《中庸》（後半部）《易傳》而言之，亦得曰誠體、神體、寂感
> 真幾，必不只是屬于「本體論的存有」之靜態的理，只是理，而脫
> 落其神義，寂感義。如就其為吾人之性體言，此性體亦是心，亦是
> 理，性體即心體，心即是理。此是一本體宇宙論的創生直貫之實體、
> 性體。此即是作為「天下之大本」之中體、誠體、神體，亦得曰心
> 體。〔註24〕

可見在《中庸》作者的心目中，「中」不僅是我們道德實踐的根據，也是天地萬物的存有論的根據。就「中體」為我們道德實踐的根據而言，它通於「天命之謂性」的「性體」、「誠之者，人之道也」的「誠體」，如會通於孔子、孟子，則它就是《論語》的「仁」，《孟子》的道德的「本心」（「本心即性」的

〔註23〕王開府《四書的智慧》，臺北：萬卷樓圖書有限公司。民國84年版，頁406。
〔註24〕牟宗三《心體與性體》。第三冊，頁61～62。

本心)。中體是道德創造的實體,它是一切道德行為的根源。就「中體」為天地萬物的存有論的根據而言,它通於「為物不貳,生物不測」、「誠者,天之道也」的「天道本體」(簡稱「道體」),它是「本體宇宙論的創生實體」,是使天地萬物成為價值性的存在、真實的存在的奧體——存有論的原理。〔註25〕依儒家之義,自然與道德是契合為一的。

由中字的各種意義來看,最足以代表《中庸》一書的內涵與精神的,自屬首章所提到的「中」的意義。但既然「中庸」二字已作為全書的名稱,則當容許中庸的中字涵攝「中」字的其他意義。即中字除了表示「道德創造的實體」、「本體宇宙論的創生實體」外,它也可以指稱「道德判斷的終極標準」、「施政的最高原則」。

綜合以上分析,可知前賢對於中字的解釋,都可以在《中庸》一書裏找到根據。例如鄭玄是本於首章《中庸》作者的說法,以「中和」訓「中」,而程頤和朱子則是本於第四章及第十章孔子的話,以「不偏」、「天下之正道」或「不偏不倚無過不及」訓「中」。三者各有所見,不相衝突。其中以鄭玄的說法較能切合《中庸》思想的特質,然而他說:「名曰中庸者,以其記中和之為用也。」這是把「中和」二字都放在「體」上說,並不恰當。因為「中」為「體」不成問題,「和」卻是「中體」之達於用而在用中行。所以,說「用中」是可以的,說「用中和」則有義理層次混淆之病。

以「庸」字而言,它除了與「中」字並用為複詞外,見於《中庸》一書的,只有第十三章的:

　　庸德之行,庸言之謹。

這兩句話裏的「庸」字,都是「日常」的意思,與《孟子》〈告子篇〉的「庸敬」、《荀子》〈不苟篇〉的「庸言」、「庸行」裡的「庸」義同。鄭注:「庸,猶常也。言德常行,言常謹也。」「常」解作「常常」,這是不合原文「庸」字的涵義的。「庸」字作為「日常」之義的用法,只是「庸」字諸多用法的一種,不應也不就是「中庸」的「庸」字的訓解。朱子解「庸」為「平常」(事理之當然而無所詭異),固有其哲學性的詮釋,但只能視為一家之言,而非「庸」字的確詁。至於程頤以「不易」、「天下之定理」訓「庸」,陳滿銘先生認為:「在先秦的典籍裏無法找到一個庸字是曾予道德化,且是可以逕作「定理」

─────────────

〔註25〕參見同註16,頁309。

解釋的，因此程子的訓釋還是不很圓滿的。」〔註26〕不過，在《爾雅》〈釋詁〉
裡，倒是有「庸」訓爲「常」（不易）的字例：

> 典、彝、法、則、刑、範、矩、庸、恒、律、戛、職、秩，常也。
> 〔註27〕

此「常」即是「恆常不易」的意思，鄭注、程頤的以「常」（不易）訓「庸」，
或許即本於此。但「庸」訓爲「常」（不易）並未見之於先秦其他典籍，而《爾
雅》一書究竟是成於先秦抑是漢世，未易論定，因此以「庸」爲「不易」的
說法缺乏說服力。

「庸」字正確的解釋，當以鄭玄「庸，用也」的說法爲是。根據許慎《說
文解字》，「用」應當就是「庸」字的古義和本義。在先秦的各種典籍裏，這
是最爲常見的用法。《中庸》第六章提到孔子對舜的讚美，說他「執其兩端，
用其中於民」，這是孔子把舜的「執中」，說成「執兩用中」，然後又從「用中」
衍生出「中庸」一詞。在《中庸》裡，我們看到「中庸」一詞前後出現過十
次，其中有九次是在所引述的孔子的話裏面，這充分說明了，在孔子的時候，
「中庸」二字已經成爲一個哲學上的專有名詞了。至於還有一個「中庸」，出
現在第二十七章「極高明而道中庸」，這句話常被用來說明「庸」字含有「平
常」的意思，其實並不正確，這可能是誤以爲「極高明」與「道中庸」之間
有某種意義上的對比。事實上，「極」、「道」在此都作動詞用，「道中庸」意
謂君子應遵行中庸之道，以中庸之道作爲道德實踐的準則與依據；「極高明」
則是說君子進德無有止境，必至乎高明的境地（察乎天地）而後已。可見從
文義的分析中，實在看不出「道中庸」有「平常」的涵義。中庸是至德要道，
此由孔子說「中庸其至矣乎」可知，然而中庸之道的實踐卻必須從人倫日用
淺近處開始，此所以《中庸》說：

> 君子之道，辟如行遠必自邇，辟如登高必自卑。詩曰：「妻子好合，
> 如鼓瑟琴；兄弟既翕，和樂且耽；宜爾室家，樂爾妻帑。」子曰：「父
> 母其順矣乎！」（第十五章）

又說「君子之道，造端乎夫婦」、「夫婦之愚，可以與知焉」、「夫婦之不肖，
可以能行焉」（第十二章），這也是孔子所謂「道不遠人，人之爲道而遠人，
不可以爲道」（第十三章）的意思。孔子讚美舜能明中道，說「舜好問而好察

〔註26〕同註2，頁30。
〔註27〕《爾雅》《釋詁》第一，卷上（《四部叢刊正編》〈經部〉），頁2。

邇言，隱惡而揚善」，不就是因他能從人倫日用淺近處體現中道嗎？這些都跟「庸」字是否為「平常」之義無關，不可混淆，而生誤解。

　　所謂道不離日用平常，是說道必須在現實生活中各種不同的分際上作具體的呈現，以成就純正的道德行為，才是具體而真實的道。但由於人有氣質資稟的不同，當他在實踐中庸之德時，便難免有過與不及之弊。所以孔子感歎道的不行不明，原因就在於賢智者的過之，而愚不肖者的不及。這表示要恰如其分地掌握、體現中庸之道，並非是一件容易的事。因此孔子用「人莫不飲食也，鮮能知味也」來比喻中道的不易拿捏，以及一般人的體察未切。這二句話的實義如此，切不可將它理解為「中庸之為德的平常，如人之飲食」，這是似是而非之論。

　　以上由朱子「庸，平常也」的訓解所引發的種種錯謬纏夾，大致辨正如上。總之，「中庸」一詞，其實義只在「中」字。《中庸》裡，「中」字已提升為一超越的實體，它超越於感性層的喜怒哀樂之上，而為道德之根、價值之源，甚至是使一切存在為真實而有價值意義的存在之本體宇宙論的原理。這顯然是《中庸》作者繼承先秦孔、孟中道思想，進一步調適上遂的結果。

第二節　《中庸》的作者及其成書年代

　　關於《中庸》的作者，最早提到的是司馬遷。《史記》〈孔子世家〉：

　　伋，字子思，年六十二。嘗困於宋，子思作《中庸》。〔註28〕

又《禮記正義》引鄭玄《三禮目錄》說：

　　孔子之孫子思伋作之，以昭明聖祖之德。〔註29〕

可見子思作《中庸》是漢儒通行的說法。問題是太史公所見的《中庸》或鄭玄所見編入《禮記》裡的《中庸》，是否就是子思《中庸》的原本？其中有無後人增補潤飾、引申發揮的地方？由古今學者提出的種種疑點與見解來看，這個問題顯然並不是那麼單純的。在《孔叢子》一書中，對於子思撰寫《中庸》的經過，有頗為詳細的描述。〈居衛篇〉說：

　　子思年十六，適宋。宋大夫樂朔與之言學焉。……樂朔不悅而退，

　　曰：「孺子辱吾。」其徒曰：「此雖以宋為舊，然世有讎焉，請攻之。」

〔註28〕瀧川龜太郎《史記會注考證》，臺北：洪氏出版社，民國64年版，頁764。
〔註29〕《十三經注疏》《禮記注疏》，臺北：藝文印書館，頁879。

遂圍子思。宋君聞之，駕而救子思。子思既免，曰：「文王厄於牖里，
作《周易》。祖君屈於陳、蔡，作《春秋》。吾因於宋，可無作乎？」
於是撰《中庸》之書四十九篇。

又〈公儀篇〉說：

穆公謂子思曰：「子之書所記夫子之言，或者以謂子之辭也。」子思
曰：「臣所記臣祖之言，或親聞之者，有聞之於人者，雖非其正辭，
然猶不失其意焉。」〔註30〕

《孔叢子》是一部僞書，所說自不可盡信，但對於子思作《中庸》的看法，
則與漢儒並無二致。大概〈居衛篇〉所載，有可能是根據《史記》及早期資
料寫成，而〈公儀篇〉所載，則只是推測之辭。〔註31〕《隋書》〈音樂志〉載
沈約上梁武帝書說：

〈中庸〉、〈表記〉、〈坊記〉、〈緇衣〉，皆取《子思子》。〔註32〕

《子思子》當時尚存，或有可能。徵引《中庸》最早的是公孫弘。《史記》〈平
津侯主父列傳〉載公孫弘上書說：「臣聞天下之通道五，所以行之者三。曰：君
臣、父子、兄弟、夫婦、長幼之序。此五者，天下之通道也。智、仁、勇，此
三者，天下之通德，所以行之者也。故曰：力行近乎仁，好問近乎智，知恥近
乎勇。知此三者，則知所以自治。知所以自治，然後知所以治人。」〔註33〕司
馬貞〈索隱〉在「所以行之者三」下說：

案此語出《子思子》，今見《禮記》《中庸篇》。

大抵《子思子》爲子思學派的儒者所編輯，不必是子思一人之作，因先秦典
籍多非成於一人之手。後漢朱穆作《崇厚論》說：「率性而行謂之道，得其天
性謂之德。」（後漢書朱穆傳）李賢注云：

率，循也。子思曰：「天命之謂性，率性之謂道，修道之謂教也。」
〔註34〕

此外，像孔穎達、李翱等人，也認爲《中庸》是子思所作。可見自漢迄唐，

〔註30〕《孔叢子》，卷第二，〈居衛〉第七，頁 23。又，卷三，〈公儀〉第九，頁 26
　　　　（《四部叢刊正編》〈子部〉）。
〔註31〕高師仲華《禮學新探》，頁 144。
〔註32〕《隋書》冊一卷十三，〈音樂志〉（《四部備要》〈史部〉），頁 3。
〔註33〕同註28，頁 1216。
〔註34〕《後漢書》冊四卷七十三，〈朱樂何列傳〉第三十三（《四部備要》〈史部〉），
　　　　頁 6。

子思作《中庸》一直是個通行的說法，並未有人加以懷疑或提出異說。降及宋代，二程與朱子本於他們對儒學道統一脈相承的看法，也都認定《中庸》是成於子思，再傳於孟子。這就形成了關於《中庸》作者傳統的主張。

　　另一方面，對於漢人所傳《中庸》作於子思的說法提出各種質疑的，也是起於疑古之風大盛的兩宋。例如歐陽修就曾指出《中庸》說理有和《論語》不同之處，因此懷疑子思傳《中庸》的可靠性。〈問進士策三首〉說：

問禮樂之書散亡，而雜出於諸儒之言，獨《中庸》出於子思。子思，聖人之後也，所傳宜得其眞，而其說有異乎聖人者，何也？論語云：「吾十有五而志於學，三十而立，四十而不惑，五十而知天命。」蓋孔子自年十五而學，學十五年而後有立，其道又須十年而一進。孔子之聖，必學而後至，久而後成，而《中庸》曰：「自誠明，謂之性；自明誠，謂之教。」自誠明者，生而知之者也；自明誠者，學而知之者也。若孔子者，可謂學而知之者；孔子必須學，則《中庸》所謂自誠而明，不學而知之者，誰可以當之歟？堯用四凶，其初非不思也，蓋思之不能無失耳。故曰：「惟帝其難之。」舜之於事，必問於人而擇焉。故曰「舜好問。」舜之於事，己所不決，人有告之言，則拜而從之，故曰：「禹拜昌言。」湯之有過，後知而必改，故曰：「改過不恡。」孔子亦嘗有過，故曰。「幸，苟有過，人必知之。」而《中庸》曰：「誠者，不勉而中，不思而得。」夫堯之思慮常有失，舜禹常待人之助，湯與孔子常有過，此五君子者，皆上古聖人之明者，其勉而思之，猶有不及，則《中庸》之所謂「不勉而中，不思而得」者，誰可以當之歟？此五君子者不足當之，則自有天地以來，無其人矣。豈所謂虛言高論而無益者歟？夫孔子必學而後至，堯之思慮或失，舜、禹必資於人，湯、孔不能無過，此皆勉人力行不怠，有益之言也。若《中庸》之誠明不可及，則怠人而中止，無用之空言也。故予疑其傳之謬也，吾子以爲如何？〔註35〕

由這段話來看，我們認爲歐陽修對《中庸》義理的了解並不正確。首先，《中庸》說：「或生而知之，或學而知之，或困而知之，及其知之，一也。」（第

〔註35〕歐陽修 《歐陽永叔集》上，第六冊，〈居士集〉卷第四十八，〈策問〉，〈問進士第三首〉第三首〈王雲五主編，國學基本叢書四百種〉，頁14～15。

二十章）用意在於勉勵我們要努力去學，假使能夠勤奮不懈、自強不息，那麼最終必能克服氣稟的限制，而在知的領域上達到相同的目標，所以朱注引呂氏的話說：「所入之塗雖異，而所至之域則同。」這和下文所謂「好學近乎知」、「博學之」、「有弗學，學之弗能，弗措也」、「人一能之，己百之，人十能之，己千之，果能此道矣，雖愚必明，雖柔必強」等，表意是一致的。其實，「或生而知之」這句話只是基於行文說理的需要而帶上去的，它本身並無實義，因爲現實上並沒有這樣的人存在。孔子自己就說：「我非生而知之者，好古敏以求之者也。」（述而）聖人尚且如此，遑論一般人。至於《中庸》說：「自誠明，謂之性；自明誠，謂之教。誠則明矣，明則誠矣。」（第二十一章）這是表示修人道以證天道的進路，因人稟賦而異，有人（如聖人）可以「自誠明」，有人（如自賢者以下的人）則須「自明誠」。前者是直接體現本性（誠體），不假工夫而自然明善，可以「不勉而中，不思而得，從容中道」（第二十章），乃即本體即工夫；後者則須在博學、審問、慎思、明辨的工夫中明善，繼之以篤行，然後始能逐漸體現本性（誠體），乃即工夫即本體。無論是「自誠明」，或是「自明誠」，只要眞實無妄地體現本性，都可達到「誠則明矣，明則誠矣」的「至誠」的境界，也就是工夫與本體合一的境界。換言之，由於聖人的生命通體是誠，所以他的一舉一動，無不是性體的自然呈現，這叫做「自誠明」，並非「生而知之」，或「不學而知之」之意；一般人則因爲工夫不夠純熟，必須透過後天人爲的努力（即「教」），去明善、擇善，才能逐步恢復其誠體，這叫做「自明誠」，並非「學而知之」之意。由以上分析可知，《中庸》第二十章與第二十一章的兩段話，文義各有所指，互不相涉，因此，歐陽修說「自誠明者，生而知之者也；自明誠者，學而知之者也」，顯然是隨意比配、妄加牽合的結果。而「自誠明謂之性」的「性」字，與「自明誠謂之教」的「教」字，似乎跟篇首「天命之謂性」的「性」字，與「修道之謂教」的「教」字，並無不同，實則「天命之謂性」的「性」字是說性的本體，「自誠明謂之性」的「性」字講的是「所性」，即「性」的作用；而「修道之謂教」的「教」字是說教的本身，「自明誠之謂教」的「教」字講的是「所教」，即「教」的事情。〔註36〕既然「自誠明」是就性的作用上說，乃聖人「率性」所得到的結果，那麼自然就不是如歐陽修所謂是「生而知之者」了。其次，《中庸》說「誠者，天之道也；誠之者，人之道也。誠者，不勉而中，不思而得，

〔註36〕 參見陳滿銘《中庸思想研究》，頁 126。

從容中道，聖人也；誠之者，擇善而固執之者也。」（第二十章）「誠者」與「誠之者」對舉，這是分指「已實現的境界」與「求實現的努力」而言，一是「境界義」，一是「工夫義」。〔註37〕「誠者」是就聖人的境界說，天道是誠，而聖人是天道的體現者，所以他的生命通體是誠。直接由「誠體」所發的行為，自然能夠「不勉而中，不思而得，從容中道」，即一切都是天理流行，無有不善。一般人則因為生命不夠精純，不能沒有人欲之私，所以要憑藉「擇善而固執之」的工夫修養，以求漸復其誠體。《中庸》凡是提到「聖人之道」的地方，都是就其最高理境而說，如：

> 大哉！聖人之道！洋洋乎，發育萬物，峻極於天。（第二十七章）
>
> 仲尼祖述堯舜，憲章文武：上律天時，下襲水土。辟如天地之無不持載，無不覆幬；辟如四時之錯行，如日月之代明。萬物並育而不相害，道並行而不相悖。小德川流，大德敦化。此天地之所以為大也。（第三十章）
>
> 唯天下至聖，為能聰明睿知，足以有臨也；寬裕溫柔，足以有容也；……天之所覆，地之所載，日月所照，霜露所隊，凡有血氣者，莫不尊親，故曰配天。（第三十一章）
>
> 唯天下至誠，為能經綸天下之大經，立天下之大本，知天地之化育。夫焉有所倚？肫肫其仁，淵淵其淵，浩浩其天。苟不固聰明聖知達天德者，其孰能知之？（第三十二章）

就聖人境界說，固是如此，這並不表示聖人便不必學，便是「生而知之者」。《論語》孔子自述其學思歷程說：「吾十有五而志於學，三十而立，四十而不惑，五十而知天命，六十而耳順，七十而從心所欲不踰矩。」（為政）可見孔子的一生，就是一個「踐仁成聖」的典範。自「十有五而志於學」到「六十而耳順」的踐仁過程中，仍是在擇善、明善的階段，直到「七十而從心所欲不踰矩」，才是「從容中道」的聖人境界。孔子說：「下學而上達，知我者其天乎！」（憲問）「踐仁成聖」的過程就是「下學而上達」的過程。自下學處說，即如歐陽修所謂是「勉而思之，猶有不及」的，但當進德修業上達於至誠的聖人境界時，自能「不勉而中，不思而得」。歐陽修由於未能明辨「境界義」與「工夫義」之間的差別，所以才會認為《中庸》所說的「誠明」是「無

〔註37〕勞思光《中國哲學史》第二卷，香港出版，頁61。

用之空言」，並且質疑：「不勉而中，不思而得」者，誰可以當之歟？既然歐陽修對於《中庸》義理的了解並不正確，那麼他懷疑子思傳《中庸》的說法，至少就這一點上說是不能成立的。

宋人懷疑《中庸》非子思所作的另一種理由，是《中庸》文中有稱「仲尼」之處，如《中庸》為子思所作，似乎不應直呼其祖父的字。關於這點質疑，朱子曾經解釋說：

> 或問：「此其稱仲尼曰何也？」曰：「首章夫子之意，而子思言之，故此以下，又引夫子之言以證之也。」曰：「孫可以字其祖乎？」曰：「古者生無爵，死無諡，則子孫之於祖考，亦名之而已矣。周人冠，則字而尊其名，死則諡而諱其名，則固已彌文矣，然未有諱其字者也。故《儀禮》饋食之祝詞曰：「適爾皇祖伯某父。」乃直以字而面命之，況孔子爵不應諡，而子孫又不得稱其字以別之，則將謂之何哉？若曰孔子，則外之之辭，而又孔姓之通稱；若曰夫子，則又當時眾人相呼之通號也，不曰仲尼而何以哉？〔註38〕

朱子的說法頗合情理，可以解答這方面的疑慮。就《中庸》引述孔子的話而言，稱「子曰」的有二十一處，稱「仲尼曰」的有一處，另外第三十章以「仲尼」開頭，是《中庸》作者對孔子之德可比天地的描述。同一部書，為什麼會有稱謂不一致的情形呢？我們可以設想，如果《中庸》的作者不僅是子思一人，還包括子思的弟子及其後學，而《中庸》的成書又經過漢儒的整編，那麼這種稱謂不一致的情形，便不無發生的可能。

又陳善懷疑《中庸》篇中夾有漢儒雜記的文字，則《中庸》非全屬子思所作可知。《捫蝨新話》：

> 予舊曾為《中庸說》，謂《中庸》者，吾儒證道之書也。然至今疑自「春秋，脩其祖廟，陳其宗器」以下一段，恐只是漢儒雜記，或因上文論武王周公達孝，遂附於此。當時雖為之解，然非成說也。又云：「郊社之禮，所以事上帝也；宗廟之禮，所以祀乎其先也。明乎郊社之禮，禘嘗之義，治國其如示諸掌乎！」此尤不可曉。按《論語》：或問禘之說。子曰：「不知也。知其說者之於天下也，其如示諸斯乎！」指其掌。此孔子以當時之禘有不如禮，不欲斥言之，因以掌示門人曰：「其甚易如此耳。」今《中庸》云云，無乃非其義乎！

〔註38〕趙順孫《四書纂疏》《中庸》（《四庫全書》〈經部〉一九五，〈四書類〉），頁108。

〈仲尼燕居篇〉又曰：「其如指其掌而已乎！」予以此知二者皆是漢儒誤讀《論語》之文，因而立說，非孔子意也。〔註39〕

陳善懷疑有漢儒雜記的部份是出在《中庸》第十九章。此章是孔子論武王、周公的達孝，善於繼志述事，能上成先祖、行郊社、宗廟之禮，所以治理國家就像看自己的手掌一樣的容易。陳善認爲此章自「郊社之禮」以下的一段文字，和孔子在《論語》〈問禘章〉所說的本意不合，因此他判定這是「漢儒誤讀《論語》之文，因而立說，非孔子意也」。究竟孔子在《論語》〈問禘章〉所說的本意是什麼？《中庸》第十九章與〈仲尼燕居篇〉裏的兩段文字，真是漢儒所雜記的嗎？《中庸》第十九章「自郊社之禮」以下的一段文字，〈仲尼燕居篇〉作：

> 子曰：「郊社之義，所以仁鬼神也；嘗禘之禮，所以仁昭穆也；饋奠之禮，所以仁死喪也；射鄉之禮，所以仁鄉黨也；食饗之禮，所以仁賓客也。」子曰：「明乎郊社之義，嘗禘之禮，治國其如指諸掌而已乎。」〔註40〕

兩處所載，儘管字面上有出入，但文義並無不同。「示諸掌」、「指諸掌」都是形容治國甚易的意思。至於《論語》〈八佾篇〉說：

> 或問「禘」之說。子曰：「不知也。知其說者之於天下也，其如示諸斯乎！」指其掌。

這一章，朱注說：「先王報本追遠之意，莫深於禘。非仁孝誠敬之至，不足以與，此非或人之所及也。而不王不禘之法，又魯之所當諱者，故以不知答之。示與視同。指其掌，弟子記夫子言此而自指其掌，言其明且易也。蓋知禘之說，則無理不明，誠無不格，而治天下不難矣。聖人於此，豈真有所不知也哉！」可知「指其掌」是表示「治天下不難」的意思，這和《中庸》第十九章及〈仲尼燕居篇〉所說，文義完全相同。由〈問禘章〉上下文判斷，朱子的解釋是正確的。陳善錯會文意，以爲「指其掌」是表示關於禘祭的禮制與意義「其甚易如此耳」，顯然大謬。由於陳善誤解《論語》〈問禘章〉的旨意，所以才會認爲《中庸》這一段文字「尤不可曉」、「今《中庸》云云，無乃非其義乎」。可見陳善質疑《中庸》有漢儒雜記的說法，至少就他所提出的論點

〔註39〕陳善《捫蝨新話》下集卷三（《叢書集成初編》，王雲五主編，商務印書館），頁72。
〔註40〕同註29，頁853。

而言，是不能成立的。

又王柏也懷疑《中庸》裏的一些觀念，有不合孔子思想的地方。例如第
十六章提到鬼神，第二十四章提到禎祥妖孽，這些似乎都不是出自孔門所當
有的義理。《古中庸跋》：

> 第二十一章以下之誠明論，其說甚有理，第十六章論鬼神，第二十
> 四章論禎祥妖孽處，似非孔子之言。〔註41〕

孔子是理性主義者，《論語》「子不語：怪、力、亂、神」（述而）可證，王柏論
斷的依據應本乎此，這也是一般性的看法。但《中庸》這兩章的義理，是否與
孔子的基本思想與精神有所違背呢？這必須直接就《中庸》本文加以探討，僅
憑一、二個帶有神秘色彩的字眼，是不能遽下結論的。《中庸》第十六章：

> 子曰：「鬼神之爲德，其盛矣乎！視之而弗見，聽之而弗聞，體物而
> 不可遺。使天下之人，齊明盛服，以承祭祀，洋洋乎如在其上，如
> 在其左右。詩曰：『神之格思，不可度思，矧可射思。』夫微之顯，
> 誠之不可揜如此夫！」

本章主旨是說祭祀時，與祭者以誠敬的心意祈神降臨。「鬼神」，在古代往往
是祖先與自然神祇的合稱，在此則專指「祖先」而言；「齊明盛服」是內心之
誠的表現。當祭祀的時候，主觀方面有誠敬之心，那麼客觀方面的鬼神就「洋
洋乎如在其上，如在其左右」。換言之，此時鬼神（祖先）的存在，是跟祭祀
者的誠心一體呈顯的。離開了人的誠心，便無所謂鬼神的存在。可見《中庸》
說「鬼神之爲德，其盛矣乎」，是以祭者的內心之誠作底據的，這和一般迷信
鬼神存在以祈福消災的想法迥然不同。所謂「夫微之顯，誠之不可揜如此夫」，
是說由於祭祀者內心之誠的感通發用，使得原本至隱至微的鬼神最終能夠彰
著顯現。這正是第十九章所說的「事死如事生，事亡如事存，孝之至也」的
表現。因此，《中庸》第十六章所引孔子的話，其實與《論語》孔子的思想並
無不同。

從《論語》中，可以看出孔子對鬼神的基本態度，是敬而遠之、存而不論
的，他說：「務民之義，敬鬼神而遠之，可謂知矣。」（雍也）因爲鬼神本屬無
形，並非知識的對象，無論說有或說無，都難以徵驗。雖然如此，孔子對祖先
的祭祀則是肯定而重視的，他認爲這是孝道的表現。例如他曾讚美大禹說：「禹，
吾無閒然矣！菲飲食，而致孝乎鬼神；惡衣服，而致美乎黻冕；卑宮室，而盡

〔註41〕王柏《魯齋集》〈古中庸跋〉（《四庫全書》〈集部〉一二五〈別集類〉），頁195。

力乎溝洫。禹，吾無閒然矣！」（泰伯）其中「致孝乎鬼神」，指的就是對祖先的祭祀。可見祭祖是孝道的延伸與擴大。又孔子答弟子問孝，說：「生，事之以禮；死，葬之以禮，祭之以禮。」（爲政）這跟《中庸》裏孔子所謂的「事死如事生，事亡如事存，孝之至也」，文義全同，都表示祭禮是孝道無限的伸展。又《論語》〈八佾〉說：「祭如在，祭神如神在。子曰：『吾不與祭，如不祭。』」顯然孔子重視的是祭禮時的誠敬。朱注引范氏的話說：「君子之祭，七日戒，三日齋，必見所祭者，誠之至也。是故郊則天神格，廟則人鬼享。皆由己以致之也。有其誠，則有其神，無其誠，則無其神，可不謹乎！吾不與祭，如不祭，誠爲實，禮爲虛。」可知祭禮不純是一套禮儀形式，尤其重要的是與祭者的誠敬之心。憑藉與祭者的誠敬之心，便可經由祭禮通向祖先的神靈世界，使幽明不隔，古今同在。孔子說：「非其鬼而祭之，諂也。」（爲政）「非其鬼」是指祖先以外的自然神，由於「非其鬼而祭之」是出於一種祈福消災的心理，違離了祭祖貴在誠敬的眞義，所以是諂媚的行爲。

　　由以上的分析來看，王柏懷疑《中庸》第十六章不出於孔子，這是不正確的。一方面《中庸》第十六章的內容並不是純粹的鬼神論，一方面它跟《論語》中孔子關於鬼神的看法也完全一致。《中庸》第二十四章：

> 至誠之道，可以前知。國家將興，必有禎祥；國家將亡，必有妖孽：
> 見乎蓍龜，動乎四體；禍福將至，善，必先知之，不善，必先知之。
> 故至誠如神。

這一章不只王柏懷疑非孔門義理，當代學者勞思光先生，更以此章具神秘主義之傾向，而把《中庸》的成書年代定在漢初。他認爲此章明言「前知」乃「至誠之道」，這種論調全與漢人符瑞讖緯之說一致，而與孔孟之義大悖。〔註42〕姑不論《中庸》作者及成書年代的問題，對於第二十四章義涵的理解，王、勞所云是否正確呢？這段話朱子注說：「禎祥者，福之兆；妖孽者，禍之萌。蓍，所以筮；龜，所以卜。四體，謂動作威儀之間，如執玉高卑，其容俯仰之類，凡此皆理之先見者也。然唯誠之至極而無一毫私僞留於心目之間者，乃能有以察其幾焉。神，謂鬼神。」朱注大體不錯，可作爲理解的基本依據。這一章的主旨見於末句「至誠如神」，是形容至誠之心的感應神妙而不可測。可見此處所謂的「神」，純就人的道德而言，與原始迷信無關。如果說這有什麼神秘性，那也是至誠至善的心靈有神秘性，而非符瑞讖緯的神秘性，兩者不可混爲一談。

〔註42〕參同註37，頁53。

至誠感應的神妙不可測表現在什麼地方呢？表現在可以預知吉凶禍福，所謂「至誠之道，可以前知」。「前知」並不神秘，它是有「知幾」作基礎的。幾是指吉凶禍福的先兆，至誠的感應神妙，能知幾，因而可以預知吉凶禍福。譬如「禎祥」（福之兆）、「妖孽」（禍之萌），就是國家將興、將亡的「幾」。這完全在至誠的神妙感應中被察知、被掌握，故有別於漢代「天人相應」的說法。「禎祥」、「妖孽」在此只是比喻之詞，不宜膠著於字面而有「神秘」的意義聯想。當至誠表現在蓍龜的卜筮上時（見乎蓍龜），自能有所感應，而預知吉凶禍福；當至誠彰顯於具體的行為之中時（動乎四體），也能「君子見幾而作，不俟終日」。〔註43〕如此，本乎至誠的神妙感應，自然可以「禍福將至，善，必先知之，不善，必先知之」了。「見乎蓍龜」表面上看，似乎頗有神秘色彩。其實不然，因為蓍龜本是死物，通過此一死物卻能預知吉凶禍福，主要還是在於卜問者的精誠感應。《周易》〈繫辭上傳〉：

> 是以君子將有為也，將有行之：問焉而以言，其受命也如響，无有
> 遠近幽深，遂知來物，非天下之至精，其孰能與於此？

可見蓍龜在此只是一象徵，重要的是經由它可以洞見真實生命的感應。真實生命的感應是至為具體至為精微的，孔子說「一日克己復禮，天下歸仁焉」（論語、顏淵），就是指出感應效驗的神妙。孟子說「充實之謂美，充實而有光輝之謂大，大而化之之謂聖，聖而不可知之之謂神」（孟子、盡心下），更以「神」代表聖人踐德的最高境界。這些都是在道德實踐下，至誠感應所達到的效驗與境界。因此不宜隨意說是神秘主義。楊祖漢先生表示：

> 國家將興，必有禎祥等句，似與漢代的災異之說相同，故有人說這
> 是雜有漢代天人相應的思想（勞思光、中庸譯注），然此章似重在言
> 至誠者之明無不至通於天地鬼神，如《易傳》所云「與鬼神合其吉
> 凶」之意。即不是先客觀地言天地之自然現象必與人事相應，而是
> 由人之至誠知幾而言天地鬼神之道，此是以道德之意義以規定氣化
> 存在流行之意義。〔註44〕

既然這一章的義理不同於漢人符瑞讖緯之說，而與孔孟思想的基本方向一致，那麼勞思光先生據此判定《中庸》成書年代在漢初的講法，便無必然成立的理由。大凡語詞的確實意涵，總須視其使用分際而定，未可一概而論。

〔註43〕 《周易》〈繫辭下傳〉語。
〔註44〕 楊祖漢《中庸義理疏解》，臺北：鵝湖出版社，頁214。

此外，葉適對《中庸》作者也有懷疑的地方，他說：

> 孔子嘗言中庸之德民鮮能，而子思作《中庸》，若以爲遺言，則顏閔猶無是告，而獨閟其家，非是。若所自作，則高者極高，深者極深，非上世所傳也。然則言孔子傳曾子，曾子傳子思，必有謬誤。〔註45〕

又說：

> 漢人雖稱《中庸》子思所著，今以書考之，疑不專出子思也。〔註46〕

由以上兩段話來看，葉適懷疑《中庸》不專出子思，或其思想非孔門所傳，主要的原因在於他認爲《中庸》說理「高者極高，深者極深」，與孔門義理平實的面貌似有不合。其實，孔門義理除了內在平實的一面外，也有超越高明的一面，只是葉適看不到這一點罷了。《中庸》固然極富形上旨趣，但它所講的「天命之謂性」、「慎獨」、「致中和」、「誠」的天道觀，都是在本質上屬於儒家的產物，與孔孟思想有著一脈相承的線索，這是無可否認的事實。以孔子而言，他所關懷與講論的，多數不離人倫日用，似乎明顯地偏向於內在的方面，而缺乏玄想的興趣。這是否表示他是一個徹底的人文主義者，完全沒有超越的意識呢？如果我們仔細省察《論語》的資料，就會發現孔子絕不是一個寡頭的人文主義者，「天」就是他的超越嚮往。對孔子來說，天是超越的創造的力量，是自然、人事秩序與價值的根源，所以他對天不只敬畏，而且仰慕，所謂「畏天命」（季氏）、「五十而知天命」（爲政）、「不怨天，不尤人，下學而上達，知我者其天乎！」（憲問）、「天何言哉！四時行焉，百物生焉，天何言哉！」（陽貨），這些都是孔子在精神生活、道德生活上所體證的超越理境，除非我們對孔子德性生命的精進一無所知，否則我們必須承認，他所建立的正是一種「內在而超越」的思路。因此，雖然他並未用「天人合一」的語詞，但他無疑是屬於這一思想的形態。孟子繼承孔子「踐仁以知天」的教路，進一步說「盡其心者，知其性也；知其性，則知天矣」（盡心上），心、性的超越根源在天，盡心知性便自然知天，可見天人不隔。超越與內在兩方面相互滲透，這是中國儒家人文主義思想的特質。天的超越要通過人的內在的心性修養來體現，這樣自我的生命雖然有限，卻可以通於無限。所以孟子的思路更加明顯是屬於天人合一的形態的，儘管他也沒有用過這一語詞。由此看來，對孔門義理的了解，不應只膠著於現實，局促於淺近平凡之境而美

〔註45〕 葉適《總述講學大旨》（《宋元學案》，〈水心學案〉）卷54，頁6。
〔註46〕 葉適〈習學記言〉（《四庫全書》〈子部〉155〈雜家類〉），頁395。

其名曰平實，孔、孟也有其超越的意識，這是由德性生命的精進不已所證悟的，不是智測與穿鑿。

綜合以上宋人對子思作人《中庸》的傳統說法的質疑，大體上多從《中庸》思想內容不符於孔門義理的角度提出。雖有質疑，但並未完全否定子思作《中庸》的地位。不過，經由我們的分析，發現他們所提出的論點多出於對《中庸》義理的誤解，因此證據是薄弱的。

有清一代，繼續有許多學者對子思作《中庸》的傳統說法提出質疑。不同於宋人之處，在於他們所提出的理由，除了思想內容外，也及於文句和語詞的討論，可說舉證的層面較前擴大了，而在對作者的看法上，更由原來宋人的懷疑《中庸》非全屬子思所作，進一步明確地肯斷說《中庸》不是成於子思，乃宗子思的後學所寫，甚或漢儒所撰。袁枚〈與人書〉：

> 《論》《孟》言山皆舉泰山，以其在鄒魯也。《中庸》獨曰「載華嶽而不重」。子思足跡未嘗入秦，疑此是西京人語。〔註47〕

又葉酉〈再與袁隨園書〉：

> 《中庸》為漢儒所撰，非子思作也。其隙罅有無心而發露者。孔、孟皆山東人，故論事就眼前指點。孔子曰「曾謂泰山不如林放」，曰「泰山其頹」；孟子曰「登泰山而小天下」，「挾泰山以超北海」。就所居之地，指所有之山，人之情也。漢都長安，華山在焉。《中庸》引山稱「載華嶽而不重」，明明是長安之人，引長安之山，此偽託子思之明驗。〔註48〕

依袁、葉二氏的說法，《論》《孟》書中提到山的地方，都舉泰山為例，因為「就所居之地，指所有之山，人之情也」。據此推論，「華山」（戰國時在秦國境內）既位於長安，則《中庸》有可能便是長安人的作品，或如葉酉所斷說，是漢代長安人偽託子思的作品。這是從「語詞」使用的角度，對子思作《中庸》的傳統說法加以否定的例子。其實即使這句話有問題，也不能以偏概全，認為整部書都是偽託。如果以這種方法去考證，恐怕先秦典籍很少不是漢人偽託的。退一步說，就算這種方法可以證明《中庸》是長安人偽託子思的作品，那也不能定說是漢代的偽作，也許是秦代的偽作也不一定。可見袁枚、

〔註47〕袁枚〈與人書〉（《小倉山房尺牘》），間引自楊祖漢《中庸義理疏解》，頁19，註6。
〔註48〕葉酉〈再與袁隨園書〉間引自楊祖漢《中庸義理疏解》，頁19，註7。

葉酉的說法，都不免於粗率、武斷，不足以否定《中庸》爲子思之所撰。又「華嶽」一詞，陸德明《經典釋文》說：「本亦作山嶽。」〔註49〕究竟原來的本子作「華嶽」呢？還是「山嶽」呢？我們已經無從得知。或者原本作「山嶽」，後人在追記、編纂時改爲「華嶽」，也不無可能。又根據徐復觀先生的考證，《中庸》第二十六章中，對山而言「寶藏興焉」，對水而言「貨財殖焉」，這不會是秦地儒者的口吻，因秦地無山海之利，只有齊地出身的儒者才能說出。其次，所謂的「華嶽」，原係齊地二山之名（即華山與嶽山，皆在山東省歷城縣），與下文的「河海」，正相對稱。〔註50〕如果徐復觀先生的考證屬實，那麼袁、葉二氏的論點便不攻自破了。

此外，清人崔述也反對子思作《中庸》的傳統說法。他列舉了三點理由，證明《中庸》必非子思所撰，而是宗子思的後學所完成，其時代在孟子之後。他說：

> 世傳《戴記》《中庸篇》爲子思所作，余按孔子孟子之言，皆平實切于日用，無高深廣遠之言，《中庸》獨探賾索隱，欲極微妙之致，與孔孟之言皆不類，其可疑一也。論語之文簡而明，孟子之文曲而盡。論語者，有子、曾子門人所記，正與子思同時，何以《中庸》之文，獨繁而晦，上去《論語》絕遠，下猶不逮《孟子》，其可疑二也。在下位以下十六句見于《孟子》，其文小異，說者謂子思傳之孟子者，然孔子子思之名言多矣，孟子何以獨述此語？孟子述孔子之言，皆稱「孔子曰」，又不當掠之爲己語也，其可疑三也。由是言之，《中庸》必非子思所作。蓋子思以後，宗子思者之所爲書，故託之於子思，或傳之久而誤以爲子思也。其中名言偉論，蓋皆孔子子思相傳之言，其或過于高深，及語有可議者，則其所旁采而私益之者也。……嗟夫！《中庸》之文，采之《孟子》，《家語》之文，采之《中庸》，少究心於文議，顯然而易見也。〔註51〕

崔述懷疑作者非子思的三點理由，第一是就思想內容說，第二是就文句繁簡說，第三是就《中庸》「在下位」以下十六句重出於《孟子》說。由此推論《中庸》是孟子後子思學派的儒者所寫定。關於第一點理由：懷疑《中庸》義理

〔註49〕 陸德明《經典釋文》（《四部叢刊正編》〈經部〉），頁 206。
〔註50〕 參見徐復觀《中國人性論史》，頁 142～145。
〔註51〕 崔述《考信錄》下，〈餘錄〉卷之三，臺北：世界書局，民國 78 年版，頁 9～10。

與孔孟思想不合，早在崔述之前，宋人葉適便曾提出過。這種看法基本上忽略了孔孟思想也有超越高明的一面，而且這一面的發展是可以和《中庸》形上思想接合的。吳怡先生表示：

> 其實孔子「五十而知天命」，他的孫子談談天道，也並不過分。荀子曾批評他：「甚僻違而無類，幽隱而無說，閉約而無解」。按這幾句話所指，子思的作品中充滿了「僻違」、「幽隱」、「閉約」。而這些特色，都是產生在形而上方面的，所以就荀子的批評作見證，我們實在沒有必要剝奪了他暢談天人關係的權利〔註52〕

荀子對子思的批評，見於〈非十二子篇〉：

> 略法先王而不知其統，猶然而材劇志大，聞見雜博。案往舊造說，謂之五行，甚僻違而無類，幽隱而無說，閉約而無解。案飾其辭，而祗敬之曰：此真先君子之言也。子思唱之，孟軻和之，世俗之溝猶瞀儒嚾嚾然不知其所非也，遂受而傳之，以為仲尼子游為茲厚於後世。是則子思孟軻之罪也。

由此看來，子思的思想的確有著形而上方面的色彩，況且儒家本身自有發展天道論的因素，所以子思作《中庸》的可能性，是不應被斷然排除的。只是現行《中庸》既經秦漢儒者的整編，其內容或有後人增益闡釋的部分，到底何者為子思原作，何者為後人所增釋，不易加以確定罷了。其實荀子批評子思的一段話，是包括孟子在內的，理由很明顯，因為孟子思想中也含有天人合德的形上學成分，例如「盡心知性知天」，「萬物皆備於我矣，反身而誠，樂莫大焉」（盡心上）、「夫君子所過者化，所存者神，上下與天地同流」（同上），這些話顯示出主體精神與絕對精神通而為一的境界，這是主智的、經驗的性格的荀子所無法理解而要加以否定的。崔述質疑《中庸》「獨探賾索隱，欲極微妙之致，與孔孟之言皆不類」，不跟荀子對子思孟軻的批評情況類似嗎？

其次，崔述由文句繁簡的比較，認為《中庸》的成書應在《孟子》之後。這自然不失為一種推斷成書年代先後的方法。今人王開府先生即曾列表比較《中庸》與《孟》、《荀》在文字上相近之處，而得到「《中庸》文字整飭曉暢顯較孟荀後出」的結論。〔註53〕不過，由於文句繁簡並無客觀的判斷標準，因此在運用這種方法時，必須謹慎小心，也就是說，依此所作的推斷，只能

〔註52〕吳怡《中庸誠的哲學》，臺北：三民書局，民國65年版，頁5。
〔註53〕王開府《四書的智慧》，頁417～419。

列爲旁證，不能作爲主要證據。此所以王開府先生認定《中庸》承襲孟荀，除了上述的理由外，更就其思想演進之跡，看出「《中庸》言誠，體系博大精深，實爲綜會孟荀思想進一步發展」。〔註54〕對於文句繁簡的問題，吳怡先生有不同的看法，他說：

> 譬如崔東壁舉《論語》之文簡而明，《孟子》之文曲而盡，《中庸》
> 之文繁而晦，認爲《中庸》在《孟子》之後。其實《中庸》之文何
> 以見得繁而晦，又何以見得一定在《孟子》之後？文體的繁簡，多
> 半由於作者表達方式，及描寫對象的不同而異，豈能憑此以論斷成
> 書的時代？〔註55〕

可見文句的繁簡與作者的主觀條件也是密切相關的，並不容易客觀地論斷。崔述之所以認爲《中庸》之文繁而晦，泰半原因在於他對《中庸》形上思想，缺乏相應的了解，這就是「晦」之所在。可知這同時也是一個義理理解的問題，不純是文體繁簡的判斷。即使如崔述所云，《中庸》之文有繁而晦的現象，也不足以論定出於《孟子》之後，因爲先秦典籍多經後人增飾及整編，自與原貌有或多或少的不同，單憑文句繁簡以推斷成書年代的先後是很危險的。

又崔述質疑《中庸》非子思所作的第三點理由，是《孟子》〈離婁篇〉中有一章和《中庸》第二十章論誠的一段文字極爲類似，如果《中庸》成於子思，而孟子又曾受業於子思的門人，爲什麼在《孟子》一書裏，僅此一處引述《中庸》的文字？而且這一段文字在《中庸》是引述孔子的話，在《孟子》則是孟子自己的話，如果是孟子襲取《中庸》，爲什麼要把孔子的話拿來當自己的話？可見這一段文字是《中庸》承襲自《孟子》。由此推論，《中庸》必非成於子思，而是孟子之後子思學派的儒者所作。對於崔述的質疑，吳怡先生提出反駁說：

> 其實細按《中庸》的那段文字，顯然是引述孔子的話，如果是《中
> 庸》抄孟子的話，那麼爲何要把孟子的話抄去當孔子的話，這豈不
> 是和「掠之爲己語」一樣的費解嗎？〔註56〕

可見從文字重出的觀點，還是無法斷言《中庸》究在孟子之前或在孟子之後。因此，崔述的質疑並不足以否定子思作《中庸》的可能性。關於雷同的這一

〔註54〕同註53，頁419。
〔註55〕同註52，頁4～5。
〔註56〕同註52，頁5。

段文字，《孟子》作：

> 居下位而不獲於上，民不可得而治也。獲於上有道，不信於友，弗
> 獲於上矣。信於友有道，事親弗悅，弗信於友矣。悅親有道，反身
> 不誠，不悅於親矣。誠身有道，不明乎善，不誠其身矣。是故誠者，
> 天之道也；思誠者，人之道也。
>
> 至誠而不動者，未之有也；不誠，未有能動者也。（離婁上）

《中庸》作：

> 在下位，不獲乎上，民不可得而治矣。獲乎上有道，不信乎朋友，
> 不獲乎上矣。信乎朋友有道，不順乎親，不信乎朋友矣。順乎親有
> 道，反諸身不誠，不順乎親矣。誠身有道，不明乎善，不誠乎身矣。
> 誠者，天之道也：誠之者，人之道也。誠者，不勉而中，不思而得，
> 從容中道，聖人也；誠之者，擇善而固執之者也。（第二十章）

僅將二者在字面上加以比較，的確很難斷定何者爲先，何者爲後。但同樣論
誠，孟子是以誠去盡心，而《中庸》是以誠去盡性。〔註57〕而且《孟子》書
中，論誠的地方，除了這章外，就只有《盡心上篇》的「萬物皆備於我，反
身而誠，樂莫大焉」，顯示誠的觀念並非孟子的主要關懷。可是在《中庸》而
言，誠卻是它的中心思想，並且提升到本體宇宙論的地位。誠之於《中庸》，
猶如仁之於孔子，心性之於孟子，禮義之於荀子。此外，《荀子》〈不苟篇〉
也有一段論誠的文字，面目與《中庸》的誠字相似，因此在這裏也發生了和
《孟子》〈離婁上篇〉相同的問題，即到底是荀子引用《中庸》的文字呢？還
是《中庸》襲取《荀子》〈不苟篇〉的文字？這也是一大懸案。《荀子》〈不苟
篇〉的這段文字如左：

> 君子養心莫善於誠，致誠則無它事矣；唯仁之爲守，唯義之爲行。
> 誠心守仁則形，形則神，神則能化矣。誠心行義則理，理則明，明
> 則能變矣。變化代興，謂之天德（按以上皆係對《中庸》下篇誠、
> 明、變化等觀念之概述）。天不言而人推高焉，地不言而人推厚焉（按
> 《中庸》下篇亦以高厚言天地），四時不言而百姓期焉，夫此有常，
> 以至其誠者也（按此係對《中庸》下篇「誠者天之道也」及「其爲
> 物不貳」的概述）。君子至德，嘿然而喻，未施而親，不怒而威，夫
> 此順命，以愼其獨者也（按此乃中庸上篇第一章之概述）。善之爲道

〔註57〕同註52，頁26。

者，不誠則不獨，不獨則不形，不形則雖作於心，見於色，出於言，民猶若未從也，雖從必疑。天地爲大矣，不誠則不能化萬物；聖人爲知矣，不誠則不能化萬民；父子爲親矣，不誠則疏；君上爲尊矣，不誠則卑。夫誠者，君子之所守也，而政事之本也，唯所居以其類至。

括弧中語爲徐復觀先生所加。徐先生認爲〈不苟篇〉的這一段話，實係對《中庸》上下篇的概略敘述，因此他推定《中庸》下篇的成書在孟子之前。〔註58〕然而王開府先生卻根據《中庸》文字的整飭曉暢及言誠體系的博大精深兩個理由，認定這一段文字是《中庸》承襲《荀子》〈不苟篇〉，而非《荀子》〈不苟篇〉承襲《中庸》。可見僅從文字上的比較，確實不易論定其間先後的關係。〈不苟篇〉的這一段文字，如就其內容看，主要是通過「誠」而論「養心」之道，頗爲類似《中庸》、《孟子》，而和荀子的思想不甚一致。與荀子一致的養心之道，當從〈解蔽篇〉所謂「虛、壹、靜」的工夫上說，因爲在他的思想系統中，心是認知心，而不是道德心。所以牟宗三先生認爲這是《荀子》書中最特別的一段。〔註59〕「誠心守仁則形，形則神，神則能化矣。誠心行義則理，理則明，明則能變矣」，這跟《中庸》所謂「誠則形，形則著，著則明，明則動，動則變，變則化」（二十三章）、「至誠如神」，意義近似。「變化代興，謂之天德」一語，則頗爲特殊，因荀子很少說「天德」，也從未如此自正面說天的意義。《荀子》〈天論篇〉所謂「天職」、「天功」、「天情」、「天官」、「天君」、「天養」、「天政」，都是天生而自然有的，並無形上的或道德價值的意味。荀子的「天」與性惡的「性」一樣，都是負面的、被治的，無善之可言。「天不言而人推其高焉，地不言而人推其厚焉，四時不言而百姓期焉。夫此有常，以至其誠者也」、「不誠則不能化萬物」，天地以能致誠而生化不息，表示生化之事不只是自然的變化，而實有眞實無妄者爲其本，然後始可說生化。這跟《中庸》說「故至誠無息。不息則久，久則徵，徵則悠遠，悠遠則博厚，博厚則高明。博厚所以載物也，高明所以覆物也，悠久所以成物也。博厚配地，高明配天，悠久無疆」（第二十六章）是相同的。這裏的「天」也是正面的天，與荀子說統中「天生人成」的天之爲負面的、被治的，迥然有別。「君子至德，嘿然而喻，未施而親，不怒而威。夫此順命，以愼其獨者也。

〔註58〕同註50，頁141～142。
〔註59〕參見牟宗三《名家與荀子》，臺北：學生書局，民國74年版，頁197。

善之爲道者，不誠則不獨，不獨則不形」，跟《中庸》「君子愼其獨」的說法並無不同。牟宗三先生指出：

> 若由此能如孟子所說：「反身而誠，樂莫大焉。」則本原之天德即呈露于本心，何至斥孟子之性善哉？至誠中見天德，即見仁見義也。「唯仁之爲守，唯義之爲行。」仁與義非外在者，而備吾人之守之行之也，乃眞誠惻怛之至誠中即仁義之全德具焉。孟子即由此而言仁義內在，因而言性善。荀子于此不能深切把握也。故大本不立矣。大本不立，遂轉而言師法，言積習。其所隆之禮義繫于師法，成于積習，而非性分中之所具，故性與天全成被治之形下的自然的天與性，而禮義亦成空頭的無安頓的外在物。此荀子正面之主張也。荀子只知君師能造禮義，庶人能習禮義，而不知能造能習禮義之心即是禮義之所從出也。〔註60〕

可見荀子眞正重視的是客觀的禮義，誠與愼獨並不是他的主要關懷。儘管〈不苟篇〉這一段論誠的文字，跟《孟子》《中庸》類似，但既非荀學之所重，自不能對他的系統起任何決定的作用。不過，荀子所說的禮義之道，只是認識的心所認知的外在標準，依外在的禮義而成就的道德，乃是他律道德。同時，心之認知禮義，也有賴於後天的虛靜工夫而後可，因此，心不能自主自律地引生道德行爲，更欠缺內在的動力以從事道德實踐。這就是牟先生所批評的「大本不立」。禮義究竟是價值世界的事，而價值的根源不能不在道德的本心。

　對於《孟子》、《中庸》論誠的一段雷同的文字，以及《荀子》、《中庸》論誠的類似重疊之處，如從相互襲取的角度看，顯然是難分其時間先後的。換言之，純自文字上的比較，要想解決《中庸》作者或成書年代的問題，並不是一件容易的事。那麼這種文字重出類似的現象，又當如何解釋呢？從思想史的觀點來看，思想本身有繼承，也有發展。例如先秦儒家，孔子是原創者，他本著肫肫其仁的個人精神，表現出擔負歷史文化的客觀精神，而透露著默契天命天道的絕對精神，所以孔子是全德備道的至聖。孟子繼承孔子的仁教，轉而發揮性善，主仁義內在，建立心性之學的義理規模，而向主體精神與絕對精神（天地精神）方面發展，客觀精神的表現稍差。荀子順承孔子外王的禮憲而發展，重群，重分，重義，隆禮義而殺詩書，知統類而一制度，客觀精神特見彰著，卻本原不足。禮義之統不能植根於性善，則流於「義外」，

〔註60〕同註59，頁198。

而「義外」非客觀精神。客觀精神必以絕對精神爲本，而後其內在的絕對價
值才不會喪失。〔註61〕關於「誠」的概念，雖然不見於《論語》，但未嘗不可
由《論語》「忠信」的觀念發展而來。〔註62〕《周易》〈乾文言〉則出現孔子
說的兩個誠字：

> 龍德而正中者也。庸言之信，庸行之謹。閑邪存其誠。善世而不伐，
> 德博而化。（九二）

> 君子進德修業。忠信，所以進德也；修辭立其誠，所以居業也。（九
> 三）

這兩個誠字與道德、精神修養有關，尤其像「庸言之行，庸行之謹」的句子，
跟《中庸》所引孔子的話「庸德之行，庸言之謹」，可說幾無分別，顯示誠的概
念也是屬於孔門的義理。既是孔門的義理，那麼它也像仁、義、禮、智、信、
孝、弟、忠、恕等概念一樣，共同爲孔門後學所傳述。這也就是爲什麼在《孟》、
《荀》、《中庸》等書中，會發現有文字類似或重疊的現象了。但孔門後學流派
不一，思想發展的方向與重點未必相同，像孟子重視的是心、性之學的建立，
荀子重視的是禮義之統，因此誠的概念都不是他們的核心義理，而中庸與誠的
概念，則爲子思所重，成爲他這個學派的主要思想。這就是爲什麼誠的概念詳
於《中庸》而略於《孟》、《荀》的原因了。而且，孔門後學所傳述自孔門的一
些共同概念，在不同的義理系統中，其內涵也未必全同。像荀子所強調的禮義，
就不是植根於仁心善性，而只是一個外在客觀的標準，這跟順孔、孟傳統所說
的「禮儀三百，威儀三千，莫非性情中出」迥然有別。又如中的概念，在孔、
孟指的是內在於仁心善性而爲仁心善性所自發自律的道德標準；在荀子則一如
其所說的禮義，只是外在的行爲規範；至於在《中庸》則中不僅是我們道德實
踐的根據，更成爲天地萬物的存有論的根據。〔註63〕這些都說明了思想有繼承，
也有其發展。就繼承而言，有共通性，就發展而言，有差別性。因此，從思想
史的角度看，《孟子》、《中庸》論誠的一段雷同的文字，應當都是源於孔門相傳
的義理，只是編《中庸》的弟子，把它歸爲子思引述孔子的話，而編《孟子》
的弟子，則把它歸爲孟子的話。這種引證上的疏誤，不必嚴格看待。例如《論

〔註61〕參見同註59，頁201～203。
〔註62〕徐復觀先生認爲《中庸》的誠字乃《論語》「忠信」觀念的發展，參見同註50，
　　　　頁138。
〔註63〕參見本章第二節。

語》〈爲政篇〉「生，事之以禮，死，葬之以禮，祭之以禮」爲孔子語，但在《孟子》〈滕文公上篇〉中卻是曾子語。又如《中庸》第十九章引孔子語「事死如事生，事亡如事存，孝之至也」，而在《荀子》〈禮論篇〉，則有「使生死始終若一，一足爲人願，是先王之道，忠臣孝子之極也。……事死如事生，事亡如事存」類似的話。又如《論語》〈爲政篇〉「溫故而知新，可以爲師矣」、〈顏淵篇〉「司馬牛問君子。……子曰：『內省不疚，夫何憂何懼！』」均爲孔子語，但在《中庸》第二十七章、第三十三章，則有「溫故而知新，敦厚以崇禮」、「故君子內省不疚，無惡於志」類似的話。這些原本屬於孔子說的話，然而後儒也未必都有標明出處。可見引證上的疏誤或有無標明出處，實不必過於斤斤計較。既是孔門相傳的義理，後儒偶加援釋而納入自己的思想系統裡，這和「掠之爲己語」的行爲是有所不同的。

　　綜合以上析論，可知前人對《中庸》作者的看法，大致可區分爲二派。一派是傳統的說法，認爲《中庸》成於子思；一派是懷疑或否定傳統的說法，認爲子思作《中庸》的講法有問題，或《中庸》根本不是成於子思，乃是宗子思的後學甚至漢儒所撰，而僞託子思的。傳統一派的主張，從漢儒開始，一直到宋代程朱，大都前後相承，脈絡一貫；懷疑或否定傳統說法的一派，則以宋、清兩代的學者爲主，他們質疑的問題，基本上不出語詞、稱謂、文句及思想內容等範疇。但這些層面的探討質疑，並不能有效地釐清《中庸》的作者問題，反而滋生更多不必要的糾結與混淆。

　　民國以後，學者對《中庸》作者及成書年代的問題，除了繼續前人從語詞、文句及思想內容等層面，作更廣泛、更深入的探討外，同時也能考慮到先秦文獻的特性，並自思想史與義理系統的觀點來衡定《中庸》的作者及成書年代。不僅研究的視域較以往寬廣，在思想詮釋的深度上，更是超越了前賢注疏的層次。

　　關於先秦文獻的特性，當代學者如馮友蘭、徐復觀、吳怡等人都有論述。歸納他們的說法，主要有兩點：

第一、先秦典籍多非成於一人之手。

馮友蘭在《中國哲學史》上說：

> 蓋古人之歷史觀念及「著作者」之觀念不明，故現在所有題爲戰國以前某某子之書，原非必謂係某某子所親手寫成。其中「援述於前，與附衍於後者」在古固視爲不必分，在今則多似爲不能分也。……

　　　故現在所有多數題爲戰國以前某某子之書，當視爲某某子一派之
　　　書，不當視爲某某子一人之書。〔註64〕

的確，先秦子書大抵都有這一共同的特色。即使像寫作嚴謹的《荀子》，最爲
晚出的《韓非子》，也都不免有後人加入的材料。雖然如此，全書的一貫思想
與基本精神，應當還是屬於原作者的，後人只是加以增刪、潤飾及整編罷了。
〔註65〕由此看來，《中庸》極可能是子思及其後學的共同作品。子思作《中庸》，
已有史實的根據，但《中庸》的編輯成書，可能會遲至他的後學者。換言之，
現行《中庸》裏，除保留了子思的原作外，也有子思後學引申發揮的成份。
至於《中庸》編定成書的時間，學者的看法不一。徐復觀先生認爲當在孟、
莊之前，〔註66〕吳怡先生認爲可能要到孟、莊之時，〔註67〕王開府先生則推
斷應在秦代。〔註68〕《中庸》一書既是由子思的後學編輯而成，那麼它在語
詞、文句及思想內容方面，就有可能滲入追記者或編纂者個人與其所處時代
的因素，所以不能只依據一、二個在語詞、文句或思想內容有疑問的地方，
便斷定全書爲後人所僞託。徐復觀先生說：

　　　先秦在孟莊時代以前，恐無存心自著一書之事。《論語》記有曾子死
　　　時的情形，記有子夏子張門人問學的情形，則《論語》是經過三傳才
　　　編纂成書的。由《齊論》、《魯論》、《古論》之分，可知編纂者亦非一
　　　人一地。……《論語》之所以能更代表孔子的思想，恐怕是因爲當時
　　　直接記下的材料爲多。所以語句非常簡單而圓滿。中間有一小部分文
　　　字較繁，風格亦感到與全書不相稱，這恐怕是經過相當時間口耳傳承
　　　以後才記錄下來的。使用的字語及文章的風格，隨時代而漸變，這在
　　　社會變革急激時更甚。由後來追記或編纂的東西，便容易滲入追記者
　　　或編纂者個人及其所處的時代的因素。例如在《禮記》〈祭義〉孔子
　　　答宰我問中，有「明命鬼神，以爲黔首則」的話，《正義》「案《史記》
　　　云，秦命民曰黔首。此記作在周末秦初，故稱黔首。此孔子言，非當
　　　秦世。以爲黔首，錄記之人在後變改之耳」。〔註69〕

〔註64〕馮友蘭《中國哲學史》，頁43～44。
〔註65〕參見同註52，頁6。
〔註66〕參見徐復觀《中國思想史論集》，臺北：學生書局，民國68年版，頁76。
〔註67〕參見同註52，頁10。
〔註68〕參見同註53，頁336。
〔註69〕同註66，頁96～97。

基於以上的認識，我們對傳統「子思作《中庸》」的說法，便不宜執定《中庸》是子思一人的作品，而應視為子思及其後學（即子思學派）共同的創作。同時，《中庸》一書既由子思後學所編定，那麼在傳承編纂的過程中，思想、語詞及文章風格各方面，必然會受到傳承者及編纂者個人及其時代的影響，因此，不能只根據一、二個可疑之處，就否定《中庸》作於子思的可能性。同樣的，也不應認為《中庸》是子思所作，就以為一字一句都出於子思的手筆。

第二、先秦典籍往往經過秦博士及漢代學者的整編。

徐復觀先生說：

> 先秦古籍，經秦氏博士之傳承整理，因而雜入傳承整理者當時的思想與資料，乃極合於情理之事實，此不獨《中庸》為然。且《禮記》中各篇，皆由纂輯而成。在纂輯的時候，大概會採用以類相從的方法。因此，每篇之中，總有某種問題，或某種思想，以形成一篇的中心；但這和出於一人之手的著作不同。裡面的材料，在性質與時間先後上，皆有滲雜出入。《中庸》「愚而好自用，賤而好自專；生今之世，反（復）古之道；如此者，災必逮夫身」一段，分明是法家責備儒家的話。又談舜周公大孝的兩節，也與上下文無關。「載華嶽而不重」的一段話，可能是秦博士整理時加進去的。僅憑一兩句話來斷定其時代或內容，這都是不了解此種文獻的特性。〔註70〕

徐氏所舉的例子未必正確，但他指出先秦典籍經秦博士整編的事實，則可以提供我們對先秦文獻的特性的了解。秦統一天下之後，戰國時諸子遺風仍在，學術界混亂的局面依舊。李斯為了避免思想的混亂，欲愚民以圖久治，便在秦始皇二十四年奏請焚書。《史記》〈秦始皇本紀〉：

> 李斯曰「……臣請史官非秦紀，皆燒之，非博士官所職，天下敢有藏詩、書、百家語者，悉詣守、尉雜燒之。有敢偶語《詩》《書》者棄市，以古非今者族。吏見知不舉者與同罪。令下三十日不燒，黥為城旦。所不去者，醫藥、卜筮、種樹之書。若欲有學法令，以吏為師。」制曰：「可。」

依李斯奏議，當時所燒的只是民間的《詩》、《書》、百家典籍，至於秦宮室、博士所藏的書並不燒。但秦始皇死後，天下又大亂，項羽入咸陽，「燒秦宮室，

〔註70〕同註66，頁76。

火三月不滅」，〔註71〕那麼宮中、博士存藏的書籍，必也難逃厄運。接著又是五年的楚漢相爭，兵荒馬亂，也容易造成書籍大量的亡佚。因此，到了漢代，先秦典籍而能流傳下來的，可說相當有限。惠帝即位後，便下令廢止挾書禁律，廣開獻書之路，並且也主動派人到各地去搜求遺書。經過朝野上下的努力，於是天下舊書，又日益復出。所以今天流傳下來的先秦典籍，都是經過漢代學者的整編，和原來的面貌自有或多或少的不同。馮友蘭先生指出：

> 大約今所傳先秦之書，皆經漢人整理編次。例如《墨子》《莊子》等書，如現在所傳者，本先秦所無有。先秦所有者僅為不相連屬之各篇，如〈尚同〉、〈兼愛〉、〈齊物論〉、〈逍遙遊〉等。漢人於整理先秦典籍之時，乃取同一學派之各篇，聚而編為一書，題曰某子，意謂此某學派之著作耳。〔註72〕

先秦典籍既然經過秦博士及漢代學者的整編，則整編者對書籍所可能造成的影響必須考慮在內。也就是說，我們在討論《中庸》作者及其成書年代時，不應發現一、二句似為秦人的語氣，便斷定是秦代的偽作，也不應發現一、二句似為漢人的語氣，便斷定是漢代的偽作，否則很容易產生以偏概全的弊病。

由於考慮到先秦文獻的特殊性質，當代學者對《中庸》作者及成書年代的看法，已然擺脫傳統子思或非子思的二分思考格局，而大體同意《中庸》是子思及其後學的共同作品。至於現行《中庸》裡，那些部份是子思原作，那些部份是後儒所闡述，則是一個不易確定的問題。儘管如此，當代學者仍舊嘗試從文體、語詞、文句、思想內容等方面，對《中庸》孰為子思原作，孰為後儒增益，加以推斷。例如馮友蘭先生表示：

> 細觀《中庸》所說義理，首段自「天命之謂性」至「天地位焉，萬物育焉」，末段自「在下位不獲乎上」至「無聲無臭至矣」，多言人與宇宙之關係，似就孟子哲學中之神秘主義之傾向，加以發揮。其文體亦大概為論著體裁。中段自「仲尼曰，君子中庸」，至「道前定則不窮」，多言人事，似就孔子之學說，加以發揮。其文體亦大概為記言體裁。由此異點推測，則此中段，似為子思原來所作之《中庸》，……首末二段，乃後來儒者所加。〔註73〕

〔註71〕司馬遷《史記》〈項羽本紀〉語。
〔註72〕同註67，頁45。
〔註73〕同註67，頁447～448。

依馮氏的劃分，他所謂的中段，相當於朱子《中庸章句》第二章至第二十章「道前定則不窮」；首、末兩段，相當於第一章與自第二十章「在下位不獲乎上」至第三十三章。劃分的標準是根據義理與文體的衡定，結論是《中庸》第二章至第二十章「道前定則不窮」，似為子思原作，而第一章與自第二十章「在下位不獲乎上」至第三十三章，則為秦漢時孟子一派的儒者所作。當然，這種劃分與推測是非常主觀的，為什麼子思就不能談天道、談誠、談慎獨呢？何況「拿馮友蘭的分析來說，他認為自第二章至第二十章的上半段可能是子思的原作。但細察這幾章的內容，只有第十二章、第十四章、第十五章，有子思自己的話，而且也是引述孔子的思想，談不上獨創的見解。如果子思所寫的《中庸》就是這些，我們實在看不出他有什麼特殊的表現。尤其我們如果同意荀子的看法，把子思孟子連成一個系統的話，那麼子思除了引述孔子的思想外，必定有他自己的心得」。〔註74〕所以，除非有確實的證據出現，否則類似馮氏的這種作法，都不免於主觀的臆測。

又依徐復觀先生的看法，現行《中庸》原由上下兩篇所構成。理由是朱子《中庸章句》的第二十章，在孔穎達的六十三卷《禮記正義》中，是分隸兩卷的，即從「哀公問政」起至「道前定則不窮」止，屬於卷五十二，自「在下位不獲乎上」起至「雖愚必明雖柔必強」止，屬於卷五十三。徐氏認為這種分法的最大意義，實際上是依然保持著《漢志》所謂《中庸說》二篇的原有面貌。〔註75〕然後他以朱子《中庸章句》所分的三十三章為基準，將現行《中庸》重新加以劃分如下：

一、自「天命之謂性」的第一章起，至「哀公問政」之第二十章前段之「道前定，則不窮」止，為《中庸》本文之上篇。

二、自第二十章後半段之「在下位不獲乎上，民不可得而治矣」起，一直到三十三章止，為《中庸》本文的下篇。

三、「子曰，鬼神之為德，其盛矣乎」的第十六章，及「子曰，舜其大孝也與」的第十七章，「子曰，無憂者其惟文王乎」的第十八章，「子曰，武王周公，其達孝矣乎」的第十九章，都與《中庸》本文無關，這是由禮家所雜入到裏面去的。……下篇的第二十八章，在意義上不僅與下篇的上下文無關；且在文體上，下篇除末章中夾引有「子

〔註74〕同註52，頁9。
〔註75〕參見同註50，頁107。

曰，聲色之於以化民，末也」一句外，絕無引「子曰」以成章的。
而二十八章則由兩「子曰」所組成，於下篇全文為不類。所以這一
章也可以斷言，是由禮家所雜到裏面去的。〔註76〕

徐氏以為《中庸》上篇可以推定出於子思，其中或許也雜有他的門人的話；
下篇則是上篇思想的發展，係出於子思的門人，即將今本《中庸》編定成書
的人。至於第三部份，則為禮家所雜入，與《中庸》本文無關，但依然是孔
門遺簡，如第十六、十七、十八、十九、二十八等章。問題是，就算這幾章
果如徐氏所云，在思想內容或文體上異於《中庸》其他部份，又何以見得都
是禮家所雜入？而且不屬於《中庸》本文？這種以己意去取的作法，其實與
馮氏將《中庸》肢解、削去頭尾，並無不同。徐氏表示：

> 先秦時代，某一學派的學徒，常常把自己所紀錄或發展出來的思想，
> 即歸之於該思想創發人的姓名之下，有如《老子》、《墨子》、《莊子》。
> 《中庸》雖原係上下兩篇，在時間上有先後之不同；但皆以子思之
> 名，傳承下來，其原因亦復如此。不過，當禮記家將其收入於《禮
> 記》之內，使其成為《禮記》四十九篇中之一篇時，又將與前兩部
> 份原無關係之其他斷簡零篇羼入，遂成為現行《中庸》中之另一部
> 份。〔註77〕

這段話對《中庸》作者的看法，可說充分考慮到了先秦文獻的兩個特性，即
先秦典籍多非成於一人之手與往往經過秦博士與漢儒的整編。但進一步斷定
《中庸》何者出於子思，何者出於其門人，何者為後儒所雜入時，則不免有
推論過當之嫌，這自然是很危險的作法。同時，徐氏根據孔穎達《禮記正義》
析《中庸》第二十章為兩卷的現象，而認定《中庸》本文原由上下兩篇所構
成，這也是明顯的錯誤。王開府先生指出：

> 注疏本《禮記》將《中庸》分為二卷，自「在下位不獲乎上，民不
> 可得而治矣」起為第二卷。實則「在下位不獲乎上」一句前後的文
> 字思想，本為一貫，不可分隔，《禮記》分卷純為傳習之便。後人或
> 引《漢志》有《中庸說》二篇，謂《中庸》本即分為兩篇，亦未必
> 然。朱子將「在下位不獲乎上」前後文字併為一章，確有所見。唯
> 朱子將《中庸》分章注釋，亦為傳習之便。《中庸》首尾一貫，思想

〔註76〕同註50，頁 105～106。
〔註77〕同註50，頁 103～104。

綿密，爲不可分割之鉅作，後人強爲支離，均屬不妥。〔註78〕
基於傳習之便，而將《禮記》中的某些篇析爲二卷三卷甚至四卷，這是孔穎達《禮記正義》的通例。如〈曲禮下〉、〈檀弓下〉、〈曾子問〉、〈禮運〉、〈禮器〉、〈郊特性〉、〈內則〉、〈玉藻〉……等篇，各析爲二卷；〈曲禮上〉、〈檀弓上〉、〈王制〉、〈樂記〉等篇，各析爲三卷；而〈月令〉一篇則析爲四卷。可見孔氏析《中庸》爲兩卷，與《中庸》本文是否原係上下二篇，並無關連。《中庸》固有可能如《漢志》所載《中庸說》之爲二篇，但絕不能以《正義》的分判爲根據逆推而得。

又王開府先生在《四書的智慧》中，也曾綜合文體、篇章結構、語詞、文句及思想內容等各方面，針對《中庸》的作者與時代，提出他個人的看法：

> 《中庸》第二章至第十九章，大體引孔子之言，闡發「中」「庸」之義。……第二章至十九章以記言爲主，言簡意約，文體較早；而文義上專闡「中庸」，應是保留了子思所作之《中庸》。……第二十章雖然也是記言體，但長篇大論，很有組織，且句多排偶，長於修辭，應較晚出。……第二十一章至篇末第三十三章，以議論體爲主，只有三處引孔子之言，引《詩》的反而多些。這部份應是後人對子思「中庸」義的進一步發揮。……《中庸》首章也是議論體，並以「性」「道」「教」來確立《中庸》的義理綱維，……這些都是後人發揮子思「中庸」的勝義，而置於首章，作爲全篇之綱領。……《中庸》的末章以「知微之顯，可與入德矣」呼應首章；又以「內省不疚，……君子之所不可及者，其唯人之所不見乎」呼應首章「君子慎其獨」之義；以「君子篤恭而天下平」呼應首章「致中和，天地位焉，萬物育焉」之義。而末章末句「上天之載，無聲無臭」，更與首章首句「天命之謂性」首尾迴應。《中庸》章法之嚴謹，由此可見。綜合上述，《中庸》之首章與第二十一章至末章，不論就文體、篇章結構之完整或思想內容之圓熟精邃來說，都有一致之處。而且，歷來學者致疑爲晚出的章句，都出現在這一部分，……因此可以推斷這一部分最晚出，其完成之時爲秦代。〔註79〕

相較於馮、徐二氏，王開府先生保全了《中庸》第二十章的完整性，但論及

〔註78〕同註56，頁419～420。
〔註79〕同註56，頁336～338。

作者與成書年代時，仍不免要割裂《中庸》本文，以推定何者為子思所作的《中庸》，何者為後人對子思《中庸》義的進一步發揮。這或許是將《中庸》編定成書的人所留下的難題吧！

此外，當代學者從語詞方面對《中庸》成書時代所作的推斷，也還有一些值得提出來說明的。例如《中庸》第三十一章說：「是以聲名洋溢乎中國，施及蠻貊，舟車所至，人力所通，天之所覆，地之所載，日月所照，霜露所隊，凡有血氣者，莫不尊親，故曰配天。」這一段話跟琅邪臺石刻：「日月所照，舟輿所載，皆終其命，莫不得意。」〔註80〕近似，學者以為這是大一統後才有的思想，因此《中庸》第三十一章應當成於秦代。〔註81〕其實，這種論斷是輕相比附的結果，錯誤是很明顯的。在《中庸》，這一段話是闡明至聖之德的大可配大，而琅邪臺石刻則是歌頌秦始皇的功德，兩者描述的對象不同，文義迥然有別，怎能相提並論？如果說是字面上有些類似，那麼《荀子》〈王制篇〉的這段話：「故天之所覆，地之所載，莫不盡其美致其用」，豈不更有資格決定《中庸》第三十一章的成立年代？除非能證明荀子這段話也是出於大一統之後。又《中庸》第二十六章說：「今夫山一卷石之多，及其廣大，草木生之，禽獸居之，寶藏興焉。今夫水，一勺之多，及其不測，黿鼉蛟龍魚鱉生焉，貨財殖焉。」而在《荀子》〈勸學篇〉則有「積土成山，風雨興焉；積水成淵，蛟龍生焉」類似的話。可見語詞的使用有共通性，僅憑一、二個字面上相近的語詞，並不足以作為論定成書年代的依據。

又勞思光先生在《中國哲學史》中，也舉出許多例證，說明《中庸》的語詞，實際上屬於漢初的時代。他說：

> 《中庸》全文雖雜，但其用字造語，無一處可證其早於戰國末期者；
> 另一方面可證其為晚出者則甚多。〔註82〕

從《中庸》用語來看，徐復觀先生在〈中庸的地位問題〉一文中，曾略舉七處《中庸》與《論語》詞氣相同相合者，〔註83〕而且王開府先生也曾列表比較《中庸》與《孟子》、《荀子》文字上重疊相似的地方，〔註84〕顯示勞先生以為《中庸》「其用字造語，無一處可證其早於戰國末期者」的看法，是過於

〔註80〕《史記》〈秦始皇本紀〉語。
〔註81〕參見傅武光《四書學考》引武內義雄說，頁346。
〔註82〕同註37，頁49。
〔註83〕參見同註66，頁74～75。
〔註84〕參見同註53，頁417～419。

輕率、武斷的認定。至於他說「另一方面可證其爲晚出者則甚多」，所舉數例也不無商榷餘地。換言之，他所提出的一些反證，並沒有確實到成爲定論的程度。例如勞先生認爲《中庸》「子曰：愚而好自用，賤而好自專，生乎今之世，反古之道，如此者，烖及其身者也」（第二十八章）這一段話：

> 此乃力反「復古」之言。孔子及其門人，包括後代之孟子在內，皆喜言尊古，與此段主張相反。此已足見此文之後出。且其所謂「今之世」，顯指一大變革之局面而言，若在春秋戰國階段，則儒者例皆主張法古，無謂「今之世」不能「反古之道」者；而此文所以如此說法，蓋所指之「今之世」乃大變革以後之時代也。……同章又曰：「今天下車同軌，書同文，行同倫。」此顯指秦統一天下之時期而言，蓋統一度量衡，統一文字之事，僅在秦統一天下時有之，而此文謂「今天下……」云云，可知所謂「今之世」即指秦統一天下之時。則此文成於秦始皇時可以斷定矣。〔註85〕

又傅武光先生在《四書學考》中，也認爲「愚而好自用」這段話成於秦代，他說：

> 據《史記》〈始皇本紀〉三十四年李斯上議云：「五帝不相復，三代不相襲，各以治，非其相反，時變異也。……今諸生不師今而學古，以非萬世，惑亂黔首，……臣請以古非今者族，吏見知不舉者與同罪。」案，所謂「生乎今之世，反古之道」，即指「諸生不師今而學古」，「烖及其身」即指「以古非今者族」，兩相比勘，《中庸》此數語，出於李斯之秦議甚明。換言之，此數語之作成不得不在始皇三十四年納斯議之後也，而冠以子曰者，託聖以自重耳。〔註86〕

對於勞思光先生的說法，我們認爲有斷章取義之嫌。《中庸》「愚而好自用」這段話不能孤立來看，而必須關連著同章的後二段文字來理解。《中庸》第二十八章後兩段文字如下：

> 非天子不議禮，不制度，不考文。今天下，車同軌，書同文，行同倫。雖有其位，苟無其德，不敢作禮樂焉；雖有其德，苟無其位，亦不敢作禮樂焉。子曰：「吾說夏禮，杞不足徵也；吾學殷禮，有宋存焉；吾學周禮，今用之，吾從周。」

〔註85〕同註37，頁50。
〔註86〕同註81引武內義雄說，頁345～346。

「非天子不議禮」這一段文字，說的正是孔子「天下有道，則禮樂征伐自天子出」（論語、季氏）及荀子「王者盡制，聖者盡倫」（荀子、解蔽）的意思。王者的禮樂典制，是業績，如堯舜三代的政規。周公順二帝三王的政教之跡而制禮作樂，構造周文，開出「日常生活的軌道」，這是據事以制範。孔子立仁教，反身上提而透顯形上的仁義之心，給予周文超越的解析與安立，以指導「精神生活的途徑」，這是攝事以歸仁。合堯舜三代的政規業績與孔子的仁教，便是所謂「內聖外王之道」。〔註87〕「吾說夏禮」這一段話，分別見於《論語》〈八佾篇〉「子曰：夏禮，吾能言之，杞不足徵也。殷禮，吾能言之，宋不足徵也。文獻不足故也。足，則吾能徵之矣」及「子曰：周監於二代，郁郁乎文哉！吾從周」，文字小異，文義則同。由《中庸》第二十八章後二段文義來看，首段引述孔子的話，應是就禮樂而言。孔子對禮樂的態度如何呢？《論語》記載：

> 顏淵問為邦，子曰：「行夏之時，乘殷之輅，服周之冕，樂則韶舞。
> 放鄭聲，遠佞人。鄭聲淫，佞人殆。」（衛靈公）

> 子張問：「十世可知也？」子曰：「殷因於夏禮，所損益可知也。周
> 因於殷禮，所損益可知也。其或繼周者，雖百世可知也。」（為政）

孔子以損益四代禮樂之意答顏淵問為邦之道，以禮之因革損益的原則答子張問十世可知與否的問題。顯示孔子對禮樂的基本態度，一方面是斟酌當世之宜，一方面是損益先王之禮。夏、商、周的禮，雖一系相承，卻也各有損益，各有損益，就是《禮記》〈樂記篇〉所說的「五帝殊時，不相沿樂；三王異世，不相襲禮」。禮不是一成不變的，時移世易，禮的時效性也會隨之而改變，宜於古者未必宜於今，所以必須因革損益。《禮記》〈禮器篇〉說：「禮，時為大。」這句話最能表顯禮的「時中」大義。由此可見，對於不能因時、因地、因事制宜，而一味泥古的作法，孔子應該是持反對意見的。這也就是為什麼他會說出「愚而好自用」那一段話的原因了。勞先生認為孔、孟皆喜言尊古，固然不錯，但尊的是堯舜禹湯文武周公的德，尊的是先王之道，至於對禮樂的態度，則強調要因革損益，並不是無條件的「復古」。勞先生不了解孔子這段話原是針對禮樂而說的，因此才會誤解。至於傅武光先生采自日人武內義雄的講法，則見比附失當，以致連孔子說此語的真實性也要懷疑，這並不符合

〔註87〕參見蔡仁厚《孔孟荀哲學》，臺北：學生書局，民國73年版，頁47。

詮釋之合理性的原則。一項合理的詮釋，應該將經典本身視爲在思想上一致和諧的整體，避免將詮釋對象導入自相矛盾的立場。〔註88〕至於「今天下車同軌，書同文，行同倫」這幾句話，似爲秦統一後之語，因此勞先生斷定此文成於秦始皇時。我們以爲，「今天下」數語固可懷疑，但也不是必然如此。陳槃先生說：

> 《中庸》裏頭，也有可以使人疑其爲晚出的地方，不過也不是絕對的。比如說，「今天下，車同軌，書同文」，這好像是秦始皇統一天下以後的話，挪作春秋那個時候來說，頗爲不合實際。然而也很難講，隱元年《左傳》說：「天子七月而葬，同軌畢至」；《正義》：「鄭玄服虔皆以軌爲車轍也。王者馭天下，必令車同軌，書同文。同軌畢至，謂海內皆至也」。可見「車同軌」這話，在孔子以前就有。也許實際上不能完全做到，但是對於時王客氣一點，挪來粉飾太平，未嘗不可。至於「書同文」這話，不必太認眞去考覈。春秋以前的文字，誠然因時因地有不少的差別，然而總是從「六書」一路發展下來的華夏民族的文字，所以春秋時儘管國別很多，但是朝聘天子，會盟諸侯，文書使節交互往來，沒有說彼此之間文字不能通曉的話，可見從大體上說，這就是「同文」了。秦始皇同文的工作，也還是不能澈底，傳到現在的秦漢文字，挪來一看就知道，然而始皇的琅邪臺刻石卻說：「竝日天之下……同書文字」。那春秋時候爲什麼就不可以說。〔註89〕

既然秦以前也有可能同軌同文，那麼「今天下」數語是否必爲晚出，也就無法斷定了。

此外，勞思光先生還引《中庸》第二十章與《淮南子》〈主術訓〉中的一段話相比較，就其大意及語法的類似，判定爲同一時代的作品。他說：

> 朱訂第二十章曰：「在下位，不獲乎上，民不可得而治矣。獲乎上有道，不信乎朋友，不獲乎上矣。信乎朋友有道，不順乎親，不信乎朋友矣。順乎親有道，反諸身不誠，不順乎親矣。誠身有道，不明乎善，不誠乎身矣。」（中庸章句）

〔註88〕關於一項合理詮釋所應滿足的一些基本的形式條件，參見袁保新《老子哲學之詮釋與重建》，臺北：文津出版社，民國80年版，頁77。

〔註89〕陳槃《大學中庸今釋》，臺北：正中書局，民國73年版，〈中庸今釋敘說〉，頁4～5。

而《淮南子》論「主術」則曰:「士處卑隱,欲上達,必反諸己。上
達有道,名譽不起,而不能上達矣。取譽有道,不信於友,不能得
譽。信於友有道,事親不說,不信於友。說親有道,修身不誠,不
能事親矣。誠身有道,心不專一,不能專誠。」(淮南子、主術訓)
以此二段相對照,不唯大意相似;且均用「……有道,不……不……」
之語法。其爲同一時代之作品,甚爲明顯。〔註90〕

關於這種論斷的粗糙不足取,高柏園先生在《中庸形上思想》書中,已經有
所辨正。他表示:

(1) 勞先生所引《中庸》二十章一段,亦同出現於《孟子》〈離婁
篇〉,若《中庸》二十章與《淮南子》相近而晚出,則《孟子》
思想亦當晚出矣。此見勞說根本不能成立。

(2) 勞說僅由《淮南子》與《中庸》某段語法及大意之相似,便推
斷《中庸》持說乃多與以道家爲主的《淮南》相似,此顯有推
論過多之嫌,同時,此結論亦與《中庸》之重儒家思想不合。
〔註91〕

《淮南子》一書,是漢代淮南王劉安及其門下賓客所共同撰寫的。這部著作
也像黃老之學一樣,企圖以道家爲主,來綜合各家思想。但由於門下賓客的
思想各有不同,所以有不少篇章以儒家思想爲歸趨。大體而言,書中老、莊
的思想佔最大比重,其次是《呂氏春秋》,其次是儒家、法家、兵家。引用過
的古書有《老子》、《莊子》、《左傳》、《論語》、《孟子》、《荀子》、《墨子》、《子
思子》、《公孫尼子》、《商君書》、《尸子》、《管子》、《慎子》、《列子》、《孫子》、
《韓非子》、《晏子春秋》、《呂氏春秋》、《戰國策》、《禮記》、《尚書大傳》、《楚
辭》等。既然《淮南子》是一部雜家的著作,那麼它在思想內容或語詞方面
承襲諸家是很自然的,因此,不能以某家之說或用語與《淮南子》類似,便
據《淮南子》定某家思想的時代,這是倒果爲因的作法。勞先生說:

朱訂第一章曰:「天命之謂性,率性之謂道,修道之謂教。」(中庸
章句)此三語日後大受宋儒尊重,幾視爲儒學之要訣所在。然今考
漢人議論,則知此種說法乃漢初之流行思想。《淮南子》〈齊俗訓〉
曰:「率性而行謂之道,得其天性謂之德。」此明言「率性之謂道」

〔註90〕 同註37,頁51～52。
〔註91〕 高柏園《中庸形上思想》,臺北:東大圖書公司,民國80年版,頁27。

矣。又〈繆稱訓〉曰：「性者，所受於天也。」此與「天命之謂性」
涵義全同。至於「修道之謂教」，不過謂人必須努力明道，原與勸學
之旨相近，但以「修」字代「學」耳。此在《淮南子》中亦有類似
之說。如〈脩務訓〉曰：「知者之所短，不如愚者之所脩。」此即以
「脩」釋「學」也。……故《中庸》此語，正與《淮南》之說合。
蓋此類說法，皆漢初流行者，非先秦詞語也。〔註92〕

如果了解《淮南子》書的性質，就可知道勞說絕對無法成立。否則先秦儒道
墨法的思想，豈不都要成為漢初流行的思想。

其實，勞思光先生之所以斷定《中庸》的成書年代在漢初，更根本的原
因是他認為《中庸》就思想特色而論，乃屬於漢儒型的理論。依據勞說，《中
庸》思想的特色有二，一是「心性論與形上學之混合」，一是「神秘主義之傾
向」。〔註93〕關於神秘主義的傾向，他認為《中庸》第二十四章信前知、重符
兆的思想，與漢人符瑞讖緯之說一致，因此其成書時代必在漢初。此一說法
之不能成立，前文已詳加辨正，茲不贅述。主要是由於這章重點在說明至誠
者神感知幾的道理，而不是強調以天人感應之說作為人事行為的根據，所以
跟漢儒型的理論有別。至於心性論與形上學的混合，勞先生表示：

朱訂第一章曰：「喜怒哀樂之未發，謂之中；發而皆中節，謂之和。
中也者，天下之大本也。和也者，天下之達道也。致中和，天地位
焉，萬物育焉。」（中庸章句）此中前各語皆論心性問題，而最後落
到「天地位焉，萬物育焉」，顯屬形上學立場。又其上文曰：「道也
者，不可須臾離也。」（中庸章句）此所謂「道」，顯然雜有「存在
規律」及「德性規範」二義；蓋如只取後一義，則人常失道，不可
說「不可須臾離」矣。此亦見此處所說之「道」字兼有心性論及形
上學之成分。形上學在先秦哲學中，主要見於道家學說。《中庸》將
心性與形而上問題混而言之，正可見其時代非儒道嚴格對峙之時
代，而為兩家學說混合之時代，此即漢初是也。〔註94〕

又說：

《中庸》篇首先提出「天命之謂性，率性之謂道，修道之謂教」三

〔註92〕同註37，頁50～51。
〔註93〕參見同註37，頁52～53。
〔註94〕同註37，頁52～53。

　　語，作爲基本觀念：其中「天命之謂性」一語，表示心性論及形上

　　學兩種立場之混合。〔註95〕

事實上，勞先生之所以如此論斷，牽涉到他對先秦孔孟思想與《中庸》義理

性格的理解。他認爲「儒學初期的旨趣，原只是道德的，政治的，或以文化

觀爲主的，並沒有純思辯的旨趣。孔孟都是如此。孟子建立了心性論的體系，

不走宇宙論的路，也不走形上學的路。荀子遍議諸家之短長，也從未論及儒

家的形上觀念。先秦的形上學觀念，只見於道家及名家之說」，〔註96〕並表

示「我不認爲『心性論』必歸於『道德形上學』」。〔註97〕至於《中庸》的

義理性格，他認爲「《中庸》思想，就內容而言，乃漢儒型之理論——即以

『天』與『人』爲基本觀念，又以『天』爲價值根源之混合學說。其中混有

形上學，宇宙論及心性問題種種成分。其時代當晚於孟荀，其方向則是欲通

過『天人之說』以重新解釋『心性』及『價值』，實與孔孟之學有異」。〔註

98〕針對勞先生的看法，我們認爲，勞先生把先秦孔孟的思想定位爲心性論

中心的哲學，這點自然不會有人反對，因爲無論孔子講仁，或孟子講心性，

都是以道德主體性爲中心。但是他肯定孔孟無形上天理論，而「形上天觀念

之成爲理論，又成爲儒學之一部份，大約始自秦漢之際，至兩漢而大盛」〔註

99〕的說法，則不能不是他的一種獨斷。勞先生大概有鑒於傳統形上學在西

方所造成的理論上的糾纏與困難，所以採取攔斷的處理方式，把孔孟思想限

定在心性論的範疇。就維持儒學的純淨性而言，他的苦心可以理解。但這樣

做，是以一個特定的哲學觀點去寫哲學史，不是人人都能同意的。整個先秦

儒學（荀子例外），都不應該離開一般所謂的「天人合一」這個形上學的命

題，否則類似孔子說的「五十而知天命」、「下學而上達，知我者其天乎」〔註

100〕及孟子說的「盡其心者，知其性也；知其性，則知天矣」、「萬物皆備於

我矣，反身而誠，樂莫大焉」、「夫君子所過者化，所存者神，上下與天地同

流」〔註101〕這些話，都將不得善解。可見勞先生要解消天的超越義，只說

〔註95〕同註37，頁54。

〔註96〕同註37。第一卷，頁336。

〔註97〕同註96，頁334。

〔註98〕同註37，頁64～65。

〔註99〕同註96，頁7。

〔註100〕分見《論語》〈爲政〉、〈憲問〉。

〔註101〕均見《孟子》〈盡心上〉。

天的內在義,這不是解釋問題,而是取消問題的作法,對孔孟原義的理解顯然並不恰當。至於《中庸》的義理性格,固如勞先生所說,是一個儒學的形上學理論,然而它是以「實存的體證」所建立起來的道德的形上學,是對存有作價值意義的說明,而非對價值與心性作存有論意義的解釋,這跟漢儒型的理論有著根本的差異。誠如王開府先生所說:「儒家以心性論貫通形上學、宇宙論,正是其義理之所必至,並非將心性論立場與形上學、宇宙論立場混雜不分。」〔註102〕顯示勞先生從思想特色定《中庸》成書於漢初的作法,並不是成功的。當然,這也不是意味《中庸》不可能晚出,而是一方面勞先生所提出的種種例證,不足以支持他的此一論斷;一方面就算《中庸》可能晚至漢代成書,也不能因此定其義理性格同於漢儒型的理論。這中間是沒有邏輯上的必然關係。例如以今天出土的帛書〈五行篇〉來看,它也是晚出的(不會早於戰國末),但其思想卻無疑是孟子的嫡傳,可見由成書年代推斷義理性格之危險。〔註103〕

關於《中庸》的成書年代,既然從語詞、文句及思想特色等方面,均不足以確切論定,那麼當代學者借助於思想史與觀念系統的考察辨析,或許不失為一種較可取的途徑。可是一旦涉及思想史與觀念系統的理解,卻又產生諸多分歧的詮釋與看法。像徐復觀先生曾就先秦儒學思想的發展,列舉五點,證明《中庸》是《論語》與《孟子》之間的作品。〔註104〕錢穆先生認為《中庸》天人合一的說法,是匯通老莊孔孟後進一步的發展,因此,《中庸》即匯通老莊孔孟的後學者所作,其成書年代也必晚於莊子。〔註105〕唐君毅先生則不取錢氏儒道合參之論,而認為《中庸》論性是為了答覆莊荀者流對心性之善的疑難,以重申性善之旨,所以《中庸》作者乃宗孟子的學者,其成書宜在孟荀之後。〔註106〕牟宗三先生認為《中庸》是先秦儒家繼承《論》、《孟》而來的後期充其極的發展。〔註107〕勞思光先生則如上述,認為《中庸》思想

〔註102〕同註53,頁473。

〔註103〕參見謝大寧《儒家圓教底再詮釋》,臺北:學生書局,民國85年版,頁44～45。

〔註104〕參見同註68,頁76～78。

〔註105〕參見錢穆《中國學術思想史論叢》(二),臺北:東大圖書公司,民國69年版,頁283。

〔註106〕參見唐君毅《中國哲學原論》〈原性篇〉,臺北:學生書局,民國68年版,頁59。

〔註107〕參見牟宗三《心體與性體》第一冊第一部綜論。

屬於儒、道混合的階段，爲漢儒型的理論，而與先秦孔、孟思想不相銜接，其成書當在漢初，作者也非子思。對於這些詮釋系統間的差異，有待於我們進一步加以分析、比較，然後才能見出彼此的優劣是非。這部份的討論留待第三章再作處理。

綜上所述，《中庸》的作者及成書年代的問題，其實是很不容易有確定答案的。在文獻不足徵的情況下，與其大膽臆測，不如態度保留一些。據此，本文認爲《中庸》原文是子思所作，不過它的成書，可能要晚到戰國以後，其中的思想則包括有子思孟子一派的後學的作品。就思想史及義理系統的考辨而言，本文同意唐君毅與牟宗三二位學者的看法，將《中庸》的成書年代定在孟荀之後。此一結論的獲得，除了有唐、牟二先生的論述作基礎外，本文也認爲以下幾個事實值得參考與重視：

第一、孔子、孟子、荀子、《中庸》都有道德意義的「中」的觀念。在孔、孟，「中」意謂有仁心善性爲根源的道德行爲的終極標準；在荀子，「中」只是一個外在的行爲活動所當依循的客觀標準，而欠缺先天內在的心性基礎；在《中庸》，則「中」不僅是我們道德實踐的依據，更是使一切存在成爲眞實而有價值意義的存在的奧體。由觀念發展的線索來看，這應當是《中庸》作者（子思孟子一派的儒者）繼承孔、孟中道思想，進一步深化其內涵的結果。

第二、《中庸》的中心思想是「誠」，誠橫通內外，縱貫天人；它既是道德創造的原理，也是宇宙生化的原理（道德形上學中的存有論原理）。《中庸》論誠，可謂體系博大精深。先秦儒家，孔、孟、荀都有談到誠的地方，但分量不多，而且均非學說的重心所在。由觀念發展的線索來看，這也應當是思孟後學在孔、孟言誠的基礎上，進一步深化其內涵的結果。吳怡先生曾透過先秦論誠的文獻，對《中庸》誠字的源頭和背景加以研究，最後得到三點結論：

1. 春秋以前，也只有幾個當作助詞使用的誠字罷了。所以《中庸》誠字的源頭，只能在戰國時期。

2. 在戰國時期的子書裏，誠字都集中在《孟子》、《莊子》、《荀子》等三書，以及《禮記》中。而且都和心性的修養有關，所以這個誠字的產生背景，可以說是在於心性問題的成熟。

3. 由《易傳》，《孟子》，《莊子》，《荀子》，及《禮記》其他各篇（中庸除外）的誠字看來，不是落實於意上，便是凝聚於心中，都只得到《中

庸》誠字的一面。所以在先秦時論誠的著作中，以《中庸》一書，最
為完備，也最有深度。〔註108〕

這三點自思想史的考察所得到的結論，說明了《中庸》誠的觀念，固有可能由
子思發其端，但誠的思想體系之完成，應當在戰國時期孟荀以後。不過，如果
《周易》〈文言傳〉裏的兩個誠字（「閑邪存其誠」、「修辭立其誠」），可以看作
是出於孔子，那麼《中庸》誠字的源頭，就當上推至春秋時代的孔子了。

　　第三、《中庸》首章說：「天命之謂性，率性之謂道，修道之謂教。」第
二十二章說：「唯天下至誠，為能盡其性。」第二十五章說：「成己，仁也；
成物，知也；性之德也。」由「率性」、「盡性」、「性之德也」來看，《中庸》
的基本立場必然是預認性善，然後才由此預認之性善觀點來談「率性之謂道」
與「修道之謂教」。但「性善」的說法實為孟子所首先提出，因此，《中庸》
言性應當是繼孟子而立論。對於先秦儒學形上思想的基源問題「性與天道」，
孔子並未積極講論闡發，孟子則是詳於前者而略於後者。天道論成為儒學研
究的重要課題，開始見於《易傳》、《禮記》裏的《中庸》、《禮運》、《樂記》、
《大戴禮記》的《本命》等作品。《易傳》一書，今天已可確定是屬於戰國末
期到西漢初葉之間的儒者所為，〔註109〕那麼《中庸》對天道的論述，便極可
能由孟子以後的儒者所完成。戴師璉璋表示：

　　儒家在天道方面比較詳細的討論，大約在孟子以後，即戰國後期才展
　　開。我們在《中庸》《易傳》以及《樂記》等這些作品中可以看到儒
　　家天道論方面的一些重要見解。當然，《中庸》、《樂記》的寫成時代，
　　一直都是人們爭論的問題，很難有確定的答案。不過其中雖然可能保
　　留著一些早期的資料，如《中庸》可能有《子思子》的資料，《樂記》
　　可能有《公孫尼子》的資料，但是關於性與天道方面的論述則都應該
　　是出於孟子之後才是。《中庸》論「率性之謂道」以及「唯天下至誠
　　為能盡其性」等等，都得以性善為前提。而《中庸》作者在性善方面
　　視之為當然，不曾有所論說，這就表示他是繼孟子而立論。性善論雖
　　然淵源有自，但為孟子所首先提出，這並無可疑。在孟子與弟子公都
　　子的討論以及與告子的辯論記錄中，都可以得到證明。如果在孟子以

〔註108〕同註52，頁30。
〔註109〕參見戴師璉璋《易傳之形成及其思想》，臺北：文津出版社，民國78年版，
　　　　第一章〈作者的考察〉。

－53－

前已有性善的說法，他就不必費這麼多精神來論辯了。〔註110〕
戴師璉璋的說法十分具有啓發性，對於推斷《中庸》性與天道的論述當該出於孟子之後，這是一個非常重要的線索。

第四、由學者對帛書《五行篇》的著成時代及其義理性格的探討，〔註111〕大體可以確定《五行篇》是孟子後學所作，它代表儒家思想在戰國末期以後的發展。根據大陸考古小組的記載，《五行篇》：

> 內容是發揮孟軻的一些論點，還有和《大學》、《中庸》雷同的字句，鼓吹「慎獨」，主張「性善」，詞句也套用《孟子》的話，應屬儒家思孟學派的作品。〔註112〕

《五行篇》的基本思想主要承自孟子，但也有它新的開展。其中值得注意的是，《五行篇》所表現的天道思想。天道思想在孔孟學說中一直未有明確的討論，孔子講「仁」，卻沒有把「仁」直接和天道聯繫上；孟子講「盡心知性知天」，但對這句話的確實意涵也沒有進一步的闡釋。到了《五行篇》，則較詳細地討論了這個問題。它從兩個方向來談天道，一是從人道之善往上講到天道之德，一是從「天命」之善往下講到人性之善。前者和孟子論天道的方式一致，都是修人道以證天道的思路；後者從宇宙論的立場說性，則和《中庸》「天命之謂性」的思路相同，代表儒家在天道觀方面的新的思考方向。不過，《五行篇》在解釋天命時，並未能表現出天命的超越性，而只能把人和萬物同講成一種氣性的天命，這是它和《中庸》不同的地方。如果能將《五行篇》的天道論轉出超越性，即可和《中庸》的思想聯繫起來。有沒有這種可能呢？汪義麗《帛書五行篇思想研究》說：

> 《五行篇》所講的氣性的天命事實上和它對「人道」的解釋銜接不上。因為《五行篇》所講的四行和的人道之善，其基礎論點乃在於人有一超越的本心，而所有仁義禮智之行都須以本心的自覺為基礎，才能達到人道之「善」。由這種解釋可以看出《五行篇》談人乃是強調道德主體的超越性，但是這種超越性在它的天道論中卻被解

〔註110〕同註109，頁47～48。
〔註111〕關於帛書《五行篇》的研究，可參閱龐樸《帛書五行篇研究》，楊儒賓〈帛書五行篇、德聖篇論道德、心性與形體的關聯〉，及汪義麗《帛書五行篇思想研究》等文。
〔註112〕〈馬王堆二、三號漢墓發掘的主要收穫〉，中國科學院考古研究所暨湖南省博物館寫作小組，《考古》，1974年，第一期，頁49～50。

釋得不見了，以此我們或者可以假定《五行篇》的天道論中所以會
把人與萬物都解釋到氣性的天命之下，乃是因為它在發展一種新的
思考方向時，由於義理的解析不清，才混淆了人與萬物之間的界限。
就它的原意來說，它應該是肯定天命必須包含著超越意義的，否則
它的天道論也將和人道論發生理論上的衝突。若以上對《五行篇》
天道論的推理是正確的，則我們將會發現在孟子與《中庸》之間義
理的承接上，《五行篇》恰可以提供文獻上重要的依據，它所代表的
正是由孟子發展到《中庸》的一個思想的銜接點。〔註113〕

汪文提供了一條由《五行篇》通向《中庸》的義理脈絡，對於牟宗三先生與
戴師璉璋的講法，可以說是一項重要的文獻補充與佐證。這顯示《中庸》應
當是完成於孟子後學之手，而且我們也決不能因為《中庸》的可能晚出，就
推斷其義理性格必和孔孟背道而馳。

第三節　《中庸》在中國思想史上的地位

　　《中庸》原係《小戴禮記》中的第三十一篇，本來不屬於獨立的文獻。
從漢代開始，就有人特別重視《禮記》中的這一篇，而把它抽離出來，單獨
地加以解說。例如《漢書》〈藝文志〉〈六藝略〉載有《中庸說》二篇，清儒
王鳴盛便認為這是《中庸》的解詁，其性質與《禮記》裏的《中庸》本文斷
然有別。〔註114〕若王氏之言不誤，則《中庸說》二篇當即是《禮記》《中庸》
最早的專篇註解了。至於篇數上何以有一篇、二篇的不同，高師仲華解釋說：

　　現在《中庸》在《禮記》裏僅是一篇。可是《漢書》〈藝文志〉載有
　　《中庸說》，卻是二篇；《隋書》〈經籍志〉載戴顒《禮記中庸傳》二
　　卷、梁武帝《中庸講疏》一卷、《私記制旨中庸義》五卷，又各不同。
　　大約《中庸》本文原是一篇，後來替《中庸》做說解的（或名為「說」、

〔註113〕汪義麗《帛書五行篇思想研究》，臺北，中國文化大學博士論文，民國84年，
頁122。

〔註114〕「《漢志》，《中庸說》二篇，與上《記》一三一篇各為一條，則今之《中庸》
乃一三一篇之一，而《中庸》二篇，其解詁也，不知何人所作，惜其書不傳。」
王鳴盛《蛾術編》，臺北：中文出版社，民國68年版，卷六，〈說錄〉六，頁
107。又「《漢志》禮類有記一三一篇，《中庸說》二篇，儒家有《子思》二三
篇。今《小戴記》中之《中庸》，斷非儒家《子思》二三篇，亦非禮家所列《中
庸》說。」同上，卷一四，〈說錄〉一四，頁216。

或名爲「傳」，或名爲「講疏」，或名爲「義」）就有二篇、二卷、一卷、五卷的不同了。〔註115〕

假使《禮記》《中庸》與《中庸說》兩者之間果眞是本文與解詁的關係，那麼高師仲華此一推論的確合乎情理。不過，徐復觀先生根據錢大昕的講法，卻主張所謂的《中庸說》二篇，其實就是《禮記》《中庸》的單行本，二者實爲一書，《漢志》因其單獨別行，所以又另出其目。〔註116〕徐說如果成立，那麼今日所知《禮記》〈中庸〉最早的專篇註解，就要屬南朝宋戴顒的《禮記中庸傳》二卷了。究竟眞相如何，由於文獻不足徵，只有闕疑一途。

在《隋書》〈經籍志〉中，載有南朝宋戴顒《中庸傳》二卷、梁武帝《中庸講疏》一卷以及不著撰人的《私記制旨中庸義》五卷。〔註117〕唯三書如今也都不傳。其中《私記制旨中庸義》五卷，據王應麟《玉海》記載，即梁大同年間朱异、賀琛等所述《高祖中庸義》，〔註118〕是一部官修的書。《梁書》〈武帝本紀〉：

> （帝）少而篤學，洞達儒玄。雖萬機多務，猶卷不輟手。燃燭側光，常至戊夜。造《制旨孝經義》、……《中庸講疏》、……並正先儒之迷，開古聖之旨。

又〈朱异、賀琛列傳〉：

> 時城西又開士林館，以延學士，异與左丞賀琛遞日述《高祖禮記中庸義》〔註119〕

可見當時武帝君臣講論《中庸》義理的盛況，正所謂上有好者，下必有甚焉。此期之所以特別重視《中庸》，徐復觀先生認爲「皆係受佛教思想之啓發」。〔註120〕傅武光先生也說：

〔註115〕高師仲華《禮學新探》，臺北：學生書局，民國67年版，頁150。

〔註116〕「按《漢志》於《記》外，又別出有《明堂》三十三篇，《明堂陰陽說》五篇，《樂記》二十三篇，此與四十九篇內所收者，雖有繁簡之殊，但內容係同一文獻。《漢志》因其單獨別行，故又另出其目。準此，則所謂《中庸說》二篇者，實即《禮記》四十九篇中之一的《中庸》的單行本，二者實爲一書。」徐復觀《中國人性論史》，臺北：商務印書館，民國73年版，頁105。

〔註117〕魏徵《隋書》〈經籍志〉（《四部備要》《史部》冊二，臺北：中華書局），頁10。

〔註118〕王應麟《玉海》（二），臺北：華文書局，頁772。

〔註119〕分見姚思廉《梁書》卷三，〈本紀〉第三，〈武帝下〉，頁16，反卷三十八〈列傳〉第三十二，〈朱异、賀琛〉，頁2（《四部備要》〈史部〉）。

〔註120〕同註116，頁157，註十二。

梁武帝君臣所以重視《中庸》者，蓋梁武帝信佛，而《中庸》義理，
正有可與釋家相通之處。〔註121〕

所謂「有可與釋家相通之處」，指的正是《中庸》的形上思想。晉亡之後，中
國陷入長期的南北分裂對峙的局面。戰亂頻仍，生靈塗炭。但卻是佛教廣為
流行，得到普遍崇信的時代。武帝篤好佛法，便是典型的例證。在這樣的歷
史背景下，武帝君臣對《中庸》的理解，就很難不受佛教思想的影響，而產
生相互比附或援釋入儒的扭曲現象。因此，所謂「正先儒之迷，開古聖之旨」
的目標能否達成，也就更加令人懷疑了。就《中庸》義理的宏揚而言，這自
然不是一種相應的心態。進一步說，以此不相應的心態疏解《中庸》，對《中
庸》地位的提昇發展，必然不易產生堅實而正面的效果。

　　繼蕭梁之後獨據《中庸》立說的，是唐代的李翱，李翱有《中庸說》一
卷。此書雖已亡佚，但李氏關於《中庸》的見解，還保留在他的〈復性書〉
裡。李氏說：

是故誠者，聖人性之也。寂然不動，廣大清明，照乎天地，感而遂
通天下之故；行止語默，無不處於極也。復其性者，賢人循之而不
已者也。不已則能歸其源矣。《易》曰：「夫聖人者，與天地合其德，
日月合其明，四時合其序，鬼神合其吉凶。先天而天不違，後天而
奉天時。天且弗違，而況於人乎？況於鬼神乎？」此非自外得者也，
能盡其性而已矣。子思曰：「唯天下至誠為能盡其性。能盡其性，則
能盡人之性；能盡人之性，則能盡物之性；能盡物之性，則可以贊
天地之化育；可以贊天地之化育，則可以與天地參矣。其次致曲，
曲能有誠。誠則形，形則著，著則明，明則動，動則變，變則化。
唯天下至誠為能化。」聖人知人之性皆善，可以循之不息而至於聖
也。故制禮以節之，作樂以和之。……視聽言行，循禮而動，所以
教人忘嗜欲，而歸性命之道也。道者，至誠也。誠而不息則虛，虛
而不息則明，明而不息則照天地而無遺。非他也，此盡性命之道
也。……子思，仲尼之孫，得其祖之道，述《中庸》四十七篇，以
傳于孟軻。……遭秦滅書，《中庸》之不焚者，一篇存焉，於是此道
廢缺。……嗚呼！性命之書雖存，學者莫能明，是故皆入於莊列老

〔註121〕傅武光《四書學考》，國立臺灣師範大學國文研究所碩士論文，民國 62 年 7
　　　　月，頁 544。

> 釋。不知者，謂夫子之徒，不足以窮性命之道，信之者皆是也。有
> 問於我，我以吾之所知而傳焉。遂書于書，以開誠明之源，而缺絕
> 廢棄不揚之道，幾可以傳於時。〔註122〕

由這段話看來，他作〈復性書〉的目的，主要在闡明儒家的《中庸》一書也
能窮性命之道，學者無須再求之於莊列老釋。在〈復性書〉裡，他明顯的提
高了《中庸》的地位，並表達自己傳承儒學道統的志向，影響所及，下開宋
儒尊信《中庸》的風氣。勞思光先生表示：

> 李氏最關心之問題，在於辯明儒學中自有「性命之道」；蓋隋唐時佛
> 教既盛行於中國，佛徒每謂儒學只是世間法也。李氏此種志向，可
> 說下與宋儒直通。然以《易傳》及《中庸》說孔孟之學，亦自此始
> 矣。〔註123〕

他是首位以《中庸》為依據而發揮儒學理論的人，在《中庸》地位的提升發
展上，確實有他一定的貢獻。儘管他的思想染有佛教色彩，但是他反對佛教、
復興儒學的基本文化立場卻是堅定而鮮明的。勞思光先生批評說：

> 李氏立說，在思路及用語上，實有受佛教影響處，然其對世界之態
> 度，則仍不主捨離；故可說：佛教之影響李氏，只在思辯表述一層
> 上，而不達於基本價值肯定上。如此，則李氏只能算作採取某種佛
> 教觀念或論點以講儒學之人，非捨棄儒學精神方向者也。〔註124〕

可見李氏的思想骨幹基本上仍是儒家的。即使不免有援釋入儒之處，也不至
於因此變質而成為了非儒家的思想。例如他說：

> 天地之間，萬物生焉；人之於萬物，一物也。其所以異於禽獸蟲魚
> 者，豈非道德之性乎哉？〔註125〕

以「道德之性」為人所獨具的「本性」，顯然是繼承了孟子的思想，這和佛教
「緣起性空」的觀念有著本質上的差異。如果忽略或不能正視二者在本質上
的差異，那麼儒、釋之間的界限是不易把握的。畢竟佛家教義也有許多方面
與儒家相似或相同。這點牟宗三先生在《心體與性體》一書中有十分精闢的
分疏。他認為儒、佛之間：

〔註122〕李翱《李文公集》第二卷〈復性書上〉（《四部叢刊正編》〈集部〉，臺北：商
　　　　務印書館），頁8～9。
〔註123〕勞思光《中國哲學史》，香港：友聯出版社，1980版，第三卷，上冊，頁33。
〔註124〕同註123，頁38。
〔註125〕同註122，頁12。

其「相似」乃是義理形態之相似，成佛成聖工夫形態之相似，工夫進程上境界之相似，而剛骨基體則根本不同也。禪學所繼承以言其「即心是佛」的心原是如來藏自性清淨心，其所言之性仍是「諸行無常，諸法無我」的空性，其所言之「無心為道」乃是般若，其所言之「作用見性」乃是詭辭為用（般若之用）的「當下即是」之圓頓之教。儒家的心乃是「仁義內在」之道德的心，性乃是「心即理」之道德的性，合而言之，這一實體是道德創造之實體，是本體宇宙論的實體，是即活動即存有之實體。兩家根本有異，此所謂剛骨基體不同也。儒家的目標是通過道德實踐以成聖，佛家的目標是通過「流轉還滅」以成佛，皆靠自力、自修、自證，與耶教之靠他力以祈禱不同，就此而言，其義理形態（宗與教之形態）是大體相同也。儒家之依道德實踐以成聖，自孟子始，即以本心、性體為道德實踐之所以可能之超越根據，故道德實踐唯是以「本心性體呈露而使吾人之德行成為自發自律自主的德行」為本質的關鍵。佛家在印度發展至真常心（如來藏自性清淨心）系，在中國發展而為華嚴與禪，亦是肯定一真心為流轉還滅之超越根據，故成佛即是體現真心，「心、佛與眾生，是三無差別」，此所以有禪家之「即心是佛」也。就此而言，其成佛與成聖之工夫方式（形態）相同也。至于工夫過程中重視逆覺（在儒家為靜復以見體，先識仁之體，先復其本心，先立其大）以及境界上之圓融亦大體皆有相同處，此所謂工夫進程上境界形態之相似也。凡此種種相似皆不礙其剛骨基體之本質的差異。〔註126〕

可見儘管佛家教義與儒家有許多「相似」之處，但本質上確有不同。佛家由諸行無常、諸法無我、緣起性空、涅槃寂靜，而建立其教義，此與儒家由道德意識出發而肯認一道德實體，以為一本體宇宙論的實有的觀念，固顯然有本質上的差別。講儒、佛之辨，不能抹殺或融解此一本質上的差別。朱子曾批評李翱論說《中庸》「雜乎佛老而言之，則亦異於曾子、子思、孟子之所傳矣」，〔註127〕便是未能把握住儒、佛之間在剛骨基體方面的本質的差異，所以

〔註126〕牟宗三《心體與性體》，臺北：正中書局，民國 73 年版，第三冊，頁 107～108。

〔註127〕朱子《朱文公文集》二卷七十五〈中庸集解序〉（《四部叢刊正編》〈集部〉），頁 1387。

有此誤解。可知並非一有援釋闡儒的現象便即是錯，重要的是有無違離儒學的基本精神，假如在不違背儒學本有的精神的前提之下，吸收佛老的特長，以求充實、豐富自家的思想內涵，或形成一種更高的綜合，這對儒學而言，反而是一種擴大。不同的文化體系之間，本來就應當本著開放的心靈、寬廣的視野，彼此觀摩、互相學習，以求會通的可能性。抱殘守缺、敝帚自珍的心態，都不足以言學術的發展與進步。

宋明儒與佛老之間的關係也是如此。宋明儒雖大抵出入佛老，然而出入並不壞，並非一出入就不純，或如一般所謂「陽儒陰釋」。純者自純，不純者自不純。問題不在是否借佛老之說，而在是否把握住儒、佛之間本質上的分別。宋明儒要擔當世運、弘揚聖教，豈可不正視對方？焉有如此大教、如此顯學如佛老者，而可以充耳不聞？此所以程朱諸儒多必須出入佛老有年而後返歸六經，始知吾道自足。佛老有長處，何不取之於佛老？只要儒者不背離儒學的根本精神、不自棄立場，本諸孔孟慧識以消化佛老思想，便是建立道統、對抗佛老的契機，而這正是宋明新儒家們繩繩相繼的志業所在。

在中國思想史上，《中庸》地位的真正樹立，是在有宋一代。宋以前，單獨研究《中庸》的，只有梁武帝君臣及唐李翱而已。宋興，一方面帝王獎倡邁越前朝，〔註128〕形成有利學術發展的良好政治環境；更重要的因素是學者們的研究表彰，有關《中庸》的專著接踵而出，終於匯為時代思想的主流，奠定《中庸》在思想史上的不朽地位。宋人黎立武說：「經之作，至《中庸》止矣！故《中庸》者，群經之統會樞要也。」〔註129〕可見它在儒家經書中地位的重要。

宋代學者對《中庸》的研究，以范仲淹與胡瑗為最早。范仲淹曾勸勉張載讀《中庸》一書，引領他進入聖學的堂奧，為世所稱。《宋史》〈道學傳〉：

> （張載）年二十一，以書謁范仲淹，一見知其遠器，乃警之曰：「儒者自有名教可樂，何事於兵。」因勸讀《中庸》。〔註130〕

胡瑗則著有《中庸義》一卷。〔註131〕自此之後，學者研究《中庸》的風氣漸開，

〔註128〕參見同註115，頁133～137。

〔註129〕黎立武《中庸指歸》(《四庫全書》〈經部〉一九四〈四書類〉，臺北：商務印書館)，頁718。

〔註130〕《四部備要》〈四史部〉，脫脫《宋史》卷四二七，〈列傳〉一八六，〈道學〉一，頁9。

〔註131〕《四部備要》〈史部〉，脫脫《宋史》卷二〇二，〈藝文志〉，頁7。

專著如水湧山出，不可遏抑。〔註132〕單就朱彝尊《經義考》所載來說，已有一百五十七種之多，而清人的著作還不在內，其他附在《禮記》和《四書》以內的有關《中庸》的著述，更不可勝數。《中庸》研究的盛況，不難想見。

　　《中庸》之所以成為宋以後學者關注探究的焦點，二程與朱子的先後表彰，實為關鍵。二程以《中庸》為「孔門傳授心法」，〔註133〕對其中義理多所討論。朱子繼承二程之學，尤致力於表彰《中庸》。他把《中庸》從《禮記》中抽離出來，為之作章句，並合《論語集註》、《大學章句》及《孟子集註》，號稱《四書》。朱子表彰《中庸》的動機，可以從〈中庸章句序〉裡得知，他說：

　　　《中庸》何為而作也？子思子憂道學之失其傳而作也。蓋自上古聖
　　　神繼天立極，而道統之傳有自來矣。其見於經，則「允執厥中」者，
　　　堯之所以授舜也；「人心惟危，道心惟微，惟精惟一，允執厥中」者，
　　　舜之所以授禹也。……自是以來，聖聖相承，若成湯文武之為君，
　　　皋陶伊傅周召之為臣，既皆以此而接夫道統之傳，若吾夫子，則雖
　　　不得其位，而所以繼往聖開來學，其功反有賢於堯舜者。然當是時，
　　　見而知之者，惟顏氏曾氏之傳得其宗。及曾氏之再傳，而復得夫子
　　　之孫子思，則去聖遠而異端起矣。子思懼夫愈久而愈失其真也，於
　　　是推本堯舜以來相傳之意，質以平日所聞父師之言，更互演繹，作
　　　為此書，以詔後之學者。……自是而又再傳以得孟氏，為能推明是
　　　書，以承先聖之統，及其沒而遂失其傳焉。則吾道之所寄，不越乎
　　　言語文字之間，而異端之說，日新月盛，以至於老佛之徒出，則彌
　　　近理而大亂真矣。然而尚幸此書之不泯，故程夫子兄弟者出，得有
　　　所考，以續夫千載不傳之緒，得有所據，以斥夫二家似是之非。蓋
　　　子思之功於是為大，而微程夫子，則亦莫能因其語而得其心也。

由這段文字的敘述，可以了解，朱子之所以表彰《中庸》，原因有二，一是他認為《中庸》乃儒家道統之所傳，一是《中庸》乃對抗老佛、復興儒學的重要根據。依朱子對道統的看法，堯舜禹湯文武周公之道，為孔子所繼承，並有所創新，孔子又傳於曾子、子思以及孟子，孟子死後遂不得其傳。宋以前是周孔並稱，自程朱開始則是孔孟並稱。在孔孟之間，作為承先啟後的地位的，則為曾子與子思。而代表曾子、子思思想的書，朱子找到兩部，就是《禮

〔註132〕參見同註121，頁407～437。
〔註133〕參見朱子《中庸輯略》（《四庫全書》〈經部〉一九二〈四書類〉），頁560。

記》中的《大學》、《中庸》。因此他把這兩篇發掘出來，與《論語》、《孟子》相提並論，合成四書。所以四書不只代表孔曾思孟的道統，也正是推明堯舜以來古聖相傳的道統。不過，《論語》、《大學》、《中庸》、《孟子》的序列是朱子給的定位，這樣的定位事實上並沒有堅強的文獻作根據，因為《大學》、《中庸》的作者是誰，基本上仍是一個尚未定案的論題。朱子拔擢《大學》、《中庸》，主要的目的是要用儒家對抗佛老，他把《大學》、《中庸》的作者說成是曾子、子思，這是在以孔孟對抗佛老的要求下，所做的一個義理的推斷。朱子在〈書臨漳所刊四子書後〉中說：

> 河南程夫子之教人，必先使之用力乎《大學》、《論語》、《中庸》、《孟子》之書，然後及乎六經。蓋其難易遠近大小之序，固如此而不可亂也。故今刻四古經，而遂及乎此四書者，以先後之。〔註134〕

其中六經與四書相對而言，表示此時《中庸》已完全脫離《禮記》，正式成為一種獨立的文獻。《四書》通行，《中庸》的地位也隨之日益提高。元仁宗時，規定科考經義，限用朱子《四書章句集註》，明、清兩代也都因仍不改，於是《中庸章句》就成為六百年來中國士子人人必讀的書了。

　　《中庸》義理之所以在宋明顯發，而不在先秦，自有其歷史文化的因素。從南北朝到隋唐，中國思想界的主流是佛學。佛學本身有它的一套系統的理論架構，也有去執破妄的修養工夫，所以聰明才智之士都不免為其所吸引。但佛教的精神基本上是出世的，它不能肯定人倫日用的意義與價值，對政教的建設也無法提供積極的貢獻。此一不足之處，在經過唐末五代的大亂，更加明顯地暴露出來。唐末五代是中國歷史上少有的黑暗時代，人倫道喪，價值解體。宋明新儒家面對這樣一個文化失序的時代，首要的工作便是重建儒學道統以對抗佛老。王邦雄先生說：

> 從五代到宋朝，中國佛家禪宗大盛，但是天下最亂，佛學救不了家國天下，擔負不了歷史文化，所以中國人開始反省，不能靠佛學佛教，來維繫中國的政治社會，來開展中國的歷史文化。中國人自身要站起來，這是中國人要站出來的時代，在這樣的一個時代，宋明儒最重要的是重振儒學來對抗佛老。〔註135〕

〔註134〕同註127，卷八十二，頁1486。
〔註135〕王邦雄《儒道之間》，臺北：漢光文化事業股份有限公司，民國78年版，頁56。

這是宋明儒闢佛老的歷史機緣。但長期以來佛老之所以風靡中國知識份子，造成「儒門淡薄」的窘況，不是沒有原因的。佛老對吾人生存的世界，有一個根源的解答與說明，對生命負面的種種，如煩惱、情欲，也有深刻的分析、體驗，並開出消解之道。這些形而上的問題，極富玄理，顯然不是先秦儒家之所重。先秦儒家的思想，無論是孔子或孟子，其主要關懷不外倫理、政治、歷史、文化，較為平實，無奇特相。因此，宋明儒為了要對抗佛老，第一步便是在先秦儒學的經典中發掘出形而上的問題，並加以理論化、系統化。在先秦儒學的經典裏，對世界的形成有一根源的解釋，心性修養又講得很純粹深微，而可以作為對抗佛老思想依據的，有兩部書，一部是《易傳》，一部便是《中庸》。《易經》〈繫辭傳〉說「一陰一陽之謂道」，陰陽是道生成萬物的兩種作用，這解釋了世界是怎麼來的問題；《中庸》說「天命之謂性」，說「慎獨」，心性修養也講得夠深微。此外，《中庸》說「誠」的天道觀，更成為宋儒發揮其儒家天道思想的依據。所以《中庸》、《易傳》宋初並稱，最大的作用就是要對抗佛老的宇宙論。抑有進者，《中庸》一書除了談天道性命的形上義理外，也講治國平天下的政治哲學，而這正是佛教所欠缺的。因此，儒學超越佛老，華族文化應該重新回歸到儒家正統。朱子大力推尊《中庸》，其用心當自文化的層面來理解，才不致模糊焦點。

總之，《中庸》在中國歷史文化上的意義，是在有宋一代彰顯，而不在先秦。唐宋以前，《中庸》的地位並未受到儒者特殊的重視，是通過二程及朱子的表彰，再經宋明新儒家們的註疏詮釋，才建立起它在中國思想史上不可動搖的地位。

第二章　《中庸》形上思想與儒學傳統

　　「性與天道」是先秦儒家形上思想的基源問題，《中庸》首句「天命之謂性」即顯示此一命題。但從天命天道下貫說性，有其古老的傳統，並非無端崛起。一方面它是回應孔子以前「天命下貫而爲性」的意識趨向，一方面它是順承孔子踐仁以知天、孟子盡心知性以知天的義理規路，而有的「性體與天命實體通而爲一」的提升。「哲學思想不是懸空發生的」，〔註1〕這個原則對《中庸》形上思想而言也是如此。《中庸》「天命之謂性」的「天」，是以理說的天，乃形而上的實體，「性」是以理說的性，乃超越的義理當然之性。如此意義的「性」、「天」，都是傳統觀念經過長期的發展逐漸轉化而成，其間實有一定的脈絡線索，並非憑空而至。「天命之謂性」一語代表中國古代由天命天道下貫而爲性的傳統，這是客觀地從本體宇宙論的立場說性。本章的重心即是針對此一思路的形成，探討《中庸》形上思想與儒學傳統的關係。

第一節　《詩》、《書》、《左傳》中自生說性與自天命下貫說性的傳統

　　自生說性是一古老的傳統，在孔子以前就已流行，由《詩》、《書》、《左傳》等典籍的記載，可以得知。就人來說，《詩》、《書》、《左傳》中有關於「性」字的涵義，都是指著實然的生性而言，即自個體存在的自然之質說性，也就是自生說性。如《詩經》〈大雅〉〈卷阿〉：

　　　伴奐爾游矣，優游爾休矣。豈弟君子，俾爾彌爾性，似先公酋矣。

〔註1〕胡適《中國古代哲學史》，臺北：商務印書館，民國75年版，頁49。

據徐復觀先生的解釋，詩中「彌爾性」的「彌」字，應訓滿，「性」字則指生而即有的欲望而言，「彌爾性」意謂「滿足了你的欲望」。〔註2〕《尚書》〈周書〉〈召誥〉：

> 王先服殷御事，比介于我有周御事。節性，惟日其邁，王敬作所，
> 不可不敬德。

〈召誥〉是召公誥戒成王之辭，這裡要他「節性」。「節性」一詞，蔡沈《書集傳》注「節其驕淫之性」，〔註3〕則「性」字意指自然生命的本能情欲可知。由於自然生命的本能情欲隨時有放縱之虞，因而需要加以節制，如此才能日進其德。

到了春秋時代，性字的出現增多。歸納《左傳》中「性」字的涵義，或作欲望解釋，或作本性解釋，也有作生字解釋的。性字作生字解釋，是由於古代生、性可以互用。至於作欲望或本性解釋的性，義雖有別，但都同屬於自生說性的系統。如《左傳》襄公十四年晉師曠答晉侯「衛人出其君」時說：

> 天生民而立之君，使司牧之，勿使失性。有君而爲之貳，使司保之，
> 勿使過度。

其中「勿使過度」是就國君而言，意謂不要使他超過了應有的欲望；「勿使失性」則是就人民而言，意謂當使人民各遂其生、各適其性。可見此處「性」字指的是生活欲望等而言。又《左傳》昭公二十五年鄭子太叔引子產語答趙簡子問禮時說：

> 氣爲五味，發爲五色，章爲五聲。淫則昏亂，民失其性。是故爲禮
> 以奉之。……民有好惡喜怒哀樂，生于六氣。

「民失其性」的「性」，依下文看，當指「好惡喜怒哀樂」等生理欲望與心理情緒而言，這也是自生說性。至於「性」字作本性解釋的，見於《左傳》《襄公》二十六年鄭子產批評「楚子伐鄭」的一段話：

> 冬十月，楚子伐鄭，鄭人將禦之。子產曰：「晉楚將平，諸侯將和，
> 楚王是故昧於一來。不如使逞而歸，乃易成也。夫小人之性，釁於
> 勇，嗇於禍，以足其性而求名焉者，非國家之利也，若何從之？」
> 子展說，不禦寇。

這裡「小人之性」的「小人」，指的是鄭人欲禦楚者，子產以爲此舉缺乏遠見，

〔註2〕徐復觀《中國人性論史》，頁10。
〔註3〕蔡沈《書集傳》，臺北：世界書局。

昧於大局，且不符國家利益，所以表示不可從；「性」則取本性義。下文「以足其性」的「性」，意指發於小人本性特有的欲望。二者都是就其自然生命的特徵而總說。此外，《左傳》昭公十九年楚沈尹戌說：

> 吾聞撫民者節用於內，而樹德於外，民樂其性，而無寇讎。

其中「民樂其性」的「性」作「生」字解釋，樂其生表示人民在生活欲望方面得到相當程度的滿足。

　大抵性字在初期所顯示的涵義，只是就自然生命的種種特徵而說，由以上《詩》、《書》、《左傳》等典籍的歸納可證，這應是性字的原始意義，後世告子、荀子等人對性的詮釋，都是順此本義而來。可見自生說性有其源遠流長的傳統。不過，值得注意的是春秋時代已出現就天地而說其性的觀念。《左傳》襄公十四年晉師曠答晉侯「衛人出其君」時說：

> 天之愛民甚矣，豈其使一人肆於民上，以從其淫，而棄天地之性？
> 必不然矣。

又昭公二十五年鄭子太叔引子產語答趙簡子問禮說：

> 夫禮，天之經也，地之義也，民之行也。天地之經，而民實則之。
> 則天之明，因地之性，生其六氣，用其五行。……哀樂不失，乃能
> 協于天地之性，是以長久。

在以上兩段話中，師曠以愛民爲天地的本性，子產以禮爲天地的本性，則天地之性其有超越意義與道德價值意義可知。如此說性是超越乎自生說性的傳統之上的，必須有一種道德的、形上的洞見。〔註4〕更重要的是，這兩段話似乎暗示了天地之性與人之性的關連。既然天地之性是愛民，是禮，則人之性也當該是愛民，是禮，這開啓了其後就人而說其超越之性或義理當然之性的大門。

　除了自生說性的觀念外，《詩》、《書》、《左傳》另有一組超越意義與道德意義的觀念。超越意義的觀念如帝、天、天命、天道之類；道德意義的觀念如敬、敬德、明德之類。由主觀方面的敬、敬德、明德，與客觀方面的帝、天、天命、天道，可以看出中國自古以來所共契的一個意識趨向，即天命下貫而爲性。此一意識趨向決定了中國思想的中點與重點不落在天道本身，而落在性命天道相貫通上。所以中國哲學重視「主體性」，強調如何通過自己的覺悟以體現天道。它沒有西方式的以知識爲中心的獨立哲學，也沒有西方式

〔註4〕參見牟宗三《心體與性體》第一冊，頁207。

的以神為中心的啟示宗教，它是以「生命」為中心，由此展開他們的智慧、學問與修行。〔註5〕因為關心自己的生命，所以首先有德性的觀念出現。在孔子以前的典籍中，早已有「敬」、「敬德」、「明德」的觀念，顯示古人對德性有清楚而分明的認識，儘管當時沒有很多今天所謂的科學知識。相反地，我們現代人對知識有清楚而分明的觀念，但對「德」的認識卻是模糊的。這顯示知識其實是很麻煩的，而道德上的是非善惡之判斷卻不需很多的知識來支持，而且最簡單明瞭。〔註6〕

這種「重道德性」的中國儒家哲學的特質，其實是根源於所謂的「憂患意識」。〔註7〕由憂患意識可以產生道德意識，周初敬、敬德、明德等觀念便是這樣形成的。我們可從《周易》了解中國古代的憂患意識。《繫辭下》說：

> 易之興也，其於中古乎！作易者，其有憂患乎！

又說：

> 易之興也，其當殷之末世，周之盛德耶！當文王與紂之事耶！

可見作易者很可能生長於一個艱難時世，而在艱難的處境中鎔鑄出極為強烈的憂患意識。徐復觀先生特別注意到周人所表現的憂患意識，他在《中國人性論史》一書中曾就這個觀念解釋說：

> 周人革掉了殷人的命（政權），成為新的勝利者；但通過周初文獻所看出的，並不像一般民族戰勝後的趾高氣揚的氣象，而是《易傳》所說的「憂患」意識。憂患意識，不同於作為原始宗教動機的恐怖、絕望。一般人常常是在恐怖絕望中感到自己過分地渺小，而放棄自己的責任，一憑外在的神為自己作決定。在憑外在的神為自己作決定後的行動，對人的自身來說，是脫離了自己的意志主動、理智導引的行動；這種行動是沒有道德評價可言，因而這實際是在觀念的幽暗世界中的行動。由卜辭所描出的「殷人尚鬼」的生活，正是這種生活。「憂患」與恐怖、絕望的最大不同之點，在於憂患心理的形成，乃是從當事者對吉凶成敗的深思熟考而來的遠見；在這種遠見中，主要發現了吉凶成敗與當事者行為的密切關係，及當事者在行為上所應負的責任。憂患正是由這種責任感來的要以己力突破困難

〔註5〕 參見牟宗三《中國哲學的特質》，頁7。
〔註6〕 參見牟宗三《中西哲學之會通十四講》，臺北：學生書局，民國79年版，頁21。
〔註7〕 「憂患意識」一詞是由徐復觀先生首先提出，見《中國人性論史》，頁20。

而尚未突破時的心理狀態。所以憂患意識，乃人類精神開始直接對
事物發生責任感的表現，也即是精神上開始有了人的自覺的表現。
〔註8〕

可知憂患意識與宗教意識是迥然不同的。一般宗教中的怖慄或苦業意識，起
於對人生苦罪的感受，人們在這種宗教意識中，迫切地企求救贖或解脫，對
自我的存在作澈底的否定，然後皈依於一個在信仰中的超越存在（上帝）或
涅槃寂靜的境界。中國人的憂患意識則非起於人生的苦罪，它的引發是一種
「臨事而懼」的負責認真的態度，是「德之不修，學之不講」的正面的道德
意識，這和中華民族的基本性格有關，戴師璉璋說：

> 華族在面對人生問題時，基本態度總是自我肯定，而非自我否定；
> 華族把握生命，是從正面入手，而不從負面入手。從正面入手把握
> 生命，所引發的是憂患意識、敬畏意識，不是怖慄或苦業意識；所
> 關切的是人應當如何調護生命、安頓生命，不是企求救贖或解脫。
> 憂患與敬畏，本質上是一種道德意識。〔註9〕

因此之故，我們發現孔、孟所憂患的對象，並非名、利、權位的有無，而是
關於進德修業的切身問題，孔子曾說：

> 德之不修，學之不講，聞義不能徙，不善不能改，是吾憂也。（論語、
> 述而）

> 君子謀道不謀食。耕也，餒在其中矣；學也，祿在其中矣。君子憂
> 道不憂貧。（同上、衛靈公）

孟子也說：

> 君子有終身之憂，無一朝之患也。乃若所憂，則有之：舜，人也；
> 我，亦人也；舜為法於天下，可傳於後世，我由未免為鄉人也！是
> 則可憂也。憂之如何？如舜而已。（孟子、離婁下）

落在政治上來說，憂患意識則表現為古代聖王的憂民意識。《孟子》〈滕文公
上〉提到說：

> 當堯之時，天下猶未平，洪水橫流，氾濫於天下；草木暢茂，禽獸
> 繁殖。五穀不登，禽獸偪人，獸蹄鳥跡之道，交於中國；堯獨憂之。
> 舉舜而敷治焉。……人之有道也，飽食煖衣，逸居而無教，則近於

〔註8〕 同註7，頁20～21。
〔註9〕 戴師璉璋〈述殷周之際〉，文載《鵝湖月刊》第二卷第二期，頁33。

禽獸。聖人有憂之，使契爲司徒，教以人倫：父子有親，君臣有義，
夫婦有別，長幼有序，朋友有信。……聖人之憂民如此，而暇耕乎？
堯以不得舜爲己憂，舜以不得禹、皋陶爲己憂；夫以百畝之不易爲
己憂者，農夫也。

這段文字顯示古代聖王堯、舜充滿了憂患意識，他們對人民不能安居樂業、
缺乏道德教化，感到無比憂心。在孟子心目中，堯、舜自然是富有責任感、
關懷民生的好領袖。又孟子在答齊宣王問時，也曾強調國君當與天下同憂樂
的道理。〈梁惠王下〉說：

樂民之樂者，民亦樂其樂；憂民之憂者，民亦憂其憂。樂以天下，
憂以天下，然而不王者，未之有也。

這種憂患意識在周初的政治領袖身上表現得十分鮮明。據史書的記載，文王
曾因歎息紂的殘暴而被囚於羑里；武王在克殷之後，操心國事竟至深夜不寐；
而一沐三握髮、一飯三吐哺的周公，在攝政之初，也曾見疑於管、蔡。〔註10〕
可見他們三人面對艱難的人生，的確有著深刻的憂患意識。徐復觀先生認爲：

只有自己擔當起問題的責任時，才有憂患意識。這種憂患意識，實
際是蘊蓄著一種堅強的意志和奮發的精神。……在憂患意識躍動之
下，人的信心的根據，漸由神而轉移向本身行爲的謹慎與努力。這
種謹慎與努力，在周初是表現在「敬」、「敬德」、「明德」等觀念裏。
尤其是一個敬字，實貫穿於周初人的一切生活之中，這是直承憂患
意識的警惕性而來的精神斂抑、集中，及對事的謹慎、認眞的心理
狀態。這是人在時時反省自己的行爲，規整自己的行爲的心理狀態。
〔註11〕

由此可知，周初所強調的戒慎恐懼的「敬」的觀念，其實是從憂患意識引發
出來的。《尚書》〈周書〉〈康誥〉說：

嗚呼！小子封。恫瘝乃身，敬哉！

又說：

嗚呼！封。敬哉！無作怨，勿用非謀非彝蔽時忱，丕則敏德。用康
乃心，顧乃德，遠乃猷裕，乃以民寧，不汝瑕殄。

本篇是周公誥戒幼弟康叔的話。康叔封於衛，周公假天子之名，要他謹慎從

〔註10〕 參見《史記》〈周本紀〉及〈魯周公世家〉。
〔註11〕 同註7，頁21～22。

事，時常反省自己的行爲，這樣才能使百姓安寧，國運綿延。〈召誥〉說：

> 惟王受命，無疆惟休，亦無疆惟恤。嗚呼！曷其奈何弗敬！

本篇是召公誥戒成王的文辭。召公以爲君王承受天命爲帝，有著無窮無盡的幸福，但同時也隱含著無窮無盡的憂患，不可只知享福而忘了憂患，必須秉持戒慎認眞的態度，才能永保天命。這裡已經由憂患（恤）說到敬了，可知召公具有很強烈的憂患意識。所以他接著說：

> 嗚呼！天亦哀于四方民，其眷命用懋，王其疾敬德。

又說：

> 王敬作所，不可不敬德。

「敬德」一詞，是由「敬」逐漸形成的一個道德觀念。天之眷顧降命既是在勉於進德的人身上，那麼成王啊！你要趕快敬謹於自己的德行，否則天將撤消其命。因此〈召誥〉說：

> 惟不敬厥德，乃早墜厥命。

但是此處所謂的「德」，只是就外在應然的合理行爲說，尚未達到後來「內在德性」的理境。「敬德」也不是意謂居敬以盡吾人的性德，而是指行爲、行事方面的謹慎合理。

除了「敬」、「敬德」之外，還有「明德」的觀念。〈康誥〉說：

> 惟乃丕顯考文王，克明德慎罰，不敢侮鰥寡，庸庸、祗祗、威威、
> 顯民。

周公誥戒康叔，要他彰明德行、慎用刑罰，以昭著文王的美德。「克明德」意謂能彰明德行，「德」指的是「德行」，乃後天的行爲結果，而非「內心固有的性德」。「德行」是果上之詞，意即光明正大的行爲。「德性」是因上之詞，意即吾人本有的光明正大的心性。《尚書》中的「德」，都意指外在合理的「德行」，尚未能意識到本有的心性。又〈召誥〉說：

> 予小臣，敢以王之讎民、百君子、越友民，保受王威命明德。

其中「明德」意謂光明的德行，「德」仍是指應然的合理行爲，還沒有進至《孟子》《中庸》《易傳》所指的「本心固有的性德」的層次。然而由此道德意識的常精進不已，最後必定會逐步逼近於向內在自律而發展的超越的性體，也就是由「德行」之德，發展爲「德性」之德。徐復觀先生表示：

> 周人建立了一個由「敬」所貫注的「敬德」、「明德」的觀念世界，
> 來照察、指導自己的行爲，對自己的行爲負責，這正是中國人文精

神最早的出現；而此種人文精神，是以「敬」爲其動力的，這便使其成爲道德的性格，與西方人之所謂人文主義，有其最大不同的內容。在此人文精神之躍動中，周人遂能在制度上作了飛躍性的革新。並把他所繼承的殷人的宗教，給與以本質的轉化。〔註12〕

從殷墟卜辭中，我們可以發現殷人的宗教還是原始性的宗教，當時他們的行爲，仍是通過卜辭而取決於外在的神。周人在宗教方面，雖然是屬於殷人的系統，但因爲注入了由憂患意識所引發的敬的精神，使得傳統以人格神的天命爲中心的宗教活動產生轉化。此時天的降命由人的道德而決定，天命不再是無條件地支持某一統治集團，它是可以轉移的。〈召誥〉說：

> 我不可不監于有夏，亦不可不監于有殷。我不敢知，曰有夏服天命，惟有歷年；我不敢知，曰不其延，惟不敬厥德，乃早墜厥命。我不敢知，曰有殷受天命，惟有歷年；我不敢知，曰不其延，惟不敬厥德，乃早墜厥命。今王嗣受厥命，我亦惟茲二國命，嗣若功。王乃初服；鳴呼！若生子，罔不在厥初生：自貽哲命。今天其命哲，命吉凶，命歷年。知今我初服，宅新邑，肆惟王其疾敬德。王其德之用，祈天永命。

由這段召公誥戒成王的文辭中，可以看出，無常的天命，取決於人自身的敬德與明德。如欲「祈天永命」，必須「疾敬德」，否則「惟不敬厥德，乃早墜厥命」，天命也隨時可以撤消。夏、殷兩代的滅亡，就說明了這一點。「今天其命哲，命吉凶，命歷年」，也顯示出天可以降命，也可以撤命的事實。在此，我們發現，周人的新觀念表現在對於天命的把握、了解與信持要返而求之於人自身的行爲，這就漸漸地從殷人一味信持天命的形態中解脫出來，強調了人類自身的主體性地位。更明確地說，天命是通過憂患意識所生的「敬」而步步下貫到人的身上，形成了人的主體。徐復觀先生說：

> 周初所強調的敬的觀念，與宗教的虔敬，近似而實不同。宗教的虔敬，是人把自己的主體性消解掉，將自己投擲於神的面前而澈底皈依於神的心理狀態。周初所強調的敬，是人的精神，由散漫而集中，並消解自己的官能欲望於自己所負的責任之前，凸顯出自己主體的積極性與理性作用。〔註13〕

〔註12〕同註7，頁23～24。
〔註13〕同註7，頁22。

這裡所謂的「主體」是指人的「真實的主體性」，它不是形而下的，而是形而上的、體現價值的、真實無妄的主體。孔子所說的「仁」，孟子所說的「心性」，《中庸》所說的「中」（性）與「誠」，都由此真實主體而導出。中國人性論中的主流，便是這樣形成的。〔註14〕

　　關於孔子以前天命下貫而為性之過程的涵義，我們還可以透過以下三段文獻來加以說明，分別是《詩》〈周頌〉〈維天之命〉、〈大雅〉〈烝民〉及《左傳》成公十三年劉康公的一段話。先看《詩》〈周頌〉〈維天之命〉的說法：

　　　　維天之命，於穆不已。於乎不顯，文王之德之純。

這幾句詩主要表示對文王盛德的讚美，只不過在讚美文王時，先頌揚天命、天道。天命就是天之所命，天之所命就是天道的具體呈現，所以朱熹《詩經集傳》說「天命，即天道也」；〔註15〕「於穆」是副詞，深遠的樣子。天命不可見，可見的僅是散列的天地萬物，事實上，它們後面有一個於穆不已的天命在推動。這段話後來轉成《易傳》中的「天行健，君子以自強不息」一語。「天行健」相當於「維天之命，於穆不已」，「君子以自強不息」相當於「文王之德之純」。天道健行不息，而文王的德性精純不雜，正是天道的具體呈現與印證。這四句詩，一方面說天道，一方面以人格作見證，明顯地表示「天」與「人」在內容本質上的同一性。無怪乎《中庸》在引此詩時，分別在其後加一精警的贊語，說「此天之所以為天也」、「此文王之所以為文也，純亦不已」。「所以」是表明「本質」之意，「天之所以為天」即天的本質，或說天的德；「文王之所以為文」即文王的本質，或說文王的德。可知《中庸》對天德與文王的德，都有很高的讚美。〔註16〕當於穆不已的天命下貫於人而形成人的主體（性）時，只要人以敬的作用保住天命，則主體便可永遠呈現光明，文王就是一個典型的範例。牟宗三先生指出：

　　　　「維天之命，於穆不已」是一個重要的觀念，它把人格神的天轉化
　　　　而為「形而上的實體」。只有這一轉化，才能下貫而為性，才能打通
　　　　了性命與天道的隔閡。〔註17〕

這是說「維天之命」的「天」的涵義，已由一般的天意觀念轉為天道觀念；

─────────────

〔註14〕參見同註5，頁25。
〔註15〕朱熹《詩經集傳》，臺北：蘭台書局，民國68年版，頁223。
〔註16〕參見牟宗三《中國哲學十九講》，頁435～436。
〔註17〕同註5，頁35。

天意代表人格神或「人格天」，天道代表形上實體，即「形上天」。〔註18〕牟先生認爲「維天之命，於穆不已」是先秦儒家發展其道德的形上學所依據的最根源的智慧，也是了解儒家說道體、性體的法眼。孔子的中心觀念雖然是仁，但天道天命的老傳統仍舊繼承而不悖，所以踐仁以知天；孟子雖從四端之心說性善，也仍然繼承而不悖，所以盡心知性以知天；發展至《中庸》《易傳》，直接由天命流行之體（或「爲物不貳生物不測」的天道誠體或神體）說性體，這本來就是由孔子的仁、孟子的本心所透至的，因此得以從上說下來通而爲一。〔註19〕牟先生說：

> 爲此詩者確有其形而上的深遠之洞悟，亦有其對于道德踐履之眞實感與莊嚴感。此詩影響甚大，於儒家對于天道之體悟與對于德性人格之嚮往有決定性之影響，此確能反映出儒家心靈之核心。後來通過孔子而進一步發展的《中庸》與《易傳》皆可說是承此詩之理境而爲進一步之闡揚。其進一步處即在認此「於穆不已」爲性體，天道與性命打成一片。但此詩則尚未至此。此詩只是對于天道有此洞悟，只是讚美文王之德行，尚未至即以此「於穆不已」之體爲吾人之性體也。就德行言，尚只是作用地或從成就上（所謂丕顯）說，尚未至內在化點出吾人所以能日進其德之內在而固有的性體，即內在而固有的道德創造之眞幾。然由此詩之理境而向此進一步之義而趨亦是理上應有之發展。〔註20〕

由這段話可以了解，〈維天之命〉一詩對後世儒家天人思想的影響，的確非常深遠。孔子踐仁以知天，孟子盡心知性以知天，這是由內在而超越，《中庸》說「天命之謂性」，這是由超越而內在。主觀內在面的心性與客觀超越面的天道天命最後通而爲一，此即所謂「天道性命相貫通」，也是先秦儒學在發展中所形成的共同意識，而〈維天之命〉一詩正是天道性命通而爲一的根源。此詩讚美文王的盛德，主要是來自他的「於緝熙敬止」、「刑於寡妻，至於兄弟，以御於家邦」及「克明德愼罰，不敢侮鰥寡，庸庸、祗祗、威威、顯民」，〔註21〕尚未將所成就的德行內在化而點出其所以能成此德行的內在根據，即超越的心體性體。雖

〔註18〕參見勞思光《中國哲學史》第一卷，頁8。
〔註19〕參見牟宗三《心體與性體》第一冊，頁411～412。
〔註20〕同註19，頁211～212。
〔註21〕分見《詩經》〈大雅〉〈文王〉、〈思齊〉及《尚書》〈周書〉〈康誥〉。

然這首詩並未表示文王的「純亦不已」是以「於穆不已」的天命之體爲性，但實可開啓此門。牟先生認爲通過孔子的仁教、孟子的本心即性之說，《中庸》《易傳》即可表示性體通于天命實體，並以天命實體說性體。《中庸》引〈維天之命〉一詩，正表示《中庸》作者說天道誠體與此詩形而上的洞悟相呼應。〔註22〕其次《詩》〈大雅〉〈烝民〉說：

> 天生烝民，有物有則。民之秉彝，好是懿德。

此詩主題與這四句詩的涵義，朱熹《詩經集傳》解釋說：

> 宣王命樊侯仲山甫築城于齊，而尹吉甫作詩以送之。言天生眾民，
> 有是物必有是則。蓋自百骸九竅五藏而達之君臣父子夫婦長幼朋
> 友，無非物也，而莫不有法焉，如視之明，聽之聰，貌之恭，言之
> 順，君臣有義，父子有親之類是也。是乃民所執之常性，故其情無
> 不好此美德者。……昔孔子讀詩至此而贊之曰：「爲此詩者，其知道
> 乎！故有物必有則，民之秉夷也，故好是懿德。」而孟子引之，以
> 證性善之說。其旨深矣，讀者其致思焉。〔註23〕

根據朱熹的說法，「民之秉彝」意謂「民所執之常性」，則「秉彝」已十分接近於說「性」，所以《孟子》〈告子篇〉引此詩以證明性善，並引孔子的話，證明作這首詩的人具有很高的洞見。牟宗三先生表示：

> 「有物有則」是客觀地說。「民之秉彝，好是懿德」，則是主觀地說，
> 即由好懿德以見人所秉持之常性。爲此詩者確有道德的洞見，亦有
> 道德的眞實感，故能直下從則、道，說到內心好德之實，即說到定
> 然之秉彝之性。雖未明言性字，亦必然要逼至矣。故孟子直引之以
> 證性善也。〔註24〕

由於這首詩並未明說「好是懿德」的「懿德」是出於人的性，再者周初「德」的概念仍局限在「祈天永命」的他律境界中，那麼「好是懿德」的「德」當意指外在的嘉言懿行，而非內在自律的德性可知。所以，這首詩不能直視爲性善說的記述，只能說是隱含性善之旨。不過，這首詩已經指出天、人之間在道德法則上的關聯，則通過孔子以後，進一步確定此所好的懿德即爲內在於人的本心性體，如孟子、《中庸》所闡發，自是理上應有的發展。此外，《左

〔註22〕參見同註19，頁36～37。
〔註23〕同註15，頁214。
〔註24〕同註19，頁209。

傳》成公十三年也有一段類似〈烝民篇〉的敘述：

> 公及諸侯朝王，遂從劉康公、成肅公會晉侯伐秦。成子受脤于社，不
> 敬。劉子曰：「吾聞之，民受天地之中以生，所謂命也。是以有動作
> 禮義威儀之則，以定命也。能者養之以福，不能者敗以取禍。是故君
> 子勤禮，小人盡力。勤禮莫如致敬，盡力莫如敦篤。敬在養神，篤在
> 守業。國之大事，在祀與戎。祀有執膰，戎有受脤，神之大節也。今
> 成子惰，棄其命矣，其不反乎？」

劉康公的這一段話，孔穎達《左傳正義》解釋說：

> 天地之中，謂中和之氣也；民者，人也。言人受此天地中和之氣以得
> 生育，所謂命也。命者，教命之意，若有所稟受之辭，故《孝經說》
> 云：「命者，人之所稟受度」是也。命雖受之天地，短長有本，順理
> 則壽考，逆理則夭折，是以有動作禮義威儀之法則以定此命，言有法
> 則命之長短得定，無法則夭折無恒也。故人有能者，養其威儀禮法，
> 以往適於福；或本分之外，更得延長也。不能者敗其威儀禮法，而身
> 自取禍；或本分之內，仍有減割也。

依孔氏之說，「天地之中」意指「天地中和之氣」，「民受天地之中以生」是說人
稟受天地中和之氣而得其「個體的存在」。因此，「所謂命也」的「命」是以個
體生命的存在規定的，即生命、性命的意思，這不是「維天之命」的天命之命，
也不是「天命之謂性」的命令之命。人既稟受天地中和之氣而得其個體的存在
（命），便須藉禮敬（動作禮義威儀之法則）來凝定或貞定個體的生命，所以說
「君子勤禮」、「勤禮莫若致敬」。如果不敬無禮，怠惰放肆，則由天地之中所稟
受的命也將動搖，而福壽減割。所以劉康公由成肅公的「不敬」，便預言他「棄
其命矣，其不反乎」。很顯然地，劉康公是從「民受天地之中以生」說命，而不
是說性。如由「天地之中」說性，則性也是後來所謂氣性才性之類，即自生說
性一路，而非道德意義的超越之性，因此不同於《中庸》「天命之謂性」的性。
「天命之謂性」的性是義理當然之性、內在道德性之性，而為萬善萬德之所從
出，劉康公尚未進展到說這種性的境界。他所謂的禮、敬，仍處於外在的作用
中，是他律的型態，而不是發自內在的本心性體的自律道德。所以儘管二者屬
於同一思路、同一語脈，內容卻頗有差別，不可相提並論。由天地之中說命，
進至《中庸》說「天命之謂性」，尚須有思想上進一步的啟迪與發展，但通過孔

子的仁教，由「天地之中」而說義理當然之性的思想即可出現。〔註25〕

以上所引三段孔子以前的傳統文獻，都表示天命天道在敬的作用中，逐漸下貫而爲人的性的意識趨向。可見從天命天道下貫說性，本即是中國的古老傳統，後來通過孔子的仁，孟子的心性，而歸結爲《中庸》首句「天命之謂性」。由於《中庸》出於孔、孟之後，因此要了解「天命之謂性」的涵義，必先了解孔、孟在「性與天道」方面的思想，這正是下文所要論述的。

本節由《詩》、《書》、《左傳》等古籍的記載，分別探討了自生說性及自天命下貫說性的兩個傳統。前者是一個暗流，不及後者彰顯。自生而說性是後來所謂氣性、才性、氣質之性，這是儒家人性論的消極面，非儒家所特有。自天命下貫而說性是通過孔子後孟子、《中庸》、《易傳》等說性命天道的先在背景。由此背景說性是自理或德而說性，這是超越之性、理想主義的義理當然之性，乃儒家人性論的積極面，也是儒家所特有的人性論。積極面的人性論的成立，孔子的仁是本質而重要的關鍵，但正式消化而建立此種積極面的性，則是其後繼者孟子、《中庸》、《易傳》的工作。〔註26〕

第二節　孔子的仁教

一、孔子之於「性與天道」

在孔子以前的文獻裡，已可看出二個說性的傳統，一個是自生而說性，一個是自天命下貫而說性。然而從《論語》中的記載來看，孔子對於自天命說性的古老傳統（即「性與天道」的問題），並沒有積極正視而加以討論。

整部《論語》，「性」這個觀念只出現二次。一處是孔子自己說的：

　　　子曰：「性相近也，習相遠也。」（陽貨）

一處是子貢所說的：

　　　子貢曰：「夫子之文章，可得而聞也。夫子之言性與天道，不可得而
　　　聞也。」（公冶長）

孔子對「性」的態度究竟如何？「性相近也」這句話當怎樣來理解？朱子《四書集注》說：

〔註25〕參見同註19，頁210～211。
〔註26〕參見同註19，頁216～217。

此所謂性，兼氣質而言者也，氣質之性，固有美惡之不同矣，然以
其初而言，則皆不甚相遠也。

又引程子的話說：

此言氣質之性，非言性之本也。若言其本，則性即是理，理無不善，
孟子之言性善是也，何相近之有哉！

程朱都視「性相近也」的「性」為氣質之性，主要因為義理之性人人皆同，只
是一，無所謂「相近」，所以程朱認為這是屬於氣質之性。但從另一個角度審視，
古人辭語恐怕不那麼嚴格，「相近」也可如劉蕺山之解為「相同」，〔註27〕即指
同一的義理本然之性或「於穆不已」的性體而言。蔡仁厚先生說：

從辭語的含意看，「相近」和「相同」自有差別，但古人用辭語未必
這樣嚴格。《孟子》〈告子篇〉牛山之木章有云：「其日夜之所息，平
旦之氣，其好惡與人相近也者幾希。」朱注解此句云：「好惡與人相
近，言得人心之同然也。」意思是說，發於良心的好惡（好善惡惡）
與人相同。朱子正是以「相同」解釋「相近」。然則，孔子所謂「性
相近」的相近，和孟子所說的相近，意思應該是一樣的。如此，便
不能說「性相近」之性是氣質之性，而應該是人人皆同的義理之性。
（朱注所謂「兼」氣質而言之，亦表示他已感覺到直接解為氣質之
性，未盡妥當。）〔註28〕

可見我們並無充分的理由一定要採納程子的觀點，認為孔子與孟子對「人性」
的理解不盡相同。雖然《論語》中記載孔子論性的文獻不多，但我們可以從
孔子成德之教（仁教）裡尋繹出它在人性論上的蘊涵。當孔子說「為仁由己」、
「我欲仁而斯仁至矣」時，我們知道「為仁」的根據是內在於自我的生命中，
而且它是可以自作主宰的，則孔子儘管沒有明說仁即是人性，然而他把仁作
為人的內在的道德本性，這一點可說是很自然的。再者，子貢將「性與天道」
連在一起說，顯示二者關係密切，衡之以孔子踐仁以知天的立教精神，則性
當指的是超越面的義理之性，與仁為一，而非經驗面的氣性、才性或「生之
謂性」的性。就《論語》中相關的言論而言，孔子曾說：「天生德於予，桓魋
其如予何？」（述而）又說：「人之生也直，罔之生也幸而免」（雍也）劉寶楠
《論語正義》引鄭玄云：「始生之性皆正直。」這些似乎又暗示孔子實際上認

〔註27〕參見《劉子全書》卷十九〈答王右仲州刺〉。
〔註28〕蔡仁厚《孔孟荀哲學》，頁105。

爲性是善的。徐復觀先生說：

> 在孔子，善的究極便是仁，則亦必實際上認定仁是對於人之所以爲
> 人的最根本的規定，亦即認爲仁是作爲生命根源的人性。〔註29〕

袁保新先生說：

> 「仁」在孔子的思想中，不只是各種德目之一，或全德之名，它其
> 實是一切德行成就實現的根源，它就是人一念自覺即可自作主宰的
> 「道德心」。因此，孔子的成德之教，以「仁」爲道德之根，價值之
> 源，早已涵蘊了孟子「仁義內在」的肯定。只差沒有透過「人性」
> 的概念予以更明確的表述而已。〔註30〕

由此可見，孔子對「性」這個觀念的體悟，應是指向仁義內在的「內在道德
性」，指向「義理之性」的。孔子以前「性」字即已流行，但大體上是「性者
生也」的老傳統，尙未有自超越面說性的，當然，我們相信孔子必然已經接
觸到這個問題，可能一時還沒能正式消化，而建立這種積極面的性，所以性
是性，仁是仁，未能通而一之。思想的發展總是漸進的，此一積極面的性，
正是孔子以後《孟子》《中庸》《易傳》所積極弘揚的。〔註31〕

　　「天道」的問題與性稍有不同。帝、天、天命、天道的觀念是顯著的老
傳統，而《詩》、《書》又是孔子所常講習的，則孔子對它應該不陌生才對，
何以孔子不常說？而子貢竟也不可得而聞？其實《論語》中有兩條記述孔子
談天命的資料，即：

> 五十而知天命。（爲政）

> 君子有三畏：畏天命，畏大人，畏聖人之言。（季氏）

天命與天道意思一致。這兩處資料說明了一個仁者在踐德的過程中，必然會
對天道有所體證，並且產生敬畏之情。孔子晚年，由於對天命有眞實的感受，
這時他注意到《周易》的義理，可能認爲《周易》會有助於他對天命的體驗，
於是說：

> 加我數年，五十以學《易》，可以無大過矣。（述而）

《史記》〈孔子世家〉也記載孔子「讀《易》，韋編三絕」，其用功之勤，不難

〔註29〕徐復觀《中國人性論史》，頁98。
〔註30〕袁保新《孟子三辨之學的歷史省察與現代詮釋》，臺北：文津出版社，民國81
　　　　年版，頁40。
〔註31〕參見牟宗三《心體與性體》第一冊，頁218。

想見。而《周易》的中心就是「性與天道」，則孔子理應對這方面的問題有所認識與體驗，只是他沒有進一步積極正視、講論罷了。換言之，子貢不能得聞「性與天道」的問題，並不表示孔子對此根本不談，或根本沒有體悟，他只是少談而已。問題是，孔子爲什麼沒有積極地正視與講論呢？戴師璉璋認爲：

> 孔子對性與天道不作解說，可能是認爲性與天道必須在克己復禮的實踐中證悟，言辭上的說明不能使人有眞切的領會。〔註32〕

原來性與天道，都是屬於「存有」（即形而上）的問題，無論是超越的存有（天命天道）、內在的存有（「自德說性」的性）、或是形氣的存有（「自生說性」的性），只要一涉及存有的問題，則總有無限的奧密，只能在道德實踐中體驗、朗現，而不能客觀智測。這點牟宗三先生說得很明白：

> 無論對「性」字作何解析，深或淺，超越或實然（現實），從生（從氣）或從理，其初次呈現之意義總易被人置定爲一客觀之存有，而爲一屬于「存有」之事。凡屬存有，若眞當一客觀問題討論之，總須智測。事物之存有與內容總是複雜、神秘而奧密。何況人、物、天地之性？天命天道是超越的存有，其爲神秘而奧密（不說複雜），自不待言。縱使性字所代表者是比較內在而落實的存有，邵堯夫所謂「性者道之形體」，亦仍然是神秘而奧密（在此亦不說複雜）。此是屬于康德所謂「物自體」者。至于自生而言性，淺言之，雖可極淺，而若深觀，則氣性才性亦非簡單，此不但神秘而奧密，且亦有無窮之複雜。此是屬于自然生命之事，個性之事。明夫此，則知孔子所以不常正式積極言之，縱或言之，而亦令人有「不可得而聞」之嘆之故矣！因孔子畢竟不是希臘式之哲人。性與天道是客觀的自存潛存，一個聖哲的生命常是不在這裡費其智測的，這也不是智測所能盡者。因此孔子把這方面——存有面——暫時撤開，而另開闢了一面——仁、智、聖。這是從智測而歸于德行，即歸于踐仁行道，道德的健行。這是從德行盡仁而開闢了精神領域，這似乎是自己所能把握的：「我欲仁，斯仁至矣」，「一日克己復禮，天下歸仁焉」。〔註33〕

〔註32〕戴師璉璋《易傳之形成及其思想》，頁43。
〔註33〕同註19，頁219。

根據牟先生的看法，孔子是一位聖者，比較偏重自實踐方面說道理，很少有哲學家的興趣去積極地思議存有的問題。即使對存有有所洞悟，也是在踐履中洞悟，而很少涉及存有的問題，如性與天道，這是他之所以不常說不多說的主要原因。從《論語》來看，孔子是暫時撇開天命天道說性這一古老傳統，不直接從客觀方面說那性與天道，而是別開生面，從主觀方面開闢了仁智聖的精神領域，開啟了遙契性與天道的那真生命之門。他的心思是向踐仁而表現其德行，不是向「存有」而表現其智測。只要踐仁成聖，即可契悟天道。所以孔子說「五十而知天命」，又說「下學而上達，知我者其天乎」。孔子以仁為宗，挺立道德主體，開闢價值之源，由踐仁而上達天德。在他而言，存有的奧秘是在踐仁中彰顯，其後孟子盡心知性知天是如此，《中庸》至誠盡性參天地贊化育也是如此。他們都不是把「性與天道」當作一客觀置定的存有（即知識的對象），而加以智測。所以，雖然「性與天道」是孔子以前的古老傳統，但孔子卻很少談論，而子貢也有「不可得而聞」的感歎了。

二、孔子對於天道的遙契

由《論語》一書顯示，孔子所積極正視和討論的，主要是環繞著仁、智、聖的問題。尤其是仁，可說是孔子思想的核心。分而言之，它是眾德之一；合而言之，它又超越、綜攝一切德目，是全德之名，乃一切德行表現與道德創造的總根源。孔子說：

> 君子去仁，惡乎成名？君子無終食之間違仁，造次必於是，顛沛必於是。（里仁）

又說：

> 志士仁人，無求生以害仁，有殺身以成仁。（衛靈公）

仁既是君子所不可須臾違離的，而其重要性又超過自己的生命，顯然是孔子「終極關懷」的所在。可以說，孔子一生努力從事的，就是踐仁的工夫，他的生命直是踐仁的生命。孔子重視禮、樂在人格陶冶方面的功能，然而他卻說：

> 仁而不仁，如禮何？人而不仁，如樂何？（八佾）

> 禮云禮云，玉帛云乎哉？樂云樂云，鐘鼓云乎哉？（陽貨）

足見仁是禮、樂的超越原則，禮、樂要有真實的意義與價值，非有真生命不可，否則將流於空洞的形式，而真生命就在「仁」。即此而言，仁可謂是真實生命的本體。牟宗三先生曾正面地描述仁的特性與作用，他說：

「仁以感通爲性，以潤物爲用」。感通是生命（精神方面的）的層層
擴大，而且擴大的過程沒有止境，所以感通必以宇宙萬物爲一體爲
終極，也就是説，以「與天地合德、與日月合明、與四時合序、與
鬼神合吉凶」爲極點。潤物是在感通的過程中予人以溫暖，並且甚
至能夠引發他人的生命。這樣的潤澤作用，正好比甘霖對於草木的
潤澤。仁的作用既然如此深遠廣大，我們不妨説仁代表眞實的生命；
既是眞實的生命，必是我們眞實的本體；眞實的本體當然又是眞正
的主體，而眞正的主體就是眞我。至此，仁的意義與價値已是昭然
若揭。孔子建立「仁」這個内在的根以遙契天道，從此性與天道不
致掛空或懸空地講論了。如果掛空地講，沒有内在的根，天道只有
高高在上，永遠不可親切近人。因此，孔子的「仁」，實爲天命、天
道的一個「印證」。〔註34〕

仁既是眞實的自我、生命的本體，要使這個本體發用、眞我呈現，就必須通
過踐仁的工夫，也就是憑藉内心道德意識的層層向外感通。感通固有遠近親
疏的差別，但原則上不能劃定界限，最終個體生命應與宇宙生命取得本質上
的融合無間，此即後來程明道所説「仁者與天地萬物爲一體」〔註35〕的境界。
換言之，通過踐仁的過程，可以上達天德。可知踐仁的意義，正在於以有限
的個體生命創造無限的價値。蔡仁厚先生説：

「踐仁」，不只是（1）表現主觀精神（成德性、成仁者、成聖人）；
而且，（2）表現客觀精神（己立立人、己達達人、修己以安百姓，
皆表示由主觀面通向客觀面，聯屬家國天下而爲一身）；同時，（3）
並透顯絕對精神（下學而上達、踐仁以知天，以臻於天人合德、與
物無對之境界）。〔註36〕

踐仁成德是無限的過程，無論就一己的踐仁（踐仁成聖、踐仁以知天，即主
觀實踐），或行仁道於天下（客觀實踐），只有在「連屬家國天下而爲一身」、
「與天地萬物爲一體」上，始能充其極而立住其自己，這都是「死而後已」
的事。所以孔子不輕易許人以仁，也不以仁與聖自居，他只是不厭不倦地以

〔註34〕 牟宗三《中國哲學的特質》，頁44。

〔註35〕 《河南程氏遺書》卷第二上，二先生語二上，此條下注一「明」字，示爲明
道語。

〔註36〕 同註28，頁75。

其全幅生命爲「仁」作見證。《孟子》〈公孫丑上〉記載：

> 昔者子貢問於孔子曰：「夫子聖矣乎？」孔子曰：「聖則吾不能，我
> 學不厭而教不倦也。」子貢曰：「學不厭，智也；教不倦，仁也。仁
> 且智，夫子既聖矣！」

子貢由孔子的「學不厭、教不倦」，而體悟到「仁且智」，並以之規定「聖」，可見「仁且智」是成聖的軌道或模型。當然，孔子的智絕非認知理性的智，而是眞實生命所發的光照，代表生命的清澈無隱曲。因此，道德生命的發展與完成，一方面需要精誠惻怛的仁，一方面也需要智來輔助與支持。仁與智必須兼具，缺一不可。正因爲仁、智互用而雙成，所以孔門設教，即以此爲重心。例如《論語》載子夏之言說：

> 博學而篤志，切問而近思，仁在其中矣。（子張）

這裡所謂的「博學」、「篤志」（記而篤）、「切問」、「近思」，說的全是屬於「智」方面的事，而結果卻「仁在其中」，可見由「智」可以求「仁」，《中庸》第二十章「博學之，審問之，慎思之，明辨之，篤行之」一段話便是源出於此，而這也是《中庸》所謂的「自明（智）誠（仁）」之教。此外，《中庸》也說「自誠明，謂之性」（第二十一章），這是肯定人有由仁而智（自誠明）的天賦潛能。可見由孔子仁、智對顯的觀念，發展到《中庸》「成己，仁也；成物，知也；性之德也，合外內之道也」（第二十五章）的思想，這是一個非常自然合理的進程。〔註37〕但是雖然仁智並行，仁卻有優先性，智一定要隸屬於仁。照儒家的講法，就是要「以仁養智」，或者是「以仁攝智」。孔子曾說：

> 知（智）及之，仁不能守之，雖得之，必失之。（衛靈公）

一個人運用高度的理智思考、高度的智慧，可以達到某種境界、了解某些道理，可是若沒有仁來守住，則「雖得之，必失之」。孔子這句話顯示仁比智更有優先性。他自己智既及之，仁也能守，所以是儒聖的典範。戴師璉璋從孔子一生的學思歷程也得到同樣的結論：

> 孔子在仁這方面的自覺，發展出一套以克己復禮爲實踐工夫的成德
> 之教。他自己七十多年的生命，爲這套成德之教作了具體的驗證。
> 從「十有五而志於學」，到「三十而立，四十而不惑，五十而知天命，
> 六十而耳順，七十而從心所欲不踰矩。」（論語、爲政）就是一個仁
> 者生命從自覺到達圓融境界的升進歷程。這一歷程的主要特徵，是

〔註37〕參見陳滿銘《中庸思想研究》，頁 61～66。

一步一步仁德的實現，促使智德的成就；智德的成就，助成仁德的
實現。〔註38〕

可見儒家說聖賢人格，必以「仁智雙成」為模型。孔子的成德之教，以「仁」
為中心而展開，仁橫通物我，縱貫天人。孔子以後，曾子以「忠恕」解釋「一
貫之道」，即是以忠恕釋仁；孟子說「仁，人心也」（告子上），又以心善論性
善，主「仁義內在」，則其內在的道德心性，顯然就是仁；《中庸》以「肫肫
其仁」形容「天下之至誠」，而「天下之至誠」又同於「聰明聖智達天德者」，
則《中庸》的「誠」，實與孔子的仁相合。這些後起者的思想，都能相應於聖
人的真實生命而有共鳴的契悟，並切就孔子說仁的涵義，而加以闡釋宏揚的。

「仁」是孔子的中心思想，「性與天道」則是聖人開闢精神生活最基本的
觀念。孔子視人生為一成德的過程，終極目標在成聖、成賢，所以其教義不
由以神為中心而展開，而由如何體現天道以成德而展開。成德的過程是無限
的，但必須以主體的踐仁為出發點。踐仁以知天，即是成德之教的弘規；《中
庸》說「肫肫其仁，淵淵其淵，浩浩其天」，即是就此弘規而說，也是對聖人
生命之上達天德最恰當的體會。孔子說：

莫我知也夫！子貢曰：「何為其莫知子也？」子曰：「不怨天，不尤
人。下學而上達，知我者其天乎！」

「下學」總括來說，指的是踐仁的工夫。孔子認為只要努力不懈地實踐仁德，
人便可遙契天道，使自我的生命與天的生命相契接，所以孔子發出「知我者
其天乎」的慨歎。可見儒家主張對天道的遙遙默契，實有極強烈的道德意識
在。這種天人感通，基本上是屬於精神生活上的一個境界。知天當然不易，
孔子「五十而知天命」，表示他本人也是經過一番踐仁的工夫，直到晚年心
智成熟，才能夠真正掌握天命的意含，遙遙與天取得默契。但人力有限，而
天道玄妙深奧，知天並不是說能把天道的全幅意蘊或無限神秘全部體現出
來，所以《中庸》才說「及其至也，雖聖人亦有所不知焉」、「及其至也，雖
聖人亦有所不能焉」（第十二章）。儘管如此，最低限度可以獲得一個管窺天
道的通孔，經由這個孔道可與天道取得一種默契，證實並定住其道德涵義、
其為創生的實體的涵義。這種與超越者的相知，絕非經驗知識或者科學知識
的知，而是以踐仁為根據的「證知」。〔註39〕知天的知，必然引生敬畏的宗

〔註38〕同註32，頁38。
〔註39〕參見同註34，頁91。

教意識，因天道高高在上，而人只能遙遙地與它相契接，又怎能沒有敬畏呢？
孔子說：

> 君子有三畏：畏天命，畏大人，畏聖人之言。小人不知天命而不畏
> 也，狎大人，侮聖人之言。（季氏）

「畏」是敬畏、虔敬之意，表示對超越者的敬畏，有濃烈的宗教意識。依孔
子之意，一個健康而真實的人格（君子），首先必須對天命有所敬畏，流俗無
知的小人則相反。這種對超越者的敬畏之情，可說是最高的道德情感與宗教
情感之合一。此時「天」的涵義，固然由人的道德實踐而顯，具有道德性，
但也不失其原來宗教神性的涵義。這是孔子繼承了周初天道觀而有的突破性
的新發展。李杜先生說：

> 孔子的突破性的新發展……是一方面由天只與貴族階級有關係的王
> 命、國命、政命說，而發展出由個人而說「畏天命」、「知天命」；另
> 由「天生烝民，有物有則」說，而說「天生德於予」。……個人的德
> 性既為天所賦予的，「天生德於予」，個人原則上是可上達於天的。
> 但原則雖如此，個人仍必須經歷一段道德生活的實踐方可以如此。
> 故孔子說要「下學」然後可以「上達」而與天合一，「知我者其天乎」。
> 孔子此一天人關係突破性的新發展，除了由個人而說天人的關係
> 外，天的涵義亦由僅具有外在的宗教性的涵義，而發展出道德與宗
> 教相結合的涵義。〔註40〕

所謂孔子於繼承中的突破性的新發展，在於確定了天的道德性與宗教性合一的
涵義。不過，由孔子對天的慨歎與敬畏來看，他與超越者的遙契關係，實比較
近乎宗教意識。像他說「知我者其天乎」、「獲罪於天，無所禱也」（八佾）、「天
之將喪斯文也」（子罕）、「天喪予」（先進）、「吾誰欺，欺天乎」（子罕）、「天生
德於予」等等，都表示一個有意志的天，即有上帝（人格神）意義的天。由此
而論，孔子的天，固然有形上實體的涵義，但不能如宋儒只理解為道德的、形
而上的實體，因為天若純以理說，則用不著慨歎。當然，天命也不宜理解為純
是現實的氣化，即客觀領域的限制，果如此，則無嚴肅義，也用不著敬畏。孔
子所說的天，應是「實體帶著氣化、氣化通著實體」的天，〔註41〕而且比較含

〔註40〕李杜《中國古代天道思想論》，臺北：藍燈文化事業股份有限公司，民國 81
年版，頁 161～162。

〔註41〕參見同註 31，頁 23。

有宗教上「人格神」的意味。牟宗三先生表示：

> 把天命、天道說成形而上的實體，或「天命流行之體」，這是了解儒
> 家的「天」的一個方式。但是孔子所說的「知我其天」，「知天命」
> 與「畏天命」的天，都不必只是形上實體的意義。因爲孔子的生命
> 與超越者的遙契關係實比較近乎宗教意識。孔子在他與天遙契的精
> 神境界中，不但沒有把天拉下來，而且把天推遠一點。在其自己生
> 命中可與天遙契，但是天仍然保持它的超越性，高高在上而爲人所
> 敬畏。因此，孔子所說的天比較含有宗教上「人格神」的意味。而
> 因宗教意識屬於超越意識，我們可以稱這種遙契爲「超越的遙契」。
> 否則，「知我其天」等話是無法解釋的。我們可以說，在孔子的踐仁
> 過程中，其所遙契的天實可有兩種意義。從理上說，它是形上的實
> 體。從情上說，它是人格神。而孔子的超越遙契，則似乎偏重後者。
> 這是聖者所必然有的情緒。〔註42〕

對人格神意義的天、天命、天道，孔子常表露出慨歎呼求之情；在主觀方面
有呼求之情，在客觀方面天道就轉爲人格神、上帝。這都是依於宗教意識而
引發出來的超越感受，所以牟先生稱這種對天的遙契爲「超越的遙契」。發展
至《中庸》，提出「誠」的概念，把天命、天道的意義轉化爲形上的實體（《中
庸》視「誠」爲「天之道」），使得天命、天道原有的人格神的宗教意味化掉，
並進一步把它內在化爲自己的性（《中庸》所謂「天命之謂性」）。至此，傳統
思想中高高在上的天、天命、天道，經過《中庸》的發展，可以被人通過誠
去體悟，並由誠的意義證實其「內容的意義」爲一「生化原理」或「創造原
理」（《中庸》說「天地之道，可一言而盡也：其爲物不貳，則其生物不測」），
因此可說爲「天命流行之體」。這種對天的遙契，相對於孔子「超越的遙契」，
牟先生稱之爲「內在的遙契」。〔註43〕前者把天道推遠一點，以保存天道的超
越性；後者把天道拉進人心，使之「內在化」，不再成爲敬畏的對象，而轉化
爲一形而上的實體。〔註44〕牟先生說：

> 孔子對天的超越遙契，是比較富有宗教意味的；而發展至《中庸》，
> 講內在的遙契，消除了宗教意味，而透顯了濃烈的哲學意味。超越

〔註42〕同註34，頁48～49。
〔註43〕參見同註34，頁49。
〔註44〕參見同註34，頁54。

的遙契是嚴肅的、渾沌的、神聖的宗教意味，而內在的遙契則是親切的、明朗的哲學意味。〔註45〕

雖然兩種對天的遙契方式著重點各有不同：超越的遙契著重客體性（天命、天道），內在的遙契著重主體性（仁、智、誠），可是兩者之間並無矛盾衝突之處。牟先生認爲由超越的遙契發展爲內在的遙契，是一個極其自然的進程。他說：

> 這兩種遙契的產生先後次序與其過渡，都十分容易了解。因爲人類最先對於高高在上，深奧不測的天必然引發人類對它的敬畏；然而日子久了，人類對天的了解漸深：假如在天災深重的地區（猶太是典型），人不得不深化了對天的敬畏，特別是「畏」懼，而致產生恐怖意識，結果凝鑄出一個至高無上的天帝，宗教由此而出。假如在天災不致過分深重，農作足以養生的地區（中國是典型），人類往往能夠以農作的四時循環，以及植物的生生不息體悟出天地創生化育的妙理。首先對這妙理欣賞和感恩，沖淡了對天的敬畏觀念，然後，主體方面的欣賞和感恩，經年累月地在世世代代的人心中不斷向上躍動，不斷勇敢化，而致肯定主體性，產生與天和好與互解的要求；而且，不以相好相知爲滿足，更進一步，不再要求向上攀援天道，反而要求把天道拉下來，收進自己的內心，使天道內在化爲自己的德性，把人的地位，通過參天地而爲三的過程，而與天地并列而爲三位一體，換句話說：把天地的地位由上司、君王拉落而爲同工、僚屬。至此，天道的嚴肅莊重的宗教意味轉爲親切明白的哲學意味。所以，天命、天道觀念發展的歸宿，必爲與主體意義的「誠」「仁」兩個觀念同一化。〔註46〕

牟先生的析論，證之先秦儒學思想的發展，可謂深中肯綮、若合符節。聖人如孔子在踐仁之時，固可證實天道的內容意義，然而這多少帶點宗教意味；孟子雖說繼承了孔子的天道觀，但他不像孔子那樣常常表露出主觀的呼求感歎之情，他所說的天多偏重以理言；至《中庸》講內在的遙契，仁、智、誠等主體意義的觀念與天道已完全同一化，天道的人格神意味消失，而成爲形而上的實體，轉化而爲生化原理或創造原理，如《中庸》視天爲「爲物不貳，

〔註45〕同註34，頁50。
〔註46〕同註34，頁54～55。

生物不測」的創生實體，而以「維天之命，於穆不已」明「天之所以為天」，此即以「天命不已」的實體視天，或以「形而上的實體」視天，則天已非人格神的天可知。

第三節　曾子守約之學

　　《中庸》講「慎獨」，這是儒家作道德實踐最內在的工夫。慎獨是嚴格的道德意識，雖然孔、孟均未提及，但當是本於孔子的仁教必然要開出來的一步工夫。這個觀念的歷史淵源，可以遠溯至曾子。因為在孔門弟子中，對孔子仁教體會得最真切、道德意識最強烈的，莫過於曾子。《論語》〈泰伯篇〉記載曾子之言說：

> 士不可以不弘毅，任重而道遠。仁以為己任，不亦重乎？死而後已，
> 不亦遠乎？

孔子以「仁」為最高的道德意識，而仁德的實踐是一個無限的「純亦不已」的過程，所以孔子才說「若聖與仁，則吾豈敢」（述而），必須具有弘大深廣的器識與剛毅堅忍的心性，始能任重而致遠。由此章看來，曾子對師教確有真切的體認，否則不可能說得這麼嚴肅而深刻。他又說：

> 可以託六尺之孤，可以寄百里之命，臨大節而不可奪也。君子人與？
> 君子人也！

一個人的志節堅貞，即使面臨生死存亡的關頭，也不會有所動搖、改變，如果不是具有強烈的道德意識，及由道德實踐而來的工夫涵養，是不可能做到的。孟子在〈公孫丑上〉「知言養氣」一章，提到曾子「守約」：

> 昔者曾子謂子襄曰：「子好勇乎？吾嘗聞大勇於夫子矣：自反而不
> 縮，雖褐寬博，吾不惴焉？自反而縮，雖千萬人，吾往矣！」孟施
> 舍之守氣，又不如曾子之守約也。

何謂「守約」？牟宗三先生認為「守約之確義則在通過道德自覺而唯是稱仁體以動，用心於內以清澈自己之生命而期無一事之非理」，〔註47〕可見守約是生命清澈的工夫，這是內聖的工夫。約者要也，守約即「反身循理以守義理之要」的意思。這種通過理性良知的反省自覺而達到的不動心，是發自義理的不動心，正是孔子所謂的「大勇」。顯示曾子「守約」的工夫乃根據孔子的

〔註47〕牟宗三《心體與性體》第一冊，頁259。

仁教而來。孔子的仁須逆覺自證以呈現之，曾子的守約也是逆覺自證的道德
工夫。而孟子自己持志帥氣的養氣工夫，又是本於曾子的守約而推擴發揚出
來的。《論語》〈學而篇〉載曾子之言說：

> 吾日三省吾身，為人謀，而不忠乎？與朋友交，而不信乎？傳，不
> 習乎？

曾子每日以三件事自我省察，惟恐悖理失義，這種戒慎恐懼的態度，就是守
約的表現。大抵「守約」二字，可以代表曾子的精神。《論語》〈泰伯篇〉記
載曾子有疾，孟敬子前去探問，曾子對他說：

> 鳥之將死，其鳴也哀。人之將死，其言也善。君子所貴乎道者三：
> 動容貌，斯遠暴慢矣；正顏色，斯近信矣；出辭氣，斯遠鄙倍矣。
> 籩豆之事，則有司存。

「遠暴慢」是自己可遠於（免於）暴慢，「近信」是自己近於信實不妄，「遠
鄙倍」是自己可遠於鄙俗悖戾，可知三者都是說的克己慎獨的工夫。曾子的
話雖針對孟敬子而發，實則是他本身行己有得之言。曾子守約的工夫終其一
生，從未懈怠。當他病重時，召集門弟子說：

> 啟予足，啟予手。詩云：「戰戰兢兢，如臨深淵，如履薄冰。」而今
> 而後，吾知免夫！小子！（論語、泰伯）

曾子重孝道，「啟予足，啟予手」這句話，從「身體髮膚，受之父母，不敢毀
傷」與「父母全而生之，子全而歸之」〔註48〕的角度來看，固然是一崇高的
道德意識，但根據下文所引詩句及其慨歎而言，則此一嚴肅的道德意識，卻
決不能專限於「身體髮膚」的全而歸之，而實應著重其「踐形」之義，及不
自甘暴棄之義。牟宗三先生說：

> 彼（曾子）一生作自省慎獨之工夫，豈僅限於「免夫身體之毀傷」
> 耶？故知其「戰戰兢兢」之戒慎恐懼即其「守約」、「慎獨」工夫之
> 表示，而「而今而後，吾知免夫」，實亦函庶免於罪戾可至寡過而已
> 矣之意。此實為一嚴肅艱苦之道德奮鬥至臨終時鬆一口氣撒手歸去
> 之慨嘆。〔註49〕

又《禮記》〈檀弓上〉記載曾子臨終易簀的一段文字，尤其能看出他道德心靈
的常明不昧：

〔註48〕分見《孝經》〈開宗明義章〉第一及《禮記》〈祭義篇〉。
〔註49〕同註47，頁260。

曾子寢疾，病。樂正子春坐於床下，曾元、曾申坐於足，童子隅坐
而執燭。童子曰：「華而睆，大夫之簣與？」子春曰：「止！」曾子
聞之，瞿然曰：「呼！」曰：「華而睆，大夫之簣與？」曾子曰：「然，
斯季孫之賜也，我未之能易也，元，起易簣。」曾元曰：「夫子之病
革矣，不可以變，幸而至旦，請敬易之。」曾子曰：「爾之愛我也不
如彼；君子之愛人也以德，細人之愛人也以姑息。吾何求哉？吾得
正而斃焉斯已矣。」舉扶而易之，反席未安而沒。

曾子這種「守死善道」的精神，正是他自己所說「仁以為己任，不亦重乎？
死而後已，不亦遠乎」的印證。宋儒程明道說：「曾子易簣之意，心是理，理
是心，聲為律，身為度也。」〔註50〕即曾子此時的心，渾然全是天理的呈現，
毫無私欲習氣的夾雜。這是他自覺地作道德實踐以精進其德性生命的表現。

曾子曾以忠恕解孔子的一貫之道，忠以盡己，恕以及人，這也是克己慎
獨的工夫。《論語》〈里仁篇〉記載：

子曰：「參乎，吾道一以貫之。」曾子曰：「唯。」子出，門人問曰：
「何謂也？」曾子曰：「夫子之道，忠恕而已矣。」

這裡有兩個主要的問題需要探討，一是孔子所謂「吾道一以貫之」的「道」
究何所指？一是曾子以「忠恕」闡釋「夫子之道」是否能相應於孔子的基本
義理？這兩個問題的解答，可從「仲弓問仁」章得到線索。《論語》〈顏淵篇〉
記載：

仲弓問仁。子曰：「出門如見大賓，使民如承大祭。己所不欲，勿施
於人。」

孔子的答語，前兩句是說「敬以持己」，這是「盡己之謂忠」的「忠」的涵義；
後兩句是說「恕以及物」，這是「推己之謂恕」的「恕」的涵義。可見孔子實
際上是以「忠恕」回答仲弓的問仁。如與上章曾子以「忠恕」闡釋「夫子之
道」合併來看，則孔子所謂「吾道一以貫之」的「道」，當即是指「仁」而言。
以忠恕說一貫，就是以仁道說一貫。此外，《論語》中相關的資料還有：

子貢問：「有一言而可以終身行之者乎？」子曰：「其恕乎！己所不
欲，勿施於人：」（衛靈公）

子貢曰：「如有博施於民，而能濟眾，何如？可謂仁乎？」子曰：「何

〔註50〕《河南程氏遺書》卷第十三，明道先生語。

事於仁？必也聖乎！堯舜其猶病諸！夫仁者，己欲立而立人，己欲
達而達人。能近取譬，可謂仁之方也已。」（雍也）

樊遲問仁。子曰：「居處恭，執事敬，與人忠，雖之夷狄不可棄也。」
（子路）

由以上幾章的言論來看，曾子以「忠恕」闡釋「夫子之道」，確實能夠相應於孔
子的核心思想。孔子的中心觀念在「仁」，而「忠恕」則是體現仁道的真實而具
體的工夫。仁的具體表現雖不只忠恕，但忠恕實可隱括仁道之全。「己欲立而立
人，己欲達而達人」，表述的正是忠恕之意，所以說「能近取譬，可謂仁之方也
已」。就踐仁以成德而言，自我克己慎獨以精進德性生命（立己、達己）。同時
也要推己及人，使他人也能克己慎獨以精進德性生命（立人、達人）。立己、達
己是「成己」的事，屬於主觀面的踐仁；立人、達人是「成物」的事，屬於客
觀面的踐仁。仁道實通內外，內以成己，外以成物。從這點來看，曾子、孟子、
子思（《中庸》）都是環繞孔子的仁教而展開他們的義理。孟子說：

萬物皆備於我矣。反身而誠，樂莫大焉。強恕而行，求仁莫近焉。（盡
心上）

《中庸》也引孔子的話說：

忠恕違道不遠，施諸己而不願，亦勿施於人。（第十三章）

這些都說明了「忠恕」是實踐仁道的具體而落實的方法。不過，陳滿銘先生
在《中庸思想研究》一書中，對「忠恕」的涵義，曾提出獨到的見解，值得
參考。他說：

其實，忠恕二字，是大可不必「實」上帶「虛」地添加「盡」、「推」
等字，以顯其義的。我們只須就字的形體看，便知「忠」就是「中
心」（不偏之心）的意思，而「恕」則是「如心」（無私之心）的意
思。顯而易見地，它們的主體是「心」，而「中」和「如」，則是屬
於限制性、形容性的兩個附加詞。這種釋義，可謂直截了當，一眼
即可領會，比起孔、朱等人的「增字爲訓」來，無疑地，是要妥當
得多了。〔註51〕

可見陳先生並不就一般自道德的實踐論或知識的方法論來解釋「忠恕」，而是
把「忠恕」直接視作「性之德」（本體）。依此，他認爲「忠恕」與《中庸》

〔註51〕陳滿銘《中庸思想研究》，頁132。

所說的「中和」，關係至為密切。「中」、「和」是天命之性、率性之情所孕就
的一種心理狀態，而呈現這種中和狀態的心體，就是所謂的「忠恕」。換言之，
忠恕是就中和、性情（中節之情）來說的一種性德，也就是人發揮仁、智之
性後，呈現著中和狀態的一種心體。因此，忠恕既可透過「性」上通於天道，
也能夠隨著「情」下貫於人道。所以無怪乎孔子在說了「忠恕違道不遠，施
諸己而不願，亦勿施於人」之後，接著便就「恕」來闡明「君子之道」說：

> 君子之道四，丘未能一焉：所求乎子以事父，未能也；所求乎臣以
> 事君，未能也；所求乎弟以事兄，未能也；所求朋友先施之，未能
> 也。（第十三章）

由這一章來看，孔子說「恕」，實有二面的意義：一是「己所不欲，勿施於人」，
這是「恕」的消極義，但卻是基本義；一是「所求乎子以事父」、「所求乎臣以
事君」、「所求乎弟以事兄」、「所求乎朋友先施之」，這是「恕」的積極義。這樣，
「恕」又能衍生各種不同的道德行為，而成為群德的總匯。試看所謂的「所求
乎子以事父」，既是「恕」，也是「孝」；所謂的「所求乎臣以事君」，既是「恕」，
也是「敬」；所謂的「所求乎弟以事兄」，既是「恕」，也是「悌」；所謂的「所
求乎朋友先施之」，既是「恕」，也是「信」。而「施諸己而不願，亦勿施於人（父、
君、兄、朋友）」，固然是「恕」，又何嘗不是「孝」？不是「敬」？不是「悌」？
不是「信」呢？可見同樣一個「恕」，是可以隨著所待對象的不同，而衍生出各
種不同的道德行為來的。不僅是孝、敬、悌、信而已，其他的種種德行，以此
類推，也同樣地源自這麼一個「忠恕」的心體。〔註52〕陳先生把「忠恕」提昇
到「本體」（心體、性體）的層次申論其義，與一般視「忠恕」為踐仁的方法有
所不同，但卻自成理路，進而拓深了「忠恕」的內涵，使「忠恕」蘊藏的意義，
得以更完整地呈現出來。又《中庸》說：

> 誠者，非自成己而已也，所以成物也。成己，仁也；成物，知也；
> 性之德也，合外內之道也，故時措之宜也。（第二十五章）

顯示《中庸》「誠」的觀念，實際上就是孔子「仁」的轉換表示。所以它把孔
子仁道涵攝內外的實踐範疇，通過「成己」、「成物」的概念，加以展開說明。
　　孔子的仁教涵攝內聖與外王，內聖是內而治己，作聖賢的工夫，外王是
外而從政，以行王道。內聖是求之在我，是每一個人的必然的義務，而外王
是得之有命，是每一個人的偶然的義務。內聖是外王的基礎，外王為內聖的

延伸。孔子立仁教，決定了人的精神生命的基本方向，開闢了理想、價值的本源，使每一個人精進其德性生命成為可能，所以內聖才是仁教本質而必然的一面。曾子能守約慎獨，明忠恕一貫之旨，正是就人的必然的義務而說，這是彰著了仁教中內聖的一面，也是本質的必然的一面。牟宗三先生說：

> 夫真正之道德實踐惟在能自習慣，不自覺中，反身而誠，自覺地本之內在之天理而行。此義于孔門弟子中正式見之而且彰著之于曾子之守約慎獨、戰戰兢兢之敬畏工夫中。在孔子之渾全啟發話頭中，尚不凸顯此義，唯在曾子之凝斂弘毅之精神中始真凸顯此義。此義之凸顯是道德意識、道德性自身正式挺立起而自見其自己之本質的關鍵。〔註53〕

宋儒說曾子傳聖人之道，〔註54〕所謂「傳道」的確切意指，正當從此克己慎獨、忠恕踐仁的內聖之學處來理解。其後孟子、《中庸》乃至於宋明儒「逆覺體證」的工夫進路，可以說便是由曾子的守約慎獨的內聖工夫發展而來。

第四節　孟子的心性論與工夫論

一、心性論

關於人性論的問題，孔子本身的確不常談論，即使偶有道及，如「性相近也，習相遠也」，也缺乏明確而深刻的哲學義涵。根據王充《論衡》〈本性篇〉的記載，孔子的弟子如宓子賤、漆雕開，再傳弟子如公孫尼子等，對於人性、人情都有所論述，〔註55〕可見人性論在孔子歿後，已逐漸成為先秦諸子共同關懷的課題。只是由於文獻不足，今天已無法考知他們論性的內容。

孔子之後，在人性的探索上有開創性成就的是孟子。孟子性善論的提出，不僅具有悍衛孔子仁義之道的時代意義，在中國人性論史上，更是別開生面，影響深遠。袁保新先生表示：「從思想史的觀點來看，『孟子道性善』固然是

〔註53〕同註47，頁273。

〔註54〕程明道說：「顏子默識，曾子篤信，得聖人之道者，二人也。」陸象山也說：「孔門惟顏曾傳道，他未有聞。」朱子也說：「三千之徒，蓋莫不聞其說，而曾氏之傳獨得其宗。」（分見《二程遺書》，劉質夫記明道語，《象山全集》，卷三十四，〈語錄〉及朱子〈大學章句序〉）

〔註55〕王充撰、劉盼遂集解《論衡集解》卷三，臺北：世界書局，民國65年版，頁62。

繼承孔子『爲仁由己』之學，針對當時一些反仁義的人性論逆流，如楊朱從『全性保眞』而『拔一毛以利天下不爲也』、告子由『人性無善無不善』而主張『義外』，所建立的一種衛道性的學說。但是，從純粹哲學的觀點來看，孟子的性善論，一方面爲儒家成德之教提供了人性論上的可能依據，另一方面也爲儒家『天道性命相貫通』的形上信仰，建立了一套『即內在而超越』的理解形態。」〔註 56〕孟子繼承孔子的仁教，將孔子的仁轉爲心性，並且即心說性，即心善說性善。心是道德創造的實體性的心，性是內在道德性的性，心即是性。孟子正式提出心性是一的道德主體論，爲儒家心性論奠定了堅實的理論基礎。在天人關係方面，由孔子的「踐仁以知天」，到孟子的「盡心知性知天」，這是一步義理充實的發展，使仁教中直接所函的內聖之學，即每個人精進其德性生命之學，更有系統，更有其具體入手的方法與途徑。陸象山曾說：「夫子以仁發明斯道，其言渾無罅縫。孟子十字打開，更無隱遁。蓋時不同也。」〔註 57〕由儒家思想發展的脈絡來看，這是很有道理的。如果說孔子只提出了道德主體論的基本思想，尚未展開心性論的系統論述，則孟子是順承孔子的仁，眞正完成了心性之學的義理模型。這表示孟子的生命智慧和他所私淑的孔子相呼應，所以能使仁與心性通而一之，心性與天通而一之。

（一）孟子心性論的淵源

性善論爲孟子所首先提出，並且成爲他的學說核心，這是無可置疑的事。儘管整個《孟子》七篇中，明白點出「性善」的章句只有二處：一是〈滕文公上篇〉的「孟子道性善，言必稱堯舜」，一是〈告子上篇〉公都子引述當時三種關於人性的看法，而質問孟子「今曰性善，然則彼皆非與」；但是我們從他堅主「仁義內在」，強調「仁義禮智，非由外鑠我也，我固有之也」（盡心上），並認爲「君子所性，仁義禮智根於心」（告子上）等來看，我們實可確信，孟子是秉持道德普遍主義的立場，而主張「性善」的。朱子《四書集註》〈孟子序說〉裡引程子的話說「孟子有大功於世，其言性善也」、「孟子性善、養氣之論，皆前聖所未發」，這是強調孟子在儒學傳統中開創義理的重要地位與貢獻。然而我們以爲，「性善」之說固是孟子所首先倡發，但其內涵並非前無所承。事實上，由孔子「爲仁由己」、「我欲仁，斯仁至矣」、「人之生也直」等說法，我們可以間接斷定，孔子內聖成德之教早已涵蘊了孟子性善的思想，

〔註 56〕袁保新《孟子三辨之學的歷史省察與現代詮釋》，頁 67。
〔註 57〕《象山全集》卷三十四，〈語錄〉，臺北：中華書局，民國 59 年版。

只是未作客觀分解性的表述與論證罷了。換言之，孟子性善論的提出，正是把隱含在孔子思想中的意旨充分彰顯出來。其次，就孟子自己而言，他曾表示「乃所願，則學孔子也」（公孫丑上），又說「予未得爲孔子徒也，予私淑諸人也」（離婁下），又說「楊墨之道不息，孔子之道不著，是邪說誣民充塞仁義也。仁義充塞，則率獸食人，人將相食。吾爲此懼；閑先聖之道，距楊墨，放淫辭，邪說者不得作」（滕文公下），可見孟子本身未必認爲自己果眞在義理上發「前聖所未發」，反而他會同意性善說其實是捍衛孔子仁義之道，在理論上必然有的一個肯定。〔註58〕

此外，孟子注重心的作用，並由心善以說性善，心的地位自孟子開始正式挺立起來。但我們認爲，孟子從道德的本心說性，也是以孔子的仁爲背景的。孔子論仁，雖然沒有明說仁就是心，可是《論語》〈陽貨篇〉有這樣一段記載，即孔子的學生宰我認爲三年之喪太久，一年就可以了，孔子就問他喪期未滿便「食夫稻，衣夫錦」，你能心安嗎？宰我回答說「安」，孔子就說他是「不仁」。可見孔子是從「不安」指點仁，而不安自是「心」之不安。孔子從安不安來指點仁不仁，正是要人從「心」這個地方要有道德的自覺。後來孟子便直接宣說「仁，人心也」（告子上）、「惻隱之心，仁也」（同上）。這說明了一個事實，即孟子「心」的概念其實是自然可以從「仁」轉出的。又孔子曾經稱許顏淵，說「回也，其心三月不違仁，其餘則日月至焉而已矣」（雍也），他自述進德修業的學思歷程，到七十歲才達到「從心所欲」（爲政）的境界，相對於孟子則說「學問之道無他，求其放心而已矣」（告子上），又說「我四十不動心」（公孫丑上），由這些文獻看來，孟子心學顯然是直承孔子仁教而來，只不過他是以道德的本心賅攝孔子所說的仁罷了。在此，我們見到了《論語》與《孟子》思想的內在關聯性。

總之，孟子是自覺地繼承了孔子的仁學，進而發展出他的心性論。當然，他的思想內涵與表述方式都已不限於孔子所說，正是在這裡我們理解到孟子對儒家思想的重大貢獻。

（二）孟子性善論的涵義

孟子的性善論，開始於他和告子之間的論辯。孟、告之間的對辯，前後四論。前兩論是辯「性猶杞柳」與「性猶湍水」，第三論是辯「生之謂性」，

〔註58〕參見同註56，頁37。

最後一論則是辯「仁義內在」的問題。通過他們之間的論辯，我們發現，原來孟子與告子在人性看法上最大的不同，在於前者「即心說性」，而後者則「即生說性」。二者代表對人性理解進路上的歧異與說性層面的不同。告子「即生說性」是順著「生者性也」的古訓說性，這是依經驗事實的知識觀點論性，這樣的性是所謂的動物性、氣性或才性，即使可以標舉出類不同之性，而區別人類與犬牛類的不同，乃至犬類與牛類的不同，但卻不足以顯出人之真所以異於禽獸的地方。孟子「即心說性」則是要突破「性者生也」的說性老傳統，不由「生之謂性」說性，而直接從人的內在道德性說人的義理之性，把性視為「道德的善」本身，這樣便可以在道德價值上把人與牛馬區別開，從而建立起人之所以為人的尊嚴。這樣的性是道德意義的定善之性，是人之所以異於禽獸的價值意義的性。先看第一論：

> 告子曰：「性猶杞柳也，義猶桮棬也，以人性為仁義，猶以杞柳為桮棬。」孟子曰：「子能順杞柳之性，而以為桮棬乎？將戕賊杞柳，而後以為桮棬也？如將戕賊杞柳而以為桮棬，則亦將戕賊人以為仁義與？率天下之人而禍仁義者，必子之言夫！」（告子上）

在這一段對辯中，告子以杞柳類比性，這是把性看成是材料義的性。材料義的性是中性的，其中無所謂仁義，仁義是後天造成的，因而是外於人性的。孟子則反對把人性視為材料，把仁義看作是後天造成的。他主張仁義內發於人性。由此看來，孟子心目中的性必然不是告子所謂的中性的材料義的性，而是另有所指。這表示孟、告之間理解人性的進路不但不同，說性的層面也有所差異，並不是對於同一「性」有相反的主張而成為兩相矛盾。再看第二論：

> 告子曰：「性猶湍水也。決諸東方則東流，決諸西方則西流。人性之無分于善不善也，猶水之無分於東西也。」孟子曰：「水信無分於東西，無分於上下乎？人性之善也，猶水之就下也；人無有不善，水無有不下。今夫水，搏而躍之，可使過顙；激而行之，可使在山；是豈水之性哉？其勢然也。人之可使不善，其性亦猶是也。」（同上）

這一段對辯，告子以湍水類比性，他說「人性之無分於善不善也，猶水之無分於東西也」，正表示人性原只是中性的，而這也是材料義的性所必然蘊涵的。孟子既然反對告子的材料說，自然也反對他的中性說。值得注意的是，孟子在承接告子「湍水之喻」時，他已修正了告子思考的進路，不從經驗上「水之無分於東西」來理解水，而翻上一層，直接就「水之性」來肯定「人

無有不善，水無有不下」，這表示孟子論性自始即不採取經驗的進路，他是把人性的概念定位在先驗層面的。最後孟子說「人之可使爲不善，其性亦猶是也」，其實也就是指出人在經驗上的善或不善，與肯定人在本性上的善，應該分屬兩個不同的層面來理解。換言之，性之爲善是專就人先天的稟賦而言，與人在現實上行爲的善惡並不相干。

　　告子視性爲材料與中性，孟子則予以反駁。然而究竟怎樣的性可視爲材料與中性？又怎樣的性不可如此看呢？這就進到第三論，也就是「生之謂性」辯。

　　　　告子曰：「生之謂性。」孟子曰：「生之謂性也，猶白之謂白與？」

　　　　曰：「然。」「白羽之白也猶白雪之白，白雪之白猶白玉之白與？」

　　　　曰：「然。」「然則犬之性猶牛之性，牛之性猶人之性與？」（同上）

告子在此正式提出論性的原則：生之謂性，藉以說明性爲材料的中性義。其實「自生說性」原就是古老流行的傳統，因此告子說「生之謂性」不過是此一老傳統的綜結。就實際內容說，「生之謂性」的意思是：一個體生而本有的種種自然特性就叫做性。〔註59〕董仲舒說「性之名非生與？如其生之自然之質謂之性」，〔註60〕可視爲「生之謂性」一語最恰當的解釋。但這裡所謂「生而本有」是生物學的本有，與孟子所說「仁義禮智我固有之也，非由外鑠我也」的「固有」不同，孟子的「固有」是固有於本心（仁義禮智由本心而自發），是超越義的固有，非生物學的固有。生物學的固有是以「生而本有」的「生」來規定的，超越義的固有則不以「生而本有」的「生」規定。〔註61〕二者指涉的層面有別，不宜混淆。通過告子「生之謂性」的論性原則，我們可以把一個體所本具的「自然之資」標舉出來，例如犬有犬之性，牛有牛之性，人有人之性。「自然之質」無論指的是生物本能（飲食男女）的動物性，或是氣性、才性，都屬於實然之性，而非道德創造的應然之性。由實然之性所表示的犬之性不同於牛之性，或犬牛之性不同於人之性，這不同只是劃類的不同。依照孟子的看法，「生之謂性」所呈舉的個體之性雖可各自不同，但人之性若只是食色等自然之質，則在道德價值上說，人即與禽獸無別。可知孟子所說的「性」實爲人之所以異於禽獸的價值意義的性，而非告子「生之

〔註59〕牟宗三《心體與性體》第一冊，頁88。

〔註60〕董仲舒撰、蘇輿義證《春秋繁露義證》，臺北：河洛圖書出版社，民國64年版，頁204。

〔註61〕參見牟宗三《圓善論》，頁5～6。

謂性」下類不同的性。牟宗三先生表示：

> 然則孟子何以能超越「性者生也」之古訓而不從俗以說性？其所以
> 如此亦有所憑藉以啟發之者否？曰：有。其所憑藉以發此洞見者唯
> 在孔子之「仁」。此是由孔子之教而開者。因此，我們可知，人性問
> 題至孟子而起突變，可說是一種創闢性的突變，此眞可說是「別開
> 生面」也。此別開生面不是平面地另開一端，而是由感性層、實然
> 層，進至超越的當然層也。〔註62〕

由「性者生也」此一老傳統所說的實然之性，是一般人比較容易理解並接觸
到的，孟子一反傳統說性的觀點，轉從先驗的、應然的進路理解性，在當時
自屬創舉。因此，即使是孟子的學生公都子，也要感到疑惑：

> 公都子曰：「告子曰：『性無善無不善也。』或曰：『性可以爲善，可
> 以爲不善。是故文武興，則民好善；幽厲興，則民好暴。』或曰：『有
> 性善，有性不善。是故以堯爲君而有象，以瞽瞍爲父而有舜，以紂
> 爲兄之子，且以爲君，而有微子啟、王子比干。』今曰性善，然則
> 彼皆非與？」（告子上）

這段文字是公都子引當時三種關於人性的說法質問孟子何以必言性善。其中
告子「性無善無不善」是中性說，中性說直接函蘊「可以爲善，可以爲不善」，
至於「天生有性善，有性不善」則是後來王充所謂的「性分三品」說。這三
種說法其實都是「生之謂性」一原則下的說法，因爲個體存在的自然之質本
有種種姿態、顏色。由於「生之謂性」所抒發的性的內容不外是動物性、氣
質之性或才性，因而這樣的性便非道德意義的定善之性。孟子論性是從超越
的層面立論，與董仲舒自經驗的層面（氣性）立論有別，所以必然主張「性
善」。定然的善只能就「本心即性」的義理之性說，而不可就自然之性說。劉
述先生說：

> 孟子與告子的辯論給人的印象，好像他所主張的性善論與告子「性
> 無善無不善」的說法是同一層次的不同的抉擇，其實不然。孟子舉
> 證雖不脫具體常識的例子，但基本上卻是指向一超越的層面。如果
> 單由經驗層面入手進行歸納的話，決得不到任何確定的結果。不只
> 性善、性無善無不善的說法各自可以找到支持的論據，也可以找到
> 相反的論據，而且性惡（荀子）、性善惡混（揚雄）、性三品（韓愈）

〔註62〕同註61，頁22。

各種各樣的說法都可以言之成理，持之有故，形成了一個「公說公
有理，婆說婆有理」的局面。〔註63〕

對於孟子這種自內在道德性的超越層面說性的進路，一般人卻容易黏著在經驗
思考的層面，糾纏於人之爲善爲不善的紛紜事實，而往往得不到正確的了解。

性善論既是孟學的核心，又是承孔子的仁教發展而來，那麼性善論的內
涵究竟如何？要想了解這個問題，必須進到孟、告的第四論辯：仁義內在抑
外在的討論。

告子曰：「食色，性也。仁，內也，非外也；義，外也，非內也。」
孟子曰：「何以謂仁內義外也？」曰：「彼長而我長之，非有長於我
也，猶彼白而我白之，從其白於外也，故謂之外也。」曰：「異於白
馬之白也，無以異於白人之白也。不識長馬之長也，無以異於長人
之長與？且謂長者義乎？長之者義乎？」曰：「吾弟則愛之，秦人
之弟則不愛也，是以我爲悅者也，故謂之內。長楚人之長，亦長吾
之長，是以長爲悅者也，故謂之外也。」曰：「耆秦人之炙無以異於
耆吾炙。夫物則亦有然者也，然則耆炙亦有外與？」（告子上）

在這一段論辯中，雙方的基本立場甚爲清楚。孟子主張「仁義內在」說，而
告子則主張「仁內義外」說。告子之所以主張「義外」，是因爲他把道德法則
（義）看成是由客觀的事實或對象所決定。孟子則反對此一觀點，他認爲道
德法則（仁義）是出於道德主體，而非由客觀的事實或對象所決定。所以他
說「仁義禮智，非由外鑠我也，我固有之也」、「君子所性，仁義禮智根於心」、
「雖存乎人者，豈無仁義之心哉」（告子上）。固有是固有於本心，仁義禮智
都是本心所自發的道德法則，因而本心即是孟子所意想的一種能自定法則（自
我立法）的道德主體。孟子論性，正是就「人之所以異於禽獸者幾希」（離婁
下）的「仁義之心」而說，也就是從人的道德的主體性來說，這是屬於先驗
的、應然的層面，因此本心即性，心性是一，皆是定然的善。告子由「生之
謂性」的層面說人性，這樣人性的內容只是自然生命的種種特徵，無所謂善
惡，所以他主張「性無善無不善」的中性說。中性說底下的性，本身不含道
德法則，無從決定道德上的善或惡。因此，在告子來說，道德法則只能由外
在的客觀事實或對象來決定，因而他必主「仁義外在」說。「仁內義外」的說

〔註63〕劉述先〈孟子心性論的再反思〉，文載李明輝主編《孟子思想的哲學探討》，
臺北：中研院文哲所，民國84年版，頁83。

法，不過是由於告子一時思想不透徹而產生的不一貫而已。孟子的主要目的是在表明道德意義的「仁」實乃內發（內發於本心、內發於性），而非後天人為造作成的，可是告子卻把「仁」只說成情感上的事，雖說是內，也不是道德意義的「仁」。牟宗三先生說：

> 告子說性猶杞柳（材料說），性猶湍水（中性說），綜結而謂「生之謂性」（個體存在之自然之質），凡此皆表示人性就是人之自然，生而有的自然之質，皆表示不出人之「能決定義理之當然」之性，故必主義外，即使說仁內，亦非真內；又必主性中無仁義，仁義由後天而造成。然則孟子所以反對「生之謂性」而定說「性善」，又定主仁義內在（內發于性），不是以外在的對象而定，又不是由後天人為而造成，其說性之層面不亦甚顯然乎？〔註64〕

由以上孟子與告子的論辯，可以看出二者最大的不同，在於前者「即心以說性」，而後者則「即生以說性」。孟子講性善，正是要開闢道德實踐中創生一道德行為的先天根據（超越的根據），他所謂的「性」正是以本心自發此理為性，也就是道德性的性。「仁義內在」是性善說的基本內涵，它為性善說提供了具體而真實的基礎。仁義禮智之理是本心真性的先天的內容，孟子的道德哲學屬於「道德先天論」。

孟子「即心說性」的基本立場，清楚地見於以下一段文字：

> 孟子曰：「乃若其情，則可以為善矣，乃所謂善也。若夫為不善，非才之罪也。惻隱之心，人皆有之；羞惡之心，人皆有之；恭敬之心，人皆有之；是非之心，人皆有之。惻隱之心，仁也；羞惡之心，義也；恭敬之心，禮也；是非之心，智也。仁、義、禮、智，非由外鑠我也，我固有之也，弗思而已。故曰：求則得之，舍則失之。或相倍蓰而無算者，不能盡其才者也。（告子上）」

這一段話是孟子確立性善的正面論述。他由人皆有之的惻隱、羞惡、恭敬、是非之心，指出仁義禮智這些道德法則先天的為我們的本心（道德心）所具備，只要善加反思，必能充分體現原初的良能之才。依牟宗三先生的疏解，「乃若其情」的情字與「非才之罪」、「不能盡其才者也」的才字，都應該落實在「仁義之心」上說，而理解為「性」的同義詞。〔註65〕因此，「乃若其情……

〔註64〕同註61，頁15～16。
〔註65〕參見同註59第三冊，頁416～418，又同註61，頁23。

非才之罪也」、「或相倍蓰無算者不能盡其才者也」諸句的意思便是說：順「人之本性之實」而言，則人是有足夠爲善的力量以表現善之行爲的，此力量即名曰才，也就是良能之才，這就是我所謂「性善」的「善」的意義，至於人之所以作出不善的事，這並非其良能之才有什麼不足之處，只是由於其他緣故（依孟子即是「陷溺其心」或「失其本心」），未能將此良能充分體現出來而已。其中「可以爲善」的「善」，是指具體的善行而言，而「所謂善也」的「善」，則是指人之足夠爲善的能力，是就人性自身而言。前者是即「事」而說的「事善」，後者是即「性」而說的「體善」，二者指涉的層面不同，顯示經驗上人之爲善或爲不善的事實，與肯定人本性上的善，應該分屬兩個層面來理解，這是孟子「即心說性」的特色之一。

孟子憑藉什麼理由肯定「仁義禮智非由外鑠我也，我固有之也」呢？他說：

> 人皆有不忍人之心。先王有不忍人之心，斯有不忍人之政矣。以不忍人之心行不忍人之政，治天下可運之掌上。所以謂人皆有不忍人之心者：今人乍見孺子將入於井，皆有怵惕惻隱之心；非所以內交於孺子之父母也，非所以要譽於鄉黨朋友也，非惡其聲而然也。由是觀之，無惻隱之心，非人也；無羞惡之心，非人也；無辭讓之心，非人也；無是非之心，非人也。惻隱之心，仁之端也；羞惡之心，義之端也；辭讓之心，禮之端也；是非之心，智之端也。（公孫丑上）

這一段文獻通常被視爲孟子「證成」性善的最主要論述。在《論語》，仁是全德，乃眾德之源，表現爲不安之心；在《孟子》，此眾德之源即在「本心」，表現爲惻隱、羞惡、辭讓、是非之心。不忍就是不安，所以孔子從不安指點仁與孟子從不忍指點惻隱之心，其實義並無不同。「乍見」二字表示這是在一切現實考慮還來不及發生作用時本心的直接呈現，此時在「怵惕惻隱之心」中所直接呈現的道德要求是無條件的，換言之，不預設任何進一步的目的，不論這種目的是「內交於孺子之父母」、「要譽於鄉黨朋友」、「惡其聲」，還是其他任何目的。〔註 66〕如果不是我們的本心真性中先天的具有仁義禮智的道德法則，並且它本身就是動力，可以充分決定我們的行爲之道德性，那麼我們如何解釋這種動人的經驗事實呢？當然，誠如袁保新先生所說：「如果孟子關於心性內涵的揭露，是屬於一種『超越真理』，那麼經驗事實的舉證，其實

〔註 66〕 參見李明輝《儒家與康德》，臺北：聯經出版事業公司，民國 79 年版，頁 51。

是無關閎旨的。因此孟子『今人乍見孺子將入於井』的設喻，與其視為一項論證，毋寧視作一項『啟發性的例示』，其用意在邀請他的讀者通過設身處地的情境參與，反省到他自身道德意識的躍動，從而洞見到其內在的道德理則。」〔註67〕孟子肯定「人皆可以為堯舜」，〔註68〕而成聖所以可能的根據在於肯定有一道德的本心，此一道德的本心先天地即蘊含一種實踐的動力，能夠自然發動一切道德行為，而不必完全靠後天經驗的熏習，否則成聖便無必然的保障。所謂「道德的本心」，一方面是先天的、非經驗的，但另一方面，根據孟子的省察，它也是可以真實呈現的，就在「乍見孺子將入於井」時，當下呈現為「怵惕惻隱之心」。足見孟子說「心」，是就道德的主體而言，並不從認知心去說。孟子在講到「心之同然」時，曾說：

> 聖人與我同類者……口之於味也，有同者焉；耳之於聲也，有同聽焉；目之於色也，有同美焉。至於心，獨無所同然乎？心之所同然者何也？謂理也，義也。聖人先得我心之所同然耳。故理義之悅我心，猶芻豢之悅我口。（告子上）

這是以感官之同然來類比心之同然。不過感官之同然（同嗜、同聽、同美）只有蓋然性，而心之所同然者（即理與義）卻有絕對的普遍性。以理義悅心類比芻豢悅口，也是如此。孟子正是就這種普遍的道德心而倡性善說。其實心之悅理義，是悅它自具、自發的理義，所以心悅理義，也涵著心即理義，此即陸象山所說的「心即理」，王陽明所說的「良知之天理」。這樣的心當然是超越的義理之心（純理性的心），如果是經驗的習心（意念），自不能有所同然，也不必能悅理義。

依孟子之意，道德的本心不只是立法者（道德法則的制定者），它本身也是活動原則，具有自我實現的力量。換言之，心作為道德的主體，不僅是判斷的主體，也是行動的主體。〔註69〕這可以通過孟子論良知良能的一段文字來說明：

> 人之所不學而能者，其良能也；所不慮而知者，其良知也。孩提之童，無不知愛其親者；及其長也，無不知敬其兄也。親親，仁也；敬長，義也。無他，達之天下也。（盡心上）

〔註67〕同註56，頁55。
〔註68〕《孟子》〈告子下〉：曹交問曰：「人皆可以為堯舜，有諸？」孟子曰：「然。」
〔註69〕參見同註66，頁33。

趙歧注說：「知亦猶是能也」牟宗三先生說：「知愛即能愛，知愛是良知，能愛是良能。知敬即能敬，知敬是良知，能敬是良能。故良知是性體所發之靈覺，良能即是性體所發之才能。良知之覺是心，良能之才是心之不容已之起用。合而言之，即是性。蓋孟子即心說性也。」〔註70〕可見良知與良能並非二物，良知即良能。它們是就本心（道德主體）的兩個側面分別言之。同一道德主體（本心），就其為道德的「判斷原則」而言，謂之「良知」；就其為道德的「踐履原則」而言，謂之「良能」。在本心的發用中，能知便能行。良知本身即涵有自求實現的力量，因而即是良能。所以「良知」的「知」並非一般意義的「知識」，而是道德實踐中的「知」，是知是知非的「知」。以宋明儒者的用語來說，這不是「見聞之知」，而是「德性之知」。這種「知」本身即涵有實踐的力量，所以「良知」同時即是「良能」。良知、良能不慮而知、不學而能，可見其「知」是一種先天的意識，無待於後天的學習。孟子在此以孩提之童為例，點出其「知愛其親、知敬其兄」的事實，即是要顯示良知的這種根源性。〔註71〕

　　綜上所述，可知告子所謂的「性」是中性的，因此非道德法則的根源。反之，孟子的「本心」是能自定法則的道德主體。孟子即由此說「性善」。所以孟子的性善說屬於自律道德。他說「舜明於庶物，察於人倫，由仁義行，非行仁義也」（離婁下），表示仁義並不是一個外在的價值標準，而是內在於本心的道德法則。「由仁義行」，是順我先天本有的仁義之理而行，這樣作道德實踐是自覺的、自主的，是自發命令、自定方向的。所以康德稱之為「自律道德」。如果是「行仁義」，便是把仁義看成外在的價值標準，然後遵而行之，這就成為「他律道德」。不過，孟子在論大體、小體的一段文字中，曾經提到「心之官」是「天之所與我者」，這是否有違孟子自律道德的觀點，而變為他律呢？〈告子上篇〉記載說：

　　公都子問曰：「鈞是人也，或為大人，或為小人，何也？」孟子曰：「從其大體為大人，從其小體為小人？」曰：「鈞是人也，或從其大體，或從其小體，何也？」曰：「耳目之官不思，而蔽於物；物交物，則引之而已矣。心之官則思，思則得之，不思則不得也。此天之所

〔註70〕同註59，第二冊，頁190。
〔註71〕參見李明輝《康德倫理學與孟子道德思考之重建》，臺北：中研院文哲所，民國83年版，頁82。

與我者。先立乎其大者，則其小者不能奪也，此爲大人而已矣。」
孟子分別就「心之官」與「耳目之官」來說明「大體」與「小體」的機能。
在此「心之官」隱指仁義之心（本心）而言，它與「耳目之官」的差異，在
於「思」的作用。此所謂「思」並非知識意義的「思」，而是實踐意義的「思」，
〈離婁篇〉所謂「思誠」的思。「此天之所與我者」的「此」字，依文意來看，
當指「心之官」而言，朱註以「此」字指「此三者」，即耳目之官與心之官，
這是錯誤的。孫振青先生在〈關於道德自律的反省〉一文中表示：

> 孟子所說之心或性是出自天，是「天之所與我者」（告子）。另外，
> 他在〈盡心上篇〉也說：「盡其心者，知其性也，知其性，則知天矣。
> 存其心，養其性，所以事天也。」所謂「知其性，則知天」，其理由
> 似乎也是因爲性出於天。「事天」一語，從文義上看，天與性有區別，
> 而爲較高的一種存在。然而依照孟子，仁義禮智即是性或心，所以
> 仁義禮智是「天之所與我者」。所以孟子之道德法則預設一更高的源
> 頭，接近《中庸》所說的「天命之謂性」。然而康德則不肯定這一點。
> 不僅如此，他甚至認爲，如果道德法則是出於上帝的旨意，則是他
> 律，而非自律。〔註72〕

關於這方面的疑慮，其實是不難解答的。首先，就「此天之所以與我者」這
句話而言，其中「天」的涵義可從兩方面看，一是解釋爲「天定本有」之意，
也就是說「心之官」（本心）是先天固有的、是「人皆有之」的。這是「天」
字的虛說。這種解釋顯然契合孟子「仁義內在」及「仁義禮智，非由外鑠我
也，我固有之也」的思想。另一種解釋是把「天」詮釋爲形而上的實體，而
依《中庸》「天命之謂性」的思路來理解，這是天字的實說，也是孫先生所強
調的觀點。依此一觀點，似乎孟子有「性出於天」的思想，但我們若從孟子
「盡心、知性、知天」及「存心、養性、事天」的意義來看，他是依道德主
體性來決定「天」的眞實內涵的，而非以「天」的概念來決定道德的本質。
這是基於道德主體而建立的形上學，所謂「道德的形上學」，並非是「形而上
學的道德學」。儒家只承認道德的形上學，而並不承認形而上學的道德學。道
德不能以形上學爲基礎，只能說形上學以道德爲基礎。否則便是他律而非自
律。就好比康德只承認「道德的神學」而並不承認「神學的道德學」。前者表
示神學需以道德或實踐理性爲基礎，這是自律的，無條件的；而後者則表示

〔註72〕《哲學與文化》第十五卷第六期，民國 77 年 6 月，頁 17。

道德以神學或上帝爲基礎，這是他律的，有條件的。〔註73〕對於孟子這段文字的理解，我們不能忽略其他大量有關孟子之於自律道德的文獻的陳述，如「仁義內在」、「仁義禮智，非由外鑠我也，我固有之也」、「由仁義行」、「君子所性，仁義禮智根於心」等等，否則便會有以偏概全的毛病。

總而言之，我們認爲《中庸》「天命之謂性」的思想並非突然產生，它其實可由孔子「天生德於予」及孟子「此天之所與我者」發展而來。就天人關係而論，由孔子的踐仁以知天，到孟子的盡心知性以知天，發展到《中庸》的至誠盡性以贊天地之化育，都是在強調主體修證工夫的重要，這正是屬於道德主體論的思想，由此而體證的形上學，也是所謂的「道德的形上學」。

（三）孟子心性論的形上學意義

孟子心性論是否具有形上學的意義？這個問題的解答，主要落在對孟子「天」的涵義的探討。根據楊伯峻先生的統計，《孟子》全書言天凡八十多次，〔註74〕其中對《詩》、《書》等古代典籍曾多所徵引，如：

《詩》云：「畏天之威，于時保之。」（梁惠王下）

《書》曰：「天降民，作之君，作之師，惟曰：其助上帝，寵之。四方有罪無罪，惟我在，天下曷敢有越厥志？」（同上）

《詩》云：「迨天之未陰雨，徹彼桑土，綢繆牖戶；今此下民，或敢侮予？」（公孫丑上）

（太甲）曰：「天作孽，猶可違；自作孽，不可活。」（同上）

《詩》曰：「天之方蹶，無然泄泄。」（離婁上）

《詩》云：「商之孫子，其麗不億；上帝既命，侯于周服。侯服于周，天命靡常；殷士膚敏，祼將于京。」（同上）

〈伊訓〉曰：「天誅造攻自牧宮，朕載自亳。」（萬章上）

《詩》云：「天生烝民，有物有則。民之秉彞，好是懿德。」（告子上）

以上所引，「迨天之未陰雨」的「天」是「自然之天」，「天生烝民」的「天」可解釋爲「形上天」，〔註75〕其他都是「人格天」。由孟子對《詩》、《書》引證的情形來看，顯然他是繼承了周初而來以天爲神、爲自然的觀念，以及古

〔註73〕參見牟宗三《中國哲學十九講》，頁299。

〔註74〕楊伯峻《孟子譯注》，臺北：源流出版社，民國71年版，頁10。

〔註75〕參見勞思光《中國哲學史》第一卷，頁8。

代形上天的信仰。至於直接出自孟子之口的天，因涵義的不同，可以大別爲以下幾類：

(1) 自然義的天：如「天油然作雲，沛然下雨」（梁惠王上）

(2) 神性義的天（人格天）：如「故天將降大任於是人也，必先苦其心志，勞其筋骨」（告子下）

(3) 運命義的天：如「若夫成功，則天也」（梁惠王下）、「莫之爲而爲者，天也；莫之致而致者，命也」（萬章）

(4) 固有義的天：凡固有而定然如此者即以天形容之，如「有天爵者，有人爵者」（告子上）

(5) 德性義的天（客觀的超越意義的天）：如「盡其心者，知其性也，知其性，則知天矣。存其心，養其性，所以事天也」（盡心上）

其中最後一項涵義的「天」，是孟子心性論中較具爭議性的，這關係到孟子心性論是否具有形上學蘊含的問題。

> 孟子曰：「盡其心者，知其性也，知其性，則知天矣。存其心，養其性，所以事天也。殀壽不貳，修身以俟之，所以立命也。」

這一章是孟子天道論最重要的文獻，也是儒家形上學十分關鍵的一段文字。在這段文字裡，孟子論及了「心」、「性」、「天」、「命」等概念，但由於缺乏進一步的論證說明，使得本章在義理上出現兩種不同的詮釋。一是如勞思光先生的看法，把它理解爲純粹心性論的表述；一是如牟宗三先生的看法，把它理解爲兼具有形上學的蘊含，而這同時也是大部分的當代學者一致的主張。勞先生判斷「盡心章」沒有形上學的蘊含，主要是基於兩項實質的考慮，他在《中國哲學史》一書中說：

> 先就「知性」與「知天」說，通常習用解釋，是以此說與《中庸》之「天命之謂性」合看，謂二者相通。就字面看，此種傳統說法亦似甚爲自然；蓋「性」若自「天」來，則由「性」反溯亦似可以知「天」也。但稍一深求，則從哲學史或哲學問題看，皆大有困難。蓋從哲學史角度看，則《中庸》乃晚出之書，則舊說所假定之《中庸》與孟子之傳承，顯已不能成立。孟子自謂承孔子之學，而孔子思想之特色即在於強調自覺心之主宰地位，孟子之心性論分明承此立場而建立。先秦北方思想傳統又向無形上學旨趣，則孟子何以忽採取後世之形上學觀點（爲《中庸》所代表），實不近情理。……其

次專就哲學問題看，則此中之理論困難，亦甚明顯。蓋若以為「性」出於「天」，則「性」比「天」小；換言之，以「天」為一形上實體，則「性」只能為此實體之部份顯現；由「天」出者，不只是「性」。如此，則何以能說「知其性」則「知天」乎？……倘欲使「知其性」成為「知天」之充足條件，如孟子原文之意，則只有兩可能。其一是肯認「性」比「天」大，如此則「知其性」則必可「知天」，但此即與「天命之謂性」直接衝突。……其二是以「性」與「天」相等，如此則天所具之一切性質或內容，均為「性」之所有，……如取此說，則孟子本文中所說之「存其心，養其性，所以事天也」，已不可解；且取《孟子》書中言「性」之語，以「天」字代之，則處處皆不可通。若在《中庸》一面，則依此觀點看「天命之謂性」一語，亦成為不可解，蓋將等於說：「性命之謂命」或「天命之謂天」矣。
〔註76〕

由這段說明可以了解，支持勞先生論點的理由有兩個。一是從哲學史的角度看，勞先生認為《中庸》係晚出之書（成書時代在漢初），其思想取形上學立場，與孟子之取心性論立場不同，而且先秦北方思想傳統向無形上學旨趣，則孟子不應採取後世為《中庸》所代表的形上學觀點。其次，就哲學問題看，孟子原文之意是以「知其性」為「知天」的充足條件，而這只有兩種可能，一是肯定「性」比「天」大，若然，則是肯定一最高主體性；一是以「性」與「天」相等，如此，則「天」與「性」成為二名一實的關係，但卻無法合理解釋「事天」、「知天」之義。所以孟子「知其性」則「知天」一語，意義不甚明確。依勞先生的看法，當《中庸》提出「天命之謂性」一語時，「天」確定為「形上實體」，有最高地位；而孟子思想以「主體」或「主宰性」為根本，他所謂的「天」並非「形上實體」。勞先生說：

此處之「天」字，不重在「限定義」，而有「本然理序」之義。「天」作為「本然理序」看，則即泛指萬事萬物之理。說「知其性，則知天矣」，意即肯定「性」為萬理之源而已。此解與「此天之所與我者」一語合看，即可知文中之「此」字指上文「思」字而言，換言之，即指「心」之能力而言，「我」字則轉與「心」字相應。明此語即是說，「心」有「思」之能力，此能力乃心本然具有。亦即是說「思」

〔註76〕勞思光《新編中國哲學史》，臺北：三民書局，民國84年版，頁194～195。

> 是心之「本然之理」。因此處「天」字亦取「本然理序」之義，故與
> 「知天」之說互通。總之，孟子是以「天」說「思」，非說「心」出
> 於「天」。……孟子之「心性」原就最高主體性講，有時用「我」字，
> 亦指此心性。譬如：「萬物皆備於我矣。」（盡心上）此自是說心性
> 中包有萬物之理，亦可與上解參看。〔註77〕

可見勞先生將「天」理解為「本然理序」，即泛指萬事萬物之理，並收攝到「心
性」之中，視為是心性主體本具的先天內容。勞先生的說法，我們認為並不
恰當，理由如下：

第一、從哲學史的角度考量，勞先生判定《中庸》思想屬於漢儒型的理
論，即以「天道」為最高級的觀念，而以「心性」為次級觀念。因此，它所
顯示的理論立場，是以「天道觀」統「心性問題」，而非以「心性論」立場安
頓「天道問題」。孔孟之說，則屬純粹「心性論」，以「主體性」為第一序，
不須認定獨立於主體性的存有。所以，孔孟之學與《中庸》的差異，是代表
「主體性」的「心性論」與強調「存有原則」的「天道觀」的差異。在此一
主觀的理解下，勞先生才說「孟子何以忽採取後世之形上學觀點（為《中庸》
所代表），實不近情理」。可見歸根究底，這是義理性格衡定的問題。又勞先
生說「先秦北方思想傳統又向無形上學旨趣」，以此截斷孟子對古代「形上天」
觀念的承傳與發展，我們認為這是勞先生忽略了《詩》、《書》中所表現的形
上洞悟與根源智慧對孟子思想的影響。事實上，從孟子大量徵引《詩》、《書》
文獻來看，我們沒有充足的理由認定孟子對《詩經》中的「形上天」觀念全
無領會與繼承。勞先生自己也曾對《詩經》中的「形上天」觀念有所說明。
依他的看法，《詩經》中雖多見「人格神」的觀念，但「形上天」的觀念也漸
漸出現，成為後世「天道」觀念的根源。例如《詩》〈周頌〉〈維天之命〉：「維
天之命，於穆不已。於乎不顯，文王之德之純，純亦不已。」〈大雅〉〈烝民〉：
「天生烝民，有物有則，民之秉彝，好是懿德。」〈大雅〉〈文王〉：「上天之
載，無聲無臭，儀刑文王，萬邦作孚。」這些詩篇中的「天」都表示「形上
天」的觀念。所謂「形上天」觀念，是指以「天」作為一「形上學意義的實
體」的觀念。這種「天」的觀念，與宇宙論意義的「天」及人格化的「天」
均有不同。勞先生指出：

> 此形上意義的「天」，與「人格天」、「意志天」最大之差別，即是：

〔註77〕同註76，頁196。

> 形上之「天」只表一實體，只有理序或規律，而無意願性，故對應
> 於「天道」觀念，而人格意義之「天」則表一主宰者，以意願性爲
> 本；對此「天」縱有理序可說，亦必繫於意願而說，換言之，對應
> 於「天意」觀念。故「形上天」與「人格天」之分別，實「天道」
> 與「天意」二觀念之分別。〔註78〕

勞先生對於形上天與人格天的區別，可謂簡明易從。我們以爲孟子引〈大雅〉
〈烝民〉一詩以證性善（本心即性），即表示孟子與此詩的洞悟相呼應，而《中
庸》引〈周頌〉〈維天之命〉一詩以明天道性命通而爲一，也表示《中庸》作
者說天道誠體與此詩的形上洞悟相呼應。孔子說踐仁知天，孟子說盡心知性
知天，乃至《中庸》說「天命之謂性」，其中的「天」正是指表一「形上學意
義的實體」的觀念。這些都是上承《詩經》「形上天」之義的開展。由於勞先
生堅主孔、孟之說爲「心性論中心之哲學」，不涉及形上學問題，所以不願承
認《詩經》「形上天」觀念對孔孟思想的影響，他說：

> 就《詩經》本身而論，此種「形上天」觀念，既是偶然一現，僅可
> 看作一種想像，未能作爲正式理論看。〔註79〕

又說：

> 南方文化與北方文化之分立，自周初開始形成。而形上學旨趣顯屬
> 南方，此以道家爲代表。儒學則承北方文化之道德政治旨趣。其不
> 涉及形上學問題，頗爲自然。〔註80〕

勞先生的主張，我們認爲失之武斷，不僅無法合理說明孔孟思想的原義，且
與哲學史的客觀知識不符。勞先生積極凸顯心性論在中國哲學中的地位和特
色，用心在於希望能藉此劃清中西哲學的界域與特質，不使中國哲學跟從存
有論開始的西洋哲學相混淆，所以他一再強調價值問題只涉及「應然」，不能
涉及存在，並且認爲孔孟思想中無形上天理論。勞先生對於一切形上學之能
否成立（包括道德的形上學），持懷疑態度，因而不認爲「心性論」必歸於「道
德的形上學」。他說：

> 價值哲學，道德哲學以及文化哲學等等，是否皆須依賴某一形上學？
> 換言之，如一切形上學皆不能成立，是否上舉各類哲學理論亦皆不

〔註78〕 同註76，頁82。
〔註79〕 同註76，頁80。
〔註80〕 同註76，頁201。

能成立？〔註81〕

勞先生不主張孔孟思想中的「天」有「形上實體」的涵義，這固然可以避開許多來自近代西方認識論方面的質疑、批判，但卻被迫要將孔孟心性論與傳統「形上天」的信仰截斷，使先秦儒學窄化為一種「無形上學蘊含的心性論」。而且從這樣的立場出發，無法合理解釋「天」一概念在孔孟思想中的豐富內涵，違反了詮釋的基本原則。依孟子，「天」之所以為「天」的真實意義，只有通過「盡心知性」的修養工夫才得以彰顯，這基本上是屬於一種「道德的形上學」，即由道德實踐的進路契接並證成的一種形上學。在「道德的形上學」中，「天」作為「形上實體」的意義，與西方傳統形上學所謂的「超越實體」不同，不應也不致引起誤解。換言之，「天」在孟子哲學中，既不是作為宗教信仰的「上帝」加以崇拜，也不是作為西方形上學中的「無限實體」、「第一因」，企圖對整個存在界或個別存有物的存在結構提供理論上的說明。從實踐的進路看，主體的親證確有其優位性。孔孟都是由主觀面道德實踐，進而體證客觀面的形上世界。《中庸》從理論上看也是如此，譬如《中庸》說「肫肫其仁，淵淵其淵，浩浩其天。苟不固聰明聖知達天德者，其孰能知之」，又說「苟不至德，至道不凝焉」，又說「誠者，物之終始。不誠，無物」，這些話都表示以價值定存有的意思，是屬於「道德的形上學」，而非勞先生所說以存有論解釋價值論。換言之，《中庸》之為儒學的形上學理論，仍是以心性論為主，保有孔孟從道德實踐契接形上根源的理路，並非以「天道觀」統「心性問題」。其中分際，不可不辨。雖然在對「性」的規定上，《中庸》「宇宙論的進路」和孟子「道德的進路」開端有所不同，但就其同為天人合德的形上學而言，二路其實可以合為一路，這在前文已有說明，茲不贅述。孟子與《中庸》既然在義理性格方面是相同的，則二者對「性」的規定取不同的進路，只是側重點互有所異罷了。孟子「盡其心者知其性也，知其性則知天矣」，這是從主體工夫修養說上去，較強調心性在實踐過程中的重要性，由此以契接形上的天道；《中庸》說「天命之謂性」，則是重在指出「性」的形上根源，由此解答了性的來源問題。誠如唐君毅先生所說，孟子思想的時代意義，在收攝形上實體義的天，而指歸其本於人性；而《中庸》思想的時代意義，則在反溯此人性之原於天命，以見人性之宇宙的意義與形而上的意義。〔註82〕

〔註81〕同註76，頁203。
〔註82〕參見唐君毅《中國哲學原論導論篇》，頁130。

第二、就哲學理論而言，知天的「知」是證知義，即在實踐中證知的意思，
這不是科學性的積極的知識，而是以盡心（充分體現仁義禮智之本心）爲根
據的默契，這是消極意義的知識。〔註83〕就此而言，天道永遠不能好像科學
知識一樣的被人全盤掌握，它永遠是玄妙深奧而不可測的。勞先生正是不自
覺地把知天的「知」理解爲科學性的積極的知識，並從思辨理性的觀點進行
哲理分析，才會覺得孟子「知其性」則「知天」一語本身意義不甚明確。其
實這原來便屬於實踐理性的範疇，牟宗三先生從此一觀點所作的詮釋就十分
貼切，他說：

> 人力有限，儒家並不是不知道。天道茫茫，天命難測，天意難知，
> 這在孔孟的教義中意識得很清楚。但雖然如此，它還是要說盡性知
> 天，要在盡性中體現天道。所謂「知天」之知也只是消極的意義，
> 而盡性踐仁則是積極的。「知天」只是在盡性踐仁之無限過程中可以
> 遙契天。故《中庸》云：「肫肫其仁，淵淵其淵，浩浩其天。」並非
> 人的意識可以確定地知之而盡掌握於手中。故孔子「五十而知天命」
> 是極顯超越的意義的。又，所謂體現天道也只是把天道之可以透露
> 於性中、仁中、即道德性中者而體現之，並不是說能把天道的全幅
> 意義或無限的神秘全部體現出來。故《中庸》云：「及其至也，雖聖
> 人亦有所不知，有所不能」。儘管如此，還是要在盡性踐仁之無限過
> 程中以遙契之並體現之。故孟子曰：「聖人之於天道也，命也，有性
> 焉，君子不謂命也」。〔註84〕

依孟子義理，內在的道德心性向超越方面伸展而與超越的天合一。自本心性
體的絕對普遍性而言，則本心性體和天命實體通而爲一。心、性、天分際不
同，不可如勞先生那樣隨意代換。但從內容的意義說，則心、性、天爲同一
創生實體，並無不同。心是道德創造之心，性是內在道德性之性，天則爲「實
體」義的天（超越意義的天），即以理說的天，從正面積極意義看的天。同一
創生實體，主觀地、道德實踐地說是心性；客觀地、本體宇宙論地說是天。
孟子心性論蘊涵有一天人合德的形上學，此義即由盡心知性知天而決定。《中
庸》「天命之謂性」的「天」也是以理說的天，性則是超越的義理之性，所以
道體（天道本體）即同於性體，這裡並非如勞先生所說的「性」出於「天」，

〔註83〕參見牟宗三《中國哲學的特質》，頁91。
〔註84〕同註83，頁137～138。

則「性」比「天」小。當然，說天命、天道的生化與心體、性體道德創造的純亦不已（至誠不息）爲同一意義，這是就偏於理說的天命、天道而言，此時天全部內在化，吾人的性體即是天。但天命、天道也可以偏於氣化說，此則有無窮的複雜，自非個體生命之氣所能等量齊觀。而其對吾人個體生命所形成的一種超越的限定，也非吾人所能控制與掌握，「天道茫茫，天命難測，天意難知」，正應從此處理解。

第三、勞先生有鑒於西方傳統玄想性的形上學缺乏客觀眞實性，導致許多來自近代西方知識論方面的質疑與批判，因而將「心性論」與「形上學」隔絕爲二，並執意取消儒家從客觀面講的天道，說孔孟「心性論」不必且不能涉及存有問題，「心性論」不必歸於「道德的形上學」，藉以凸顯先秦儒家思想的特質，且避開圍繞著西方形上學「實體」概念所發展出的各式批判。他表示：

> 形上學重視「有或無」，故必以「實體」觀念爲根本；心性論重視「能或不能」，故以「主體」或「主宰性」爲根本。明乎此，則先秦儒學之本旨方不致迷亂也。〔註85〕

勞先生此舉如果是爲了維護儒家思想的獨立價值，則他的用心是可以理解的。但當我們檢視勞先生對孟子思想中有關形上義涵的文獻的詮釋時，卻發現許多牽強不通、無法自圓其說的地方。這表示勞先生要取消「天」一概念在孟子思想中的形上蘊含是不妥當的。例如勞先生認爲〈盡心〉章所說的「天」，並不表示一「形上實體」，而是「本然理序」義，即泛指萬事萬物之理，說「知其性，則知天矣」，不過肯定「性」爲萬理之源而已。但是，如果天只是泛指萬事萬物之理的「本然理序」，則下文「事天」將如何解釋？「事天」是「仰體天道生物不測之無邊義蘊而尊奉之而無違之意」，〔註86〕此「天」正是一純以義理說的超越的實體，「本然理序」豈能作爲一敬事的對象呢？《孟子》〈盡心上〉也說：「君子所過者化，所存者神，上下與天地同流，豈曰小補之哉！」這是表示君子德化作用的神妙不測可以通於天地生化之道，此處的天地之道，是有眞實的生化作用的實體，如「天」只泛指萬事萬物之理，則如何能切合「上下與天地同流」的理境？又孟子說：「心之官則思，思則得之，不思則不得也。此天之所與我者。」由文義看，「此」當指「心之官」而

〔註85〕同註76，頁196。
〔註86〕同註61，頁136。

言，「天」字則可實說亦可虛說，虛說取「天定本有」義，表示「心之官」是先天固有、人皆有之的；實說則取「形而上的實體」義，此時可依《中庸》「天命之謂性」的思路來理解。如前所述，無論「天」字採實說或虛說以解釋這一句話，都能切合孟子自律道德的原義，而且不違背文意及語法。但是，如果依照勞先生的講法，「此」指「思」（心之能力）字而言，「我」字則轉與「心」字相應，而「天」字取「本然理序」之意，這樣一來，「此天之所與我者」這句話便要解釋成：「思」（心之能力）是「本然理序」所賦與「心」的。很明顯的，這在文意及語法上都是說不通的。依文意看，「此」字當指的是「心之官」，而非「思」（心之能力）；依語法看，「天」訓爲「本然理序」，若不取「形上學意義的實體」一觀念，如何能說「賦與」之意？勞先生曲解文義，將此句訓爲：「心」有「思」之能力，此能力乃心本然具有，亦即是說「思」是心之「本然之理」。試想，「思」既指「心之能力」，則說「此能力乃心本然具有」自無不可，但卻不可說此「能力」便同於心之「本然之理」，因「能力」顯然並不等於「本然之理」。勞先生認爲孟子的心性論全建立在「主體性」觀念上，無論其論證強弱如何，處處皆可以離「形上天」的假定而獨立，所以「天」觀念在孟子思想中並無重要地位。〔註 87〕這種看法顯然不能在文獻詮釋上取得印證與支持。孟子是從主體實踐的意義上討論人與天的問題，天並不作爲客觀的認識對象而存在，而是作爲人的價值意向之所趨而存在。他所謂心性的涵義，不限於主體或主觀一面，它實有客觀以至形而上方面的涵義。換言之，心性論可以通至天道論。

　　至於孟子所說的「萬物皆備於我」這句話，朱注說：「此言理之本然也。大則君臣父子，小則事物細微，其當然之理，無一不具於性分之內也。」（四書集註）他把「物」訓爲「理」，認爲孟子這句話是說天下事物之理都爲我性中所本有。天下事物之理，依朱子的講法，即是仁義禮智之理，並非經驗的物理，所以可說是本性固有的。勞思光先生對孟子這句話的理解是「心性中包有萬物之理」，他也把「萬物」訓爲「萬物之理」，而「我」則指「心性」而言。但我們認爲「萬物」訓作「萬物之理」，這在訓詁學上是屬於「增字解釋」，嚴格來說並不妥當，不如訓「萬物」爲「存在物」，比較直截了當。如此「萬物皆備於我」的涵義便是指一切存在之物皆爲我（指道德主體，即本心）所涵攝，與我同爲一體而不可分。依儒家「道德的形上學」的義理，這

────────────

〔註87〕參見同註 76，頁 202。

是透過實踐理性所開顯的境域，並非神祕主義。孔子說仁，仁的感通不能有外。踐仁而至乎其極，必與天地萬物爲一體，這就是聖人。《易》〈乾文言〉說：「夫大人者與天地合其德，與日月合其明，與四時合其序，與鬼神合其吉凶」即表示同一理境。孟子直接從心說性，此心性也是無外，「苟能充之，足以保四海」，無一物之能外；「苟不充之，不足以事父母」，無一物而非外。因心體無外、性體無外，所以他說「萬物皆備於我矣。反身而誠，樂莫大焉」。其後宋明儒者，如張載、程明道、陸象山、王陽明等人，對孟子這句話都有恰當的理解與體會。張載曾說

> 大其心，則能體天下之物；物有未體，則心爲有外。……聖人盡性，
> 不以見聞梏其心，其視天下，無一物非我。孟子謂盡心則知性知天，
> 以此。〔註88〕

張載把「萬物皆備於我」與「盡心」說關聯起來了解，意思更加顯豁。他所謂「大其心，則能體天下之物」以及「其視天下，無一物非我」，正是對「萬物皆備於我」的一個相應的了解。程明道說：

> 仁者渾然與物同體。〔註89〕

「同體」是「一體」之意，不是同一本體。這是說與天地萬物爲一體，渾然無物我內外之分隔，便是仁的境界，也就是仁的意義了。陸象山說：

> 萬物森然於方寸之中，滿心而發，充塞宇宙，無非斯理。孟子就四
> 端上指示人，豈是人心只有這四端而已。〔註90〕

這也是說「心體無外」之意。經由「滿心而發」的道德實踐，便可覺此心是一切理之所從出，不只是四端而已。也就是說，此理之充塞宇宙，是在道德的本心的充分體現之下而證悟到的。而當人通過主觀的修證，使本心達到絕對無限的境界時，便可有「萬物森然於方寸之中」的眞實的感受與經驗。象山又說：

> 孟子言「知天」，必曰「知其性，則知天矣」；言「事天」，必曰「養
> 其性，所以事天也」。《中庸》言「贊天地之化育」，而必本之「能盡
> 其性」。人之形體，與天地甚藐，而孟子《中庸》則云然者，豈固爲

〔註88〕《張載集》，北平：中華書局，民國 66 年版，〈大心篇〉，頁 24。
〔註89〕《河南程氏遺書》卷第二上，二先生語二上，此條下注一「明」字，示爲明道語。
〔註90〕《象山全集》卷34，〈語錄〉上，頁 423。

是闊誕以欺天下哉？誠以吾一性之外無餘理，能盡其性者，雖欲自
異於天地，有不可得也。〔註91〕

象山對孟子說「盡心知性知天」與《中庸》說「至誠盡性，贊天地之化育」的
義旨，了解得十分貼切。他認為吾人之性即是天理，知性養性，才可以知天事
天，盡其性，才可以贊天地之化育。以今語言之，即孟子與《中庸》乃是由道
德實踐而建立天道論，非以天道論作為道德價值的基礎。象山是直接從本心實
證天道，而不客觀地說天道論、形上學。誠如牟宗三先生所說，象山之學是「一
心之朗現，一心之申展，一心之遍潤」。〔註92〕王陽明在〈大學問〉中說：

大人者，以天地萬物為一體者也。其視天下猶一家，中國猶一人焉。
若夫間形骸而分爾我者，小人矣。大人之能以天地萬物為一體也，
非意之也；其心之仁，本若是其與天地萬物而為一也。豈惟大人，
雖小人之心亦莫不然。彼顧自小之耳。是故見孺子之入井，而必有
怵惕惻隱之心焉，是其心之與孺子而為一體也。孺子猶同類者也；
見鳥獸之哀鳴觳觫，而必有不忍之心焉，是其仁之與鳥獸而為一體
也。鳥獸猶有知覺者也；見草木之摧折，而必有憫恤之心焉，是其
仁之與草木而為一體也。草木猶有生意者也；見瓦石之毀壞，而必
有顧惜之心焉，是其仁之與瓦石而為一體也。是其一體之仁也，雖
小人之心亦必有之，是乃根於天命之性而自然靈昭不昧者也。是故
謂之明德。〔註93〕

由以上說明可知，小人之心與大人之心一樣，都具有「與天地萬物為一體」
的仁心，這是天所命於我的本然之性。只是小人蔽於私欲利害，不能使仁心
呈現罷了。大人即仁者，仁以感通為性，與物無對。大人之以天地萬物為一
體，並非一種主觀的臆想，而是仁心本身不斷向外感通覺潤的結果。由於不
忍之心的呈現，然後人真實地與孺子、鳥獸、草木、瓦石為一體，這顯然是
道德心的活動，而不是認知心的活動。所以「心外無物」的心，不能是認知
的心。在道德心的感通無礙、覺潤無方的作用下，人才會感到與萬物為一體
而不可分。

由上所述，可知孟子說「萬物皆備於我」，並非孟子之誇大或杜撰，這是

〔註91〕《象山全集》卷20，〈天地之性人為貴論〉，頁347。
〔註92〕同註59，頁47。
〔註93〕《王陽明全集》，頁470。

孔子「仁」教所必函，而宋明儒者也多能把握住孟子的義理規路而有相應的理解，這表示先聖後賢之間，本即有此生命智慧的相呼應，以及共契的義理規範。基於此一思想脈絡，我們以爲《孟子》〈盡心〉章當如牟宗三先生所說，理解爲一段具有「道德的形上學」或「無執的存有論」意含的語句。牟先生對〈盡心〉章的理解，與勞先生最大的不同，在於牟先生認爲《詩》、《書》老傳統中「形上天」的觀念，確定爲以道德主體性爲中心的孔孟哲學所繼承，並且經由「踐仁」及「盡心知性」的主體修證，進一步賦與了一項道德義涵的解釋。孟子說「盡」是充分實現之意，亦即「擴而充之」之意。盡心即盡的惻隱羞惡等超越的道德本心。在孟子，此超越的道德本心即是性，即是人之所以能發展其道德人格、完成其道德行爲之純亦不已的先天根據。因此盡心即是知性，知即在盡中知。「知」處並無曲折的工夫，工夫全在「盡」字。所謂「知」者，只是在「盡心」中更具體地、更眞切地了解了此性體而已。在「盡心」中了解了人的眞正的本源（性體）、眞正的主體，則即可以「知天」。不但知之，而且心之道德的創造性（由德行之純亦不已而見），即是「天命不已」的創造性，兩者其實是同一的。此即心外無物，性外無物，道外無物之意。換言之，天之創生萬物的創造性完全由人之道德的創造性來證實，天之所以爲天之具體而眞實的意義，完全由心之道德的創造性而見。

「盡心知性知天」是積極的工夫，因剋就吾人本心眞性而言，「由仁義行，非行仁義」，人擁有完全的自主性。但人是有限的存在，其本心眞性常易爲私欲利害所蒙蔽而無法呈現，因此需要「存心養性事天」的消極的工夫。此所以孟子在首揭「知天」之旨後，還要再申「事天」之義。牟宗三先生說：

> 「存其心」即是操存你的仁義禮智之本心、良心或天心而不令其放失。「養其性」即是保養你的價值上所以異于犬馬的眞性而不使之被戕害。本有的天心眞性亦須有操存保養之工夫始能眞實地呈現。因爲人是有感性的存在，其天心眞性常易因感性之逐物而被蒙蔽，是故須時時警覺而不使之消亡。此雖是一消極的工夫，然而頓時即通于積極的工夫。因爲存養並不是存之養之把它擺在那裏就算完了，乃是正所以待盡之也。而且一旦能存養之，其本身即有能顯發出來的力量，而這也就是吾人之所以能充分盡之之最內在的根據。〔註94〕

無論是積極的工夫，還是消極的工夫，都是實踐層面的事，而且二者是相通

〔註94〕同註61，頁135。

的。在此，「事天」所顯示的對天的敬畏，是由踐德而生的敬畏，而不是對於不可知者的恐懼、怖慄。牟先生說：

> 天是一超越的實體，此則純以義理言者，而即如其爲一如此之超越的實體，它即須被尊崇；它被尊崇即函著人須奉之而無違……「事天」即是仰體天道生物不測之無邊義蘊而尊奉之而無違之意。你怎樣才能仰體天道尊奉之而無違呢？這不需要你香花供養，亦不需要你祈禱崇拜完全被動地聽祂的吩咐。你若是這樣地事天那是人格化方式的事天。「事」字，字面上的意義，即如「事父母」之事。在此，雖用類比的方式借用此事字，但卻並不因此即停在這類比上把天人格化，完全被動地聽祂的吩咐，亦不是因著此類比而即如事父母那樣而事天，因爲事天與事父母所依據的原則是完全不同的。在事天上，「事」字之意義須完全轉化爲自道德實踐上體證天之所以爲天，而即如其所體證，而自絕對價值上尊奉之。〔註95〕

根據牟先生的看法，「存心養性以事天」的「天」，並不是以「人格神」的身分爲吾人所敬事，而是以一「超越的、普遍的道德本體」爲吾人所尊奉。在吾人存養工夫（道德實踐）的過程中，一方面會感到由本心眞性所自發自律的內在的道德法則便是超越的天理，因其具有絕對的價值，能令人興起崇敬甚至畏懼之情；一方面也會由於道德意識的充其極，而體證到天之所以爲天（天之創生萬物的創造性）的具體而眞實的意義，其實與心性之道德的創造性是同一的，天道即在人的道德性的創造中呈現，但天道高高在上，有其崇高性與莊嚴性，由此而說「事天」之義。

在孟子心、性與天的形上思考脈絡中，爲什麼要特別加入「立命」的觀念呢？首先孟子說「殀壽不貳，修身以俟之，所以立命也」，這段話的意思是說不論短命或壽考，我們都不當心存疑貳而改常度，只應盡其所當爲以俟或殀或壽的自然來臨，這便是吾人所依以確立命限一觀念的唯一途徑。因爲或殀或壽既是命定，則無論我們妄想期求或多方逃避，也不能有所改變。原來「命」是修行上氣化方面的一個「內在的限制」的虛概念，它是因氣化邊的障礙（感性之限制、氣質之限制、遭遇之限制）而顯現的。生死中的或殀或壽固然有命存焉，實則擴大而言，現實生活中或吉或凶，或幸福或不幸福，或富貴或貧賤，甚至五倫生活中之能盡分或不能盡分，凡欲望之所及，非我

〔註95〕參見同註61，頁144～146。

所能掌握者，皆有命存焉。牟宗三先生說：

> 命是道德實踐中的一個限制概念，必須被正視。道德實踐須關聯著
> 兩面說：正面積極地說是盡心以體現仁義禮智之性，消極負面地說
> 是克制動物性之氾濫以使其從理。在此兩面的工夫中都有命之觀念
> 之出現，因此命亦須關聯著這兩面說。〔註96〕

可見命是道德實踐中的一個嚴肅的概念，只要是在道德生活上有存在的體驗
的人，都會凸顯出這個觀念，一如在道德實踐中，會凸顯出「罪惡」意識與
「無明」意識。但罪惡與無明可以經由實踐的工夫化除（斷盡），而命限則只
可以轉化其意義而不能消除。〔註97〕氣化上必然有「命」一觀念，而孟子就
在此一分際上確立「命」的觀念。他說：

> 口之於味也，目之於色也，耳之於聲也，鼻之於臭也，四肢之於安
> 佚也，性也，有命焉，君子不謂性也。仁之於父子也，義之於君臣
> 也，禮之於賓主也，智之於賢者也，聖人之於天道也，命也，有性
> 焉，君子不謂命也。（盡心下）

這兩聯是性命對揚，意義極為顯豁。依孟子，性有兩層意義的性，一是上聯
所說感性方面的動物性之性，這是屬於「生之謂性」，孟子與告子辯，顯然不
自此說「性善」之性（人之所以異於禽獸之性），但也不否認人們在此說「食
色性也」的動物性之性。另一是下聯所說仁義禮智之真性（人之所以為道德
的存在之真性），孟子只在此確立「性善」。性既有此兩層意義，則在道德實
踐中，在此兩層意義的性方面都有命限觀念的出現，只是如果性命對揚，其
間輕重不可不知。關於孟子此章文意，牟宗三先生在《圓善論》中有十分精
闢的疏解，他說：

> 口之于味方面皆喜歡美味，目之于色方面皆喜歡美色，耳之于聲
> 音方面皆喜歡悅耳之音，鼻之于臭覺方面皆喜歡香味，四肢之于
> 安佚方面皆無不悅安佚之舒坦以及觸覺之柔滑：凡此皆發自感性
> （動物性）之本性自然如此，無人得而否認，然而此中得不得卻
> 有命存焉，你不可藉口說是性便可妄求，是故君子于此便不說是
> 性，而重在命之限制。于此方面說是性，這于性之概念並無多大
> 意義，只表示人之動物性自然如此而已。若特重此動物性之意義，

〔註96〕同註61，頁150。
〔註97〕同註61，頁153～154。

　　則唯一的後果便是助長人之藉口而縱欲敗度而已，是以君子在此
　　重命不重性。至于說到仁義禮智之義理之性方面，則仁之于父子
　　方面之表現，智之在賢者身上之表現，聖人之在天道方面之體證；
　　凡此等等皆有命限存焉，並非一往無阻皆能是全盡而無憾者。此
　　固然也，但此中所應當盡之事，你不可藉口說有命存焉，你便可
　　不盡性分之所應當爲去力求盡之而無憾。是以君子在此方面不重
　　在命（不謂命也），而重在說性之不容已。〔註98〕

「口之於味」等等，只是發於生理欲望的動物性之性，雖然如此，但有命存
焉，不可藉口爲性，而必欲求之。在此重視命之限制，不重視性之欲望，主
要是不希望人之動物性泛濫而無所不爲。所以說「君子不謂性也」。「不謂性」，
不只不重視而已，依孟子說性的立場，也是表明不自此說人之所以爲人的眞
性。至於如仁之表現於父子關係上有至不至，得不得等等，即所謂命也，但
在此，人不應諉之於命，只應盡心盡性而已。仁義禮智之心即吾人之性，命
是體現表現上的事。吾人固不應因體現表現上之命限而廢盡性之功，所以說
「命也，有性焉，君子不謂命也」。「不謂命」，並不是說那些限制不是命，而
是說於此種種事上不說（不重視）命之限制，只應說（重視）盡性之功而爲
其性分之所當爲。不論「性也，有命焉」還是「命也，有性焉」中的「命」，
都指命限而言，這是落在「個體生命與無窮複雜的氣化之相順或不相順」的
分際上說的，它不是義理當然之命，也不是性分之所命的命，也不是命令之
命，總之，不是以理說的命，而是以氣說的命。理命的命是命令義，氣命的
命是限制義。理命是盡性之事，此是吾所能掌握者，是性命令我必須如此，
故只須盡之而已。孟子說「君子所性，雖大行不加焉，雖窮居不損焉，分定
故也」（盡心上），此所言「分定」即「理命」。此非氣命之分，亦非氣命之定。
理命無慨嘆意味。盡此理命而有限制，方有慨嘆意味。而此限制即氣命。氣
命是吾所不能掌握者。因此說氣命總有慨嘆意味。孔子的「不知命無以爲君
子」、「五十而知天命」（此天命亦帶著氣化說）、「不怨天，不尤人，下學而上
達，知我者其天乎」（其中也含有氣命義），「道之將行也與命也，道之將廢也
與命也」、「天之將喪斯文也，後死者不得與於斯文也，天之未喪斯文也，匡
人其如予何」，孟子的「殀壽不貳，修身以俟之，所以立命也」、「性也有命焉」、
「命也有性焉」，「莫非命也，順受其正。是故知命者不立乎巖牆之下」、「君

子行法以俟命」以及《中庸》「故君子居易以俟命，小人行險以徼幸」等等，都是說氣命，即使說天、天命，也是帶著氣化說，不純以理言，所以也有氣命意味。〔註99〕牟宗三先生說：

> 理命是積極者，在此言精進不息，言「先天而天弗違」，言「只此便是天地之化」（明道語）。氣命是消極者，在此言退一步，言總當撒手，言「後天而奉天時」，言「眞正仲尼臨終不免嘆口氣」（羅近溪語）。儒家進德修業，其無限的莊嚴義，嚴肅義，盡在此氣命與理命的對揚中（亦即此處孟子所言之性命對揚中），一切宗教性的深遠眞理皆攝于此。〔註100〕

命是心性修養中必然會凸顯出的觀念，此所以孟子在說「盡心知性知天」、「存心養性事天」之後加上「立命」的主要原因。道德實踐中命的觀念可說是儒家所獨有的，這是由於儒家一貫強調愼獨操存的工夫，西方道德學家無命的觀念，因爲他們只是哲學地分析道德的基本概念，而不曾注意個人存在的實踐的工夫。基督教只神話式講原罪，並無眞切的罪惡意識，也是因爲缺乏主體的實踐工夫所致。因此也無命或正命的觀念。〔註101〕《易傳》〈乾文言〉說：

> 大人者與天地合其德，與日月合其明，與四時合其序，與鬼神合其吉凶，先天而天弗違，後天而奉天時。天且弗違，而況於人乎？況於鬼神乎？

這裡所謂「大人」意同於「聖人」。大人或聖人即是能將本心眞性充分體現出來的人，也就是德行之純亦不已的人，他與天地合德即合其同一創造之德：在大人處即是心性的道德創造（德行之純亦不已）之德，在天地或天處即是天命不已（天道創生萬物）之德，言之分際不同，但就其爲體說，其實是一。〔註102〕「先天而天弗違」是就大人心性的創造之德而言，此則先乎天地而存在，天亦不能違之，人與鬼神更不能違背之。此即《中庸》所謂「君子之道本諸身，徵諸庶民，考諸三王而不謬，建諸天地而不悖，質諸鬼神而無疑，百世以俟聖人而不惑」。「後天而奉天時」是就大人的現實生活而言，大人的現實生活後乎天地而存在，自亦不能違背自然之序。此先天後天兩義，即孟

〔註99〕參見同註65，頁429。

〔註100〕同註55，頁429～430。

〔註101〕同註61，頁155。

〔註102〕參見同註61，頁139。

子「盡心知性知天」，「存心養性事天」，「夭壽不貳，修身以俟之，所以立命」三義。「盡心知性知天」是先天義，後兩義是後天義。依先天義，保持道德創造的無外（心外無物、性外無物），也就是保持道德我的無限性；依後天義，保持宗教情操的敬畏，也就是保持我之個體存在的有限性。此兩義同時完成於儒家的「道德的形上學」中。〔註103〕

二、工夫論

　　成德之教（內聖之學）是先秦儒者已有的弘規，由此而來的道德哲學必含本體與工夫兩面。前者是道德實踐所以可能的客觀根據（先驗根據或超越的根據），也就是心性問題；後者是道德實踐所以可能的主觀根據，也就是工夫入路問題。重視工夫，主要是基於實踐的要求，至於本體問題則是由自覺地作道德實踐而反省澈至的。這是儒家學問的一大特質，與西方道德哲學家不同。他們只是把這套學問視為一純哲學的問題，重視其理論的分解，而不知它同時也是工夫實踐的問題。即使是康德的〈道德底形上學之基本原則〉一書，也沒有涉及工夫問題。牟宗三先生說：「儒家自孔孟立教，講本體（道德哲學中之基本原則）必函著講工夫，即在工夫中印證本體；講工夫必預設本體，即在本體中領導工夫。依前者，本體不空講，不是一套懸空的理論，而是實理，因此，即本體便是工夫。依後者，工夫不飄浮而無根，而有本體以領之，見諸行事，所有行事都是實事，因此，即工夫便是本體。工夫與本體扣得很緊，永遠存在地融一以前進。」〔註104〕依儒家內聖成德之教，成德的最高目標是通過道德實踐以成聖、成仁者、成大人，其真實意義則在於個人有限的生命中取得一無限而圓滿的意義。這必須靠自力、自修、自證，與耶教之靠他力以祈禱不同。儒家之依道德實踐以成聖，自孟子開始，即以本心、性體為道德實踐之所以可能的超越根據，因此道德實踐唯是以「本心性體呈露而使吾人的德行成為自發自律自主的德行」為本質的關鍵。本心性體一旦呈現，自然知是知非，知善知惡，當惻隱則惻隱，當恭敬則恭敬，當羞惡則羞惡，當是非則是非。這是本心的「沛然莫之能禦」，也是仁體的「於穆不已」。

　　至於如何使本心性體呈露呢？關鍵只在「逆覺體證」的工夫。逆覺是當

〔註103〕參見同註59，頁527。
〔註104〕牟宗三《圓善論》，頁153。

下呈現本心性體的本質的關鍵，也是自覺地作道德實踐的本質的正因工夫。〔註 105〕逆覺體證以呈露本心性體，由此表現而完成道德行為的「純亦不已」，這是相應道德本性而開工夫、而毫無歧出者，是自覺地作道德實踐必有的事，其他如朱子所說的涵養、察識、居敬、窮理、讀書博文、格物致知等等，都是助緣工夫。此一本領工夫既立，則這些助緣之事皆含在內。道德實踐的本性本應是如此。〔註 106〕孔子的仁，曾子的守約慎獨，孟子的反身而誠、求放心、「我固有之也，弗思耳矣」、盡心知性知天、存心養性事天，乃至《中庸》承孔孟一根而發，說慎獨、致中和，凡此等等，都函有逆覺體證的意義，都是逆覺自證的道德工夫。

（一）逆覺體證的兩種形態

逆覺基本上是一工夫義，也就是良知的自我覺醒的工夫。逆覺體證的工夫雖是古已有之，但正式提出此一觀念來詮釋中國儒家哲學的實踐工夫特質的，則是牟宗三先生。他在《心體與性體》一書中表示：

> 良心發現之端雖有種種不同，然從其溺而警覺之，則一也。此即是「逆覺」之工夫。言「逆覺」之根據即孟子所謂「湯武反之也」之「反」字。胡氏雖未明言此詞，然吾人可就其實意並根據孟子之「反」字而建立此詞。此詞是最恰當者，亦是孟子本有之義，並無附會。人若非「堯舜性之」，皆無不是逆而覺之。「覺」亦是孟子之所言，如「先知覺後知，先覺覺後覺」，此言覺雖不必即是覺本心，然依孟子教義，最後終歸是覺本心，先知先覺即是覺此，亦無不可。象山即如此言。故「逆覺」一詞實恰當也，亦是孟子本有之義也。〔註 107〕

牟先生指出「逆覺」一詞的根據在「湯武反之」的「反」字，並且這也是孟子本有的義理，「逆」者反也、復也，即不溺于流，不順習氣私欲、利欲擾攘而滾下去之義。「逆覺」即反而覺識此本心，體證此本心，並肯認之，以之為體。所以「逆覺」的工夫，即是孟子所謂「反之」的工夫。這是道德踐履上復其本心最切要而中肯的工夫，也是最本質的關鍵。凡說道德踐履，決不能外此「逆覺體證」的切要工夫、本質的關鍵而別有更切要的工夫、更本質的關鍵。只有經過逆覺而肯認此本心，始能講真正的操存涵養。固然人人都有

〔註105〕參見牟宗三《心體與性體》第二冊，頁 505。
〔註106〕參見同註 105，第三冊，頁 127。
〔註107〕同註 105，頁 476。

此本心，但一般人卻常在陷溺或不自覺的狀態中，即在習心本能的機括中順流滾下去，而不復知其有本心，也不知其本心為何物，則此心雖自有，也只是隱而不顯。於此可見「逆覺」工夫的重要性。逆覺體證依其形態的不同，可區分為「超越的體證」與「內在的體證」二種。雖有形態之異，卻屬於同一義理間架，即都是一種「本體論的體證」。牟宗三先生說：

> 「內在的體證」者，言即就現實生活中良心發見處直下體證而肯認之以為體之謂也。不必隔絕現實生活，單在靜中閉關以求之。此所謂「當下即是」是也。李延平之靜坐以觀喜怒哀樂未發前大本氣象為如何，此亦是逆覺也。但此逆覺，吾名曰「超越的體證」。「超越」者閉關（「先王以至日閉關」之閉關）靜坐之謂也。此則須與現實生活暫隔一下，隔即超越，不隔即內在。此兩者同是逆覺工夫，亦可曰逆覺之兩形態。〔註108〕

依牟先生之說，此一「本體論的逆覺體證」有隔與不隔兩種形態。隔離的是「超越的體證」，不隔離的而即在經驗中的是「內在的體證」。前者是李延平之路，後者是胡五峰之路。二者都重在顯體，即就此逆覺而體證本心仁體，所以並不構成衝突。依李延平之意，其「危坐終日，以驗夫未發前氣象為何如，而求所謂中」及「默坐澄心，體認天理」，是表示暫時與現實生活隔離一下（默坐、危坐），去作超越的體證。其如此所體證的本體，就《中庸》「致中和」而言，是「中體」，但中體是個形式字，其所指之實即是「性體」。在默坐、危坐之隔離的、超越的體證中，大本中體從經驗流變裏澄然凸現以自持其自己，此時天理與私欲有一顯明的對照。所以說「若見，雖一毫私欲之發，亦退聽矣」。可知默坐、危坐的主要目的是在藉此見體或立體，以期清澈吾人的生命，固不只是泛泛的靜坐而已。〔註109〕默坐、危坐是靜，靜中「驗喜怒哀樂未發之前氣象為何如」，即是靜復以見體或立體之義。換言之，此一義理間架的本質的意義，即是靜中逆覺一超越之體，逆覺即靜復也。《周易》〈復卦〉〈象傳〉的「復其見天地之心」，〈象傳〉的「先王以至日閉關，商旅不行，后不省方」，孟子存養夜氣之說，《中庸》的「慎獨」、「致中和」，周敦頤的「主靜立人極」，程明道的「學者須先識仁」，都是此一義理間架。這是儒家本有之義，並非來自佛家。後來演變而為靜坐與佛家的閉關，作用

〔註108〕同註107。
〔註109〕參見同註106，頁4～5。

也是如此。依胡五峰之意，其「識仁之體」是就良心發現（雖在利欲中）當下逆覺而體證之。〔註110〕胡氏答某問「以放心求心」說：「齊王見牛而不忍殺，此良心之苗裔因利欲之間而見者也。一有見焉，操而存之，存而養之，養而充之，以至于大，大而不已，與天同矣。此心在人其發見之端不同，要在識之而已。」〔註111〕此言仁即仁心，即孟子所說的本心或良心。不仁者放其良心，所以溺於流而常爲不仁之事。良心雖在利欲之中，但隨時總有萌蘖之生。隨其萌芽而指點之，令其警覺，即所謂「以放心求心」。可知「以放心求心」的根據是在「良心之苗裔因利欲之間而見者」。此無須「默坐澄心」而體認之，也無須「危坐終日」以驗求之。這也是屬於「本體論的體證」，但卻是不隔的、內在的體證，即在經驗感性生活中就良心發見當下逆覺而體證之。就在此當下體證中，感性經驗生活是動，而就此逆覺體證本心仁體，此逆覺本身即是靜。這也是「靜復以見體」的義理間架〔註112〕孔子說「克己復禮爲仁」，便是由生活上「克己復禮」以顯示仁心、仁道的呈現，或指點仁之所以爲仁之意；孟子說「反身而誠」、「求放心」、「湯武反之」，《中庸》所謂「自明誠謂之教」、「誠之者人之道也」的「誠之」的工夫，都是「內在的逆覺體證」的例子。

其實不論是「超越的體證」或是「內在的體證」，都屬於逆覺體證。就其逆覺以顯體而言，此體仍是在抽象而隔離的狀態中，尚非具體而眞實的體，所以這只是道德實踐的一關，必須再進一步漸證漸養以期於自然與純熟，到洒然自得處，才是所謂「天理流行」，才是具體而眞實的體。牟宗三先生說：

> 蓋所謂靜中所體認之大本中體只是大本中體之自身，尚未見其成用，此義只是大本中體之在其自己，大本中體之在抽象狀態中……大本中體之在其自己而爲抽象狀態只是道德實踐之一關（截斷眾流）。欲使其成爲具體而眞實的大本，則必須再歸于日常生活而體現之，此即所謂踐形，睟面盎背，以道徇身，亦即喜怒哀樂發而中節之和也。此是納普遍于特殊，融特殊于普遍。普遍者（大本中體）非抽象，非光景，即在特殊（喜怒哀樂）中作具體的呈現。而特殊者亦非只感性之激發與流蕩，盲爽與發狂，而是潤澤于普遍中有體

〔註110〕參見同註106，頁209。
〔註111〕《宋元學案》，臺北：河洛圖書出版社，民國64年版，〈五峰學案〉，頁32。
〔註112〕參見同註106。

以主宰而貞定之，則雖特殊而亦有普遍之意義。〔註113〕

可知既曰逆覺體證，即是單默想（肯認）此真正本體之自己，此時體即在抽象狀態中。欲使其成為具體而真實的體證，必須使天理本體在現實生活中各種不同的分際上作具體的呈現，始能說洒然冰解凍釋。因為具體而真實的體是要在具體的生活事用中呈現而顯其生色潤身、睟面盎背之不已之用，因而有其具體的內容的。這不能隔離事用而只自持其自己。一旦隔離，便成影子、光景。此所以逆覺體證只是一關，並非終極。但此一關，在自覺地作工夫上說，卻是必要。體證是消極工夫，積極工夫則在「體現」。〔註114〕

　　總之，逆覺體證是一種本體論的體證，無論是超越的體證，或是內在的體證，吾人之理解此實體（仁體、心體、性體、誠體、中體或形而上的實體）實只是反身地經由逆覺而體證之。此種體證實無「窮在物之理」的認知的意義，也無法以「窮在物之理」的方式去體證。因為以如此方式去體證，永為客而不為主，永為所而不為能，即喪失其為內在而固有的道德創生之源之義。

（二）孟子思想中的逆覺體證

1. 內在的逆覺體證

　　「逆覺」是從不自覺到自覺，講道德踐履，除非是「堯舜性之也」（盡心上）的超自覺，稱體而行，自然如此，否則無不是逆而覺之，即「湯武反之也」（盡心下）的自覺。孟子說：

> 舜之居深山之中、與木石居，與鹿豕遊，其所以異於深山之野人者幾希。及其聞一善言，見一善行，若決江河，沛然莫之能禦也。（盡心上）

牟宗三先生曾引此文以為典型的逆覺之例。舜居深山之中，雖說不上是陷溺，但也是不自覺的溺（未經教化），就此而言，實與野人相距不遠。然而舜之所以異於野人之處，就在於他能隨本心仁體的當機呈現而當下逆覺體證之。所謂「聞一善言，見一善行」，正是現實生活的特殊機緣，在此特殊的機緣上，舜一覺全覺，本心仁體全部呈現，發而為德行，自能「若決江河，沛然莫之能禦」了，此即孟子所謂「堯舜性之也」。這種良知自我覺醒的工夫並不隔絕感性經驗生活，屬於內在的逆覺體證。孟子說：

〔註113〕同註106，頁 102～103。
〔註114〕參見同註106，頁 340～341。

> 人之所以異於禽獸者，幾希。庶民去之，君子存之。舜明於庶物，
>
> 察於人倫，由仁義行，非行仁義也。（離婁下）

依孟子，人之所以異於禽獸者，即在於先天本具的本心善性或良知良能。這良知良能雖然是人人所共有，但經常是處於不自覺的狀態中，必須經由反省、自覺的工夫加以提撕，始能自我警醒而常惺惺不昧。孟子說舜「明於庶物，察於人倫」，表示他是就現實生活（庶物、人倫）中良知的發見處直下體證而肯認之以為體，所以也是屬於「內在的逆覺體證」。因為良心隨時有放失之虞，所以孟子在工夫論方面，特別強調「求放心」、「存心養性」，這都是以「反求諸己」為基本原則。孟子即本心說人的善性，這本心其實就是仁心。他說：

> 仁，人心也；義，人路也。舍其路而弗由，放其心而不知求，哀哉！
>
> 人有雞犬放，則知求之；有放心而不知求。學問之道無他，求其放
>
> 心而已矣。（告子上）

以心為仁，這在哲學上的意義是完成了仁的內在化與主體化，使得踐仁的工夫可直接從心上來做，即「求其放心」。心何以會放失？這主要因為人有感性欲求使心外逐而陷溺，孟子所謂「求其放心」，是教人就心的放溺而直下警覺。一念警覺，本心即從放溺中躍起，從生命中呈現，而恢復其主體性，藉以轉化消融那惡情私欲，而能主宰並決定吾人的行動方向。修養之事，總以反求諸己為切要，「求放心」是反求諸己。這個「求」字，並不是向外的祈求、追求，而是向內的自求、反求。就雞犬說，是找回來，就本心言，是收攝回來，所以以「求放心」實在只是一種「逆覺」工夫，使放溺的本心逆回來覺識、體證它自己。這逆覺彷彿是一種震動，藉此可以驚醒吾人。所謂驚醒吾人，乃是虛說，其實是那「本心」一動而驚醒其自己，進而肯認其自己，這叫做本心之「自我震動」、「自我肯認」。這種自覺與反省的工夫，也就是「思」的工夫。孟子說：

> 耳目之官不思，而蔽於物。物交物，則引之而已矣。心之官則思，
>
> 思則得之，不思則不得也。此天之所與我者。先立乎其大者，則其
>
> 小者不能奪也。（告子上）

「思」是心之官（即本心、仁義之心）的本質的作用，指心之自作主宰的能力。這是實踐理性中的思，而非知解理性中的思（即認知作用）。能思，則心官便可存在而不放失；不能思，而純任耳目之官以逐物，則心便不能存在而放失（其實也無所謂放失，只是隱而不顯）。當我們順著官覺感性的制約交引滾下去時，會有一種不安之感，此不安之感即是道德本心的呈露，當下抓住

此不安之感，不要順著物欲再滾下去，這就是逆覺體證的開始。這需要「思」（反求諸己）的工夫。思不思是心之存亡的主要關鍵，但「思」只是工夫的初步，要使本心在實際生活中發揮作用，還需要「存養」的工夫。孟子說：

> 苟得其養，無物不長；苟失其養，無物不消。孔子曰：「操則存，舍則亡；出入無時，莫知其鄉。」惟心之謂與？（告子上）

> 存其心，養其性，所以事天也。（盡心上）

人皆本有仁義之心，但須操存涵養乃得以呈現。人雖有感性之雜、利欲之私，但若能就本心善加存養，使之不放失，及其一旦豁然呈現，則人亦終可超化之而至乎聖人。養心的具體方法有二，消極方面是「寡欲」，積極方面是「擴充」。孟子說：

> 養心莫善於寡欲。其為人也寡欲，雖有不存焉者，寡矣。其為人也多欲，雖有存焉者，寡矣。（盡心下）

養心之道，最好是減少感官欲望。心本是靈明悱惻的，嗜欲多而深，則將蒙蔽道德心性的明覺作用。反之，感官欲望如能加以節制，不使泛濫，則心的靈明常照，悱惻常存，本心便能時時呈現而盡其主宰之用。養心的積極方法是擴充，即是深化與廣化道德心性的影響力，不僅可以成己之德，且可進而成天下之務。孟子說：

> 凡有四端於我者，知皆擴而充之矣。若火之始然，泉之始達。苟能充之，足以保四海，苟不充之，不足以事父母。（公孫丑上）

又說：

> 人能充無欲害人之心，而仁不可勝用也。人能充無穿踰之心，而義不可勝用也。人能充無受爾汝之實，無所往而不為義也。（盡心下）

擴充四端的結果，可至於「老吾老以及人之老，幼吾幼以及人之幼」（梁惠王上）的境界。這與孔子的「己欲立而立人，己欲達而達人」，可以說都是仁德的充量表現。孟子說：

> 五穀者，種之美者也；苟為不熟，不如荑稗。夫仁，亦在乎熟之而已矣。（告子上）

此處以穀種之熟比喻良知的存養，「熟之」即其工夫。所謂「熟」，正是指一種實踐上的自然與純熟。也就是本心仁體在具體生活上通過實踐的體現工夫作具體而真實的呈現，而達到洒然自得、天理流行的境界。內聖之學所函的義理程序固應如此。先是自覺地體證吾人本有的性體，接著還要進一步體現

之於現實生活中以成為純正的道德行為。當本心仁體體現於具體生活中,開始時總不免有所勉強,等到洒然自得處,才真是所謂「天理流行」。此時本心仁體之為體,才是具體而真實的體,而非抽象狀態中的本體。孟子所謂「踐形」,正是指此而言。他說:

> 形色,天性也。惟聖人然後可以踐形。(盡心上)

「形色」是指四肢百體之有形之體,這是天生的自然生命。「踐形」可以有二層意思,一是把人之所以為人的仁義之心(性),具體而充分地實現於形色動靜之間。仁義理智之本心是具體的真生命,不只是一個抽象的原則,因此,它必然要在形體生命處而為具體的著見,這種著見,孟子說是「生色」,即「睟然見於面,盎於背,施於四體,四體不言而喻」。這種生色著見就是《大學》所謂「德潤身」,也就是《中庸》所謂「誠則形,形則著,著則明,明則動,動則變,變則化;惟天下至誠為能化」。「踐形」的另一層意思,是就擴充四端而言,順四端之心擴而充之,以期在客觀面的道德實踐上有所建樹。所以,「立德、立功、立言」都可說是踐形。踐形的極致,即是「天理流行」的聖人境界。如要踐形成聖,「明善誠身」是最本質的工夫,孟子說:

> 居下位而不獲於上,民不可得而治也。獲於上有道,不信於友,弗
> 獲於上矣。信於友有道,事親弗悅,弗信於友矣。悅親有道,反身
> 不誠,不悅於親矣。誠身有道,不明乎善,不誠於身矣。是故,誠
> 者,天之道也;思誠者,人之道也。至誠而不動者,未之有也;不
> 誠,未有能動者也。(離婁上)

本章前半由「獲上、信友、悅親」說到「誠身、明善」,顯然工夫的重心落在「誠身、明善」上。依孟子義理,明善是逆覺本心之善,明善方可誠身。後半說「誠者天之道也,思誠者人之道也」,「思」是反思義,「思誠」即逆覺肯認其本有的誠體,也就是經由反躬自省,使不誠歸於誠,這就是「人之道」。《中庸》說「誠之者,人之道也」的「誠之」的工夫,正是孟子思誠、誠身的工夫。誠身的工夫,必須反求諸己,這是向裏的工夫,而且不必隔絕現實生活,也就是所謂「內在的逆覺體證」。孟子說「反身而誠,樂莫大焉」,「反身」是反省於自身,即反求諸己的意思,也就是「逆覺」,這和「湯武反之」的「反」義同。孟子說:「愛人不親,反其仁;治人不治,反其智;禮人不答,反其敬;行有不得者,皆反求諸己。」(離婁上)可以為證。《中庸》「自明誠謂之教」的「明」的工夫,也是指此而言。這種「明」的工夫是一種透過反

省而復其性的工夫，也是一種剝落、澄清與提撕的工夫。反身而誠，則無隱曲、無偏蔽、無疑懼，如此，自能成就人格的「直、方、大」。所以逆覺是道德踐履上復其本心之最切要而中肯的工夫，也是最本質的關鍵。同時，誠身明善的工夫（盡心的工夫），也就是《中庸》所謂「盡性」的工夫。在孟子，本心即性，盡心盡性，其義一也。

2. 超越的逆覺體證

有關孟子思想中超越的逆覺體證，可就其「平旦之氣」的存養加以說明。孟子說：

> 牛山之木嘗美矣。以其郊於大國也，斧斤伐之，可以爲美乎？是其日夜之所息，雨露之所潤，非無萌蘖之生焉；牛羊又從而牧之，是以若彼濯濯也。人見其濯濯也，以爲未嘗有材焉，此豈山之性也哉？雖存乎人者，豈無仁義之心哉？其所以放其良心者，亦猶斧斤之於木也。旦旦而伐之，可以爲美乎？其日夜之所息，平旦之氣，其好惡與人相近也者幾希？則其旦晝之所爲，有桔亡之矣。桔之反覆，則其夜氣不足以存。夜氣不足以存，則其違禽獸不遠矣。人見其禽獸也，而以爲未嘗有才焉者，是豈人之情也哉？（告子上）

仁義之心（良心）是人所本有的，但因人白晝之所爲常反其道而行，以致斲喪了良心。人經過一夜的生息，當平旦之時，尚未與紛雜的事物相接，利欲貪求之念還沒有被引發出來，所以能保有清明之氣（夜氣），良心也較易呈露。但本於平旦之氣而偶發的一點與人相近的好善惡惡（道德上）之情本來就不多，又因白天之所爲而把它桔梏死了。一再地桔梏之，則其夜氣不足以存，夜氣不足以存，良心不足以顯，則人也去禽獸不遠了。由此可知，保存此平旦之氣（夜氣）而充養之，不要使它爲物欲所牽引、蒙蔽，不但是「人禽之辨」的基本關鍵所在，也是自覺地作道德實踐的本領功夫。由此看來，當吾人於平旦之時，暫時隔絕一切現實生活的攪擾、引誘，以體證此良知本體，並肯認之，以期清澈吾人的生命，這是在靜中逆覺一超越之體，可使超越之體充分淨化，以與感性之私欲混雜澈底分開而取得一對照。如此自可於旦晝之時，仍然秉持其好善惡惡之情，好其所當好，惡其所當惡，而引發眞正的道德行爲。若不有此體證，即永無自覺的眞實的道德，永在「習矣而不察」的不自覺中。這種逆覺工夫類似危坐閉關體證，即是屬於「超越的體證」。

第三章　當代《中庸》形上思想詮釋系統的考察

對《中庸》形上思想的理解，當代學者之間顯然是存在著一些歧異的。就以牟宗三先生與勞思光先生爲例，二者在《中庸》義理型態的解讀上，便十分不同，甚至影響到學說的歸屬與成書年代的判斷。勞先生認爲《中庸》以形上學爲主的立場已經偏離了孔、孟心性論中心的方向，實屬於漢儒型的理論，其成書年代當在漢初；而牟先生則以爲《中庸》雖然自本體宇宙論的立場說道體、性體，但並不違背孔子說仁、孟子說心性的精神，因此基本上它仍應屬於先秦儒家思想的範疇，其成書時間在孟子之後。既然牟、勞二氏對《中庸》義理性格的衡定出入甚大，那麼究竟孰是孰非？孰優孰劣呢？這必須透過對當代《中庸》形上思想詮釋系統的考察，正確地掌握《中庸》形上思想的義理性格後，才能加以論定。

凡思想的了解必牽涉到詮釋，在詮釋的過程中，不僅詮釋者個人的才情、關懷等主觀因素會滲透至經典的解讀中，並且詮釋者所處的時代、學風等客觀條件也會對詮釋內容有所影響。這就是爲什麼《中庸》形上思想在當代學者的理解下，會出現許多不同的詮釋系統了。問題是，面對這些分歧的詮釋系統，到底應當如何取捨呢？本文採取的方式是，先展示其詮釋系統的主要理論，再針對其論點加以反省、批評。一方面逐一檢查各個詮釋系統的內容是否一致，有無自相矛盾的情形；一方面當它還原到經典之中時，是否能取得文獻的印證支持；然後再檢討各種詮釋方法是否合理、適當。經由不同系統間的對比，可以看出彼此的差異，而反省、批評的結果，各個系統的優劣

自然呈現。此時我們便可抉擇出其中較為合理的詮釋，或者掌握到更高的綜合的可能，藉以衡定《中庸》形上思想的義理性格，並作為建構其形上思想的基礎與依據。

然而一項合理的詮釋，有其所應滿足的一些基本形式要件，或稱消極原則，在此，我們樂於引用袁保新先生所曾列舉的六項「現代讀者在理解上的要求」，作為考察、批評以及詮釋時依循的判準：

1. 一項合理的詮釋，其詮釋本身必須在邏輯上是一致的。

2. 一項合理的詮釋必須能夠還原到經典中，取得文獻的印證與支持，而其詮釋觀點籠罩的文獻愈廣，則詮釋就愈成功。

3. 一項合理的詮釋應該儘可能運用經典本身無疑義的文獻來解釋有疑義的章句，用清楚的觀念來解釋不清楚的觀念。

4. 一項合理的詮釋應該將經典本身視為在思想上一致和諧的整體，避免將詮釋對象導入自相矛盾的立場。

5. 一項合理的詮釋，必須一方面將詮釋主題置於它們隸屬的特定時代與文化背景來了解，但另一方面也要能夠抽繹出它不受時空拘限的思想觀念，而且儘可能用現代語言與哲學經驗傳遞給讀者。

6. 一項合理的詮釋，對其詮釋方法與原則應有充分的意識，並願意透過與其他詮釋系統的對比，調整修正其方法與原則。〔註1〕

至於詮釋系統的選取，以當代學者所建立的詮釋系統為範疇，這不是有意忽略傳統的詮釋，而是因為傳統的詮釋以注疏為主，並未及於義理系統的構作，就《中庸》形上思想的研究而言，系統的分辨遠較注疏的異同更為關鍵。此外，當代中國哲學在接受西方哲學的衝擊後，無論是分析的方法或是概念的使用，都比傳統的注疏來得嚴格精密與靈活自由，這是有助於我們對問題的疏導、透視與釐清的。當然，假使人的理解活動不可能脫離孕育他的「傳統」，那麼所謂「當代」其實都是立基於傳統之上的「發展」。因此，針對當代詮釋系統進行探討、比較與反省，同時也是蘊含了對傳統詮釋的間接繼承。據此，本文選擇了五位當代具有代表性的學者的詮釋系統，作為主要考察的對象，依次為錢穆先生、勞思光先生、徐復觀先生、唐君毅先生、牟宗三先生。希望透過他們對《中庸》思想的詮釋，能夠確切掌握住《中庸》作為一個理論系統的形上性格。基本上說，這五位當代學者的詮釋可大別為

〔註1〕袁保新《老子哲學之詮釋與重建》，頁77。

三類，第一類是採取「自然主義」的進路詮釋《中庸》形上思想，以錢穆先生爲代表；第二類是採取「以存有論解釋價值論」的進路詮釋《中庸》形上思想，以勞思光先生爲代表；第三類是採取「道德實踐」的進路詮釋《中庸》形上思想，以徐復觀、唐君毅、牟宗三諸先生爲代表。本章在論述次序方面，即是依此詮釋進路的不同定其先後，而視第三類詮釋爲比較合理的詮釋。至於同屬第三類的三位當代學者，則是以他們詮釋效力的高低與系統籠罩性的大小爲判準，定其論述次序的先後。換言之，本文是以牟宗三先生的詮釋系統作爲抉擇的最高典範。

第一節　錢穆先生《中庸》詮釋系統的考察

錢穆先生對於《中庸》形上思想的詮釋，主要見於《中國思想史》、《中國思想史論叢》（二）及《莊老通辨》等書。他的基本觀點，可以歸納說明如下：

第一、錢先生認爲大抵中國儒家思想主要貢獻在人生論方面主實踐，主動進，以道德精神爲主。道家思想在宇宙論方面有創闢，能靜觀，富藝術精神。《中庸》則採用道家自然主義的宇宙觀，並加以修飾改進，來闡發孔孟的人文主義的人生論，因此成爲新儒家：

> 惟自戰國晚世，下迄秦皇漢武之間，道家新宇宙觀既確立，而陰陽家言又不符深望，其時之儒家，則多采取道家新說，旁及陰陽家而更務爲變通修飾，以求融會於孔孟以來傳統之人生論，而儒家面目亦爲之一新。予嘗謂當目此時期之儒家爲新儒，以示別於孔孟一派之舊儒，而其主要分辨，即在其宇宙論方面。至於人生論之舊傳統，則殊無所大異於以前也。故論戰國晚世以迄秦皇漢武間之新儒，必著眼於其新宇宙觀之創立。又必著眼於其所采老莊道家之宇宙論而重加彌縫補綴以曲折會合於儒家人生觀之舊傳統。……予論此時期之新儒，以《易傳》與《小戴禮記》中諸篇爲代表。蓋《易傳》《小戴》諸篇之產生，大率正在此期。……古代素樸的宇宙論，以天帝百神爲主，而道家思想則破帝蔑神，歸極於自然，偏傾於唯物。今《易傳》與《小戴記》中之宇宙論，亦正大率近似乎主自然與唯物者。〔註2〕

〔註2〕錢穆《中國學術思想史論叢》〈二〉，頁258。

第二、錢先生認爲莊老道家所創的宇宙觀，可稱爲氣化的宇宙觀，即宇宙萬物不過一氣之轉化。《中庸》承其說，而又別有進者，則在以德性觀自然，即於此一氣之化中，更指出其不息不已的至誠的德性，以與人事相會通，這是一種德性的宇宙觀：

> 《易傳》《中庸》，一方面認爲人道本身即就是天道，此義當溯源於孔孟。但另一面也常先從認識天道入手來規範人道，此法則襲諸老莊。但老莊言天道，只就現象言，不主從現象後面來覓取一主宰（若在現象後面覓取主宰，即易成宗教）。《易傳》《中庸》則不肯就象言象，而要在現象本身中來籀繹出此現象所特具而顯著的德性。此一點，亦遂與老莊發生絕大歧異……我們若把西方的哲學觀點來衡量批評老莊與《易傳》《中庸》，則他們都是主張根據宇宙界來推及到人生界的。老莊的宇宙論，不信有一創造此宇宙的上帝，亦不信人的智慧可以主宰此宇宙，可說是近於唯物的。但他們對物的觀念，注重在其流動變化，可說是一種氣化的一元論。《易傳》《中庸》並不反對此觀點，只從天地萬物之流動變化中，指出其內在固有之一種性格與特徵，故說是德性一元論。此種德性一元的觀點，實爲中國思想史中之特創。《易傳》《中庸》即運用此種德性一元的觀點來求人生界與宇宙界之合一，即中國思想史裏之所謂天人合一，因此《易傳》《中庸》不失爲儒家孔孟傳統，而終與老莊異趣。〔註3〕

第三、錢先生認爲天人合一是中國文化的基本模式，大體而言，孔孟是從人文界發揮天人合一，而老莊則改從自然界發揮此義，到了《易傳》《中庸》，又匯通老莊孔孟，進一步深入闡發此天人合一的義蘊。在《中庸》闡述天人合一，主要有兩義，一是誠與明，一是中與和：

> 《中庸》云：「誠者，天之道也。」朱熹注：「誠者，眞實無妄之謂。」當知天體乃眞實有此天體，群星眞實有此群星，太陽眞實有此太陽，地球眞實有此地球。凡此皆眞實不妄。循此以往，風雲雨露，乃眞實有此風雲雨露。……更循以往，喜怒哀樂，亦眞實有此喜怒哀樂。饑寒溫飽，亦眞實有此饑寒溫飽。凡此皆各各眞實，不虛不妄。中國古人則認此爲天道。故曰：誠者，天之道也。若就宇宙一切事象而論其意義，則眞實無妄即爲一切事象最大之意義。若論價值，則

〔註3〕錢穆《中國思想史》，臺北：學生書局，民國82年版，頁90～100。

眞實無妄亦即一切事象最高之價值。換言之，凡屬存在皆是天，即
是誠，即是眞實無妄。旣屬眞實無妄，則莫不有其各自之意義與價
值。此一義，乃中國思想史中一最扼要，最中心義。必先首肯此義，
始可進而言中國思想之所謂天人合一。……《中庸》曰：「中也者，
天下之大本也。和也者，天下之達道也。致中和，天地位焉，萬物
育焉。」何以謂天地位於中和？試就太陽與地球之位置言。若幻想
有大力者，將地球現行軌道移近太陽至某限度，則地球將爲太陽吸
力所攝，重再回歸太陽，而失卻其存在。又若此大力者將地球移遠
太陽至某限度，則太陽吸力將攝不住地球，地球將脫離日局，成爲
流星，遊蕩太空，而不知其終極之何去。然則就天體言，今日地球
位置，正因其距離太陽在一不遠不近之中度故。此所謂不遠不近之
中度，又以何爲準則？依今天文學常識言，豈不以太陽與地球兩體
之面積，重量，及其相互吸力之相和關係而決定。故知中見於和，
和定於雙方各自之內性。換言之，中由和見，和由性成。故中和者，
即萬物各盡其性之所到達之一種恰好的境界或狀態也。……何以謂
萬物育於中和？當此地球始有生物，必在某一區，溫度適中，不過
燥，不過冷。又必濕度適中，不過熱，不過潤。以及其他種種條件，
而後生物始得在此一區開始滋長。……然則天地雖大，萬物雖繁，
其得安住與滋生，必其相互關係處在一中和狀態中。換言之，即是
處在一恰好的情況中。如是而始可有存在，有表現。故宇宙一切存
在，皆以得中和而存在。宇宙一切表現，皆以向中和而表現。宇宙
一切變動，則永遠爲從某一中和狀態趨於另一中和狀態而變動。……
宇宙中和狀態，自始即存在。若非中和，則天地不得位，萬物不得
育。〔註4〕

以上爲錢穆先生《中庸》詮釋系統的主要理論，針對其觀點，我們有幾點反
省與批評：

　　第一、錢先生指出《中庸》的宇宙觀，是采取了莊老的自然觀來闡發孔
孟的人文觀，所以是匯通孔孟老莊之後的發展。這個看法我們認爲值得商榷。
依吾人之見，《中庸》是繼承了孔、孟修人道以證天道的教義之後，又再往前
推進一步，明天道以弘人道，這是先秦儒學傳統一根而發、調適上遂的結果。

〔註4〕同註2，頁283～296。

換言之，我們認爲儒學本身自有發展天道論的內在線索，不必是受到道家的影響。而且儒、道兩家由不同的途徑與方法所體證的天道，其內涵也有顯著的差異。戴師璉璋說：

> 有人認爲儒家天道論的開展是受道家影響，這不是沒有可能，不過值得注意的是儒、道家由不同的進路所體證的天道，内容意義是不同的；而且儒學本身也自有發展天道論的因素。……孔、孟立教，下學而上達，人們在克己復禮的實踐中，對於天命、天道必然有所體驗，相關的觀念成熟以後，發而爲議論，是自然的趨勢。〔註5〕

又說：

> 關於天道，與《易傳》先後同時的作品如《禮記》裏的《中庸》、《禮運》、《樂記》、《大戴禮記》的《本命》、以及道家的《老子》、《莊子》都有所論述。在天道的形式意義上，即作爲形上的實有而是萬物生成的終極根源這一意義上，各家是相同的。但在天道的內容意義上，由於體證途徑的歧異，《易傳》與其他各家就有顯著的不同。《老》《莊》的天道，是由人的無爲、萬物的自適而印證，是在「有」與「無」的相反相成中彰顯其大用。這與儒家的天道當然不能混爲一談。《易傳》與上述大小戴《禮記》各篇的天道，是由人的德性、萬物的生生而印證。〔註6〕

依戴師璉璋之意，道家之所以爲道家，儒家之所以爲儒家，本質上的區別在於道的內容意義，不在於道的形式意義。可是根據牟宗三先生的理解，就是在道的形式意義上說，儒、道仍有不同。表面上看，《中庸》和道家的道都負責萬物的存在（即使物實現），《中庸》說「天地之道，可一言而盡也；其爲物不貳，則其生物不測」（第二十六章），老子說「天下萬物生於有，有生於無」、「道生一，一生二，二生三，三生萬物」、「道生之，德畜生，物形之，勢成之」，〔註7〕莊子說：「夫道，……神鬼神帝，生天生地」，〔註8〕然而《中庸》所謂的「道」有積極的創生萬物的作用，是客觀的實有、創生的實體，而道家的「道」嚴格來講並無此義，它所謂的「生」其實是消極意義的「不生之生」。即是說，道不直接創生萬物，像上帝從無生有地創造萬物，而是由

〔註 5〕 戴師璉璋《易傳之形成及其思想》，頁48～49。
〔註 6〕 同註5，頁231～232。
〔註 7〕 分見《老子》第四十章、四十二章、五十一章。
〔註 8〕 《莊子》〈大宗師〉。

「不禁其性，不塞其源」（王弼注語）使萬物自己生自己長。道在這裏是讓開一步，不干預萬物，使萬物能適性地發展。這種不生之生，可避開萬物由第一因所創生而帶來的理論困難，不必無窮後退地去替萬物尋找一個合理的存在根據。也就是說，道家的道根本不顯創造的意義。〔註9〕牟先生在《才性與玄理》中，曾就「道生之」加以解釋說：

> 「道生之」者，只是開其源，暢其流，讓物自生也。此是消極意義的生，故亦曰「無生之生」也。然則道之生萬物，既非柏拉圖之「造物主」之製造，亦非耶教之上帝之創造，且亦非儒家仁體之生化。總之，它不是一能生能造之實體。它只是不塞不禁，暢開萬物「自生自濟」之源之沖虛玄德。而沖虛玄德只是一種境界。故道之實現性只是境界形態之實現性，其為實現原理亦只是境界形態之實現原理。非實有形態之實體之為「實現原理」也。故表示「道生之」的那些宇宙論的語句，實非積極的宇宙論之語句，而乃是消極的，只表示一種靜觀之貌似的宇宙論語句。此種宇宙論之語句，吾名之曰「不著之宇宙論」。……亦可曰「觀照之宇宙論」。〔註10〕

牟先生視老子的道為一種主觀的境界或心境，把它關連著生活實踐方面來說。如此一來，道成了一種可以經由主觀修行而達致的境界，這種工夫便是無的工夫，「致虛極，守靜篤」〔註11〕的工夫。在這樣的理解下，道不再作為客觀的形而上的實體，而與《中庸》實有創生萬物的作用的道體有別。既然《中庸》天道論不同於老莊，而又可從原始儒家孔孟思想發展而來，那麼錢先生認為《中庸》宇宙觀是采取莊老的自然觀來闡發孔孟的人文觀的說法，便顯得迂曲而不恰當。

第二、錢先生認為《中庸》《易傳》的宇宙論近乎主自然與唯物，是采取了道家陰陽氣化畸物的自然的宇宙論，只不過《中庸》《易傳》於此陰陽一氣之化中，更指出其一種不息不已的性能，稱之為誠，因而迥異於老莊。針對這一點，我們的看法是，《中庸》《易傳》的宇宙觀固不同於道家，也與陰陽氣化的宇宙論無關。不僅《中庸》論天地之道沒有陰陽以及氣化的觀念，《易傳》的論述雖有陰陽、剛柔等觀念，但基本上仍是本體宇宙論的形態，與秦

〔註9〕參見牟宗三《中國哲學十九講》，臺北：學生書局，民國72年版，頁104～107。
〔註10〕牟宗三《才性與玄理》，臺北：學生書局，民國67年版，頁162。
〔註11〕同註7，第十六章。

漢之際陰陽家、雜家的氣化宇宙論思想是不同的。戴師璉璋對其間的歧異，
有十分精確的分判，他說：

> 在《易傳》，把陰陽看成天地之氣的是〈象傳〉與〈文言〉。這兩傳
> 的作者，並未據此而構成一套宇宙論。把陰陽用爲宇宙論詞語的，
> 是〈繫辭傳〉。〈繫辭傳〉作者是從功能的觀念上來談陰陽，所以說
> 「陰陽不測」、「陰陽合德」；更值得注意的是，他所謂「一陰一陽之
> 謂道」，這道內在於人，就是人的善性，即「仁者見之謂之仁，知者
> 見之謂之知」的仁智之性。性與道是一，仁智的功能與陰陽也是一。
> 因此陰陽不可能是質實的氣，它是儒家本體宇宙論中的詞語，不是
> 陰陽家、雜家氣化宇宙論中的詞語，這分際是必須明辨的。把陰陽
> 用作氣化宇宙論的詞語是由《呂氏春秋》開始，到了《淮南子》作
> 者手裡，陰陽就成爲氣化宇宙論的中心觀念了。〔註12〕

戴師璉璋認爲《淮南子》裡的陰陽，是形而下的氣，可以生四時，生水火，
生日月，還會形成雷霆雨露霜雪。這與〈繫辭傳〉從善性，從仁智那裡見陰
陽，見道，顯然是不同系統、不同性質的說法，它們之間的歧異，也標示著
先秦儒學與秦漢雜學在思想上實有的分際。〔註13〕而《中庸》從高明、博厚
以及悠久無疆、於穆不已來體認天地之道，則天地之道即是道德創生的形上
實體，更絲毫不見氣化宇宙論的色彩。

第三、錢先生在論述《中庸》《易傳》「德性的宇宙觀」與莊老「自然氣
化的宇宙觀」的差異時，也曾注意到二者在天道意義上的不同，例如他說：
「老莊著重在從外面的現象來擬想天地自然，於是天地自然究其極，只是一
個虛無。儒家以德性來觀察，天道是至實至有。」又說：「在此不息不已之
道的看法上，儒道兩家亦生歧見。仁者見之謂之仁，此是儒家，故《易傳》
說天地之大德曰生，天地化育即是一至善。知者見之謂之知，此是道家，故
老子說天地不仁，以萬物爲芻狗，如是則自然本身並無善惡可言。」〔註14〕
可見錢先生也意識到儒道兩家天道內涵的不同，一在至實至有、至善，一在
虛無、無善惡可言。既然如此，爲什麼他仍然主張《中庸》《易傳》的天道
觀基本上承襲自老莊呢？由錢先生的論述來看，另有一個支持他這種說法的

〔註12〕 同註 5，頁 68。
〔註13〕 同註 5，頁 69。
〔註14〕 同註 3，頁 93～94。

原因。他認爲先秦儒家孔孟思想均偏注於人生界，而殊少探討涉及宇宙界，即使說天人合一，也是就人生界推演發揮；道家莊老則轉移重點，以宇宙界爲主，論人生也是全從其宇宙論引演，所以儒道兩家的區別，一是本於人事以言天，一是本於天道而言人。〔註15〕至於《中庸》《易傳》則以天道性命等形上學問題的討論爲重，而且跟老莊一樣，都是主張根據宇宙界來推及到人生界。因此錢先生遂認定《中庸》《易傳》的天道觀必然是從莊老的思想轉出。此一論斷，我們認爲有待修正。在我們看來《中庸》《易傳》雖重天道性命等形上學問題的討論，但這些都是基於道德主體的親知親證所建立的「道德的形上學」，與孔孟思想並無不同。至於《中庸》客觀地從本體宇宙論的立場言性之義，也可以由孟子說「心之官」是「此天之所與我者」轉出。牟宗三先生表示：

> 孟子雖從道德自覺上只道德實踐地言「仁義內在」，言本心即性，言「我固有之」，似未客觀地從天命、天定言起，然孟子亦言「心之官則思，思則得之，不思則不得也。此天之所與我者。得其大者，則其小者弗能奪也」。由「此天之所與我者」看，則于此心此性，孟子亦未嘗無「天命、天定」義。又引「天生烝民，有物有則，民之秉彝，好是懿德」之詩以證性善，則「秉彝」之性亦未嘗不是天所命而定然如此者。「固有」即是先天而本有，即是天所命而定然如此者。然則《中庸》說「天命之謂性」即是與孟子相呼應而說出也。〔註16〕

以上分析，說明了由孟子修人道以證天道至《中庸》明天道以弘人道的發展過程。這個發展過程可以在帛書《五行篇》裡取得文獻上的重要依據，〔註17〕顯示牟先生的說法是極有可能的。事實上，儒家思想不斷在發展變化的過程中，沒有理由不受其他學派的思想衝擊，也沒有理由不向別派的思想汲取養分，問題是這些文獻的核心究竟是發揮儒家的思想？還是別派的思想？假如這些分際不能釐清，我們就無法準確地判斷思想間的承受關係。

　　第四、雖然錢先生肯定《中庸》德性一元的觀點與老莊氣化的一元論歧異，而不失爲儒家孔孟傳統。但他在詮釋《中庸》思想時，卻往往採用莊老

〔註15〕參見錢穆《莊老通辨》，臺北：東大圖書公司，民國80年版，頁114。
〔註16〕牟宗三《心體與性體》第一冊，頁29～30。
〔註17〕參見汪義麗《帛書五行篇思想研究》，第四章〈五行篇在思想史上的意義〉。

自然氣化的觀點，不僅背離了先秦儒學的本義，造成自己理論內部的矛盾，也使得《中庸》形上思想流於西方所謂的自然主義（或唯物主義）。例如錢先生認為《中庸》論宇宙，所以絕異乎莊周老聃，在於指出了自然的德性即「誠」。然而何謂「誠」？按照錢先生的看法，「凡屬存在皆是天，即是誠，即是真實無妄」、「當知天體乃真實有此天體，群星真實有此群星，……凡此皆各各真實，不虛不妄。中國古人則認此為天道。故曰：誠者，天之道也」，這顯然是以氣化實然的觀點來詮釋《中庸》的誠、天道等概念，此舉將形成何種嚴重的問題呢？首先「天」以氣化說，則成為自然主義、機械主義的天，而不再有超越的意義，這跟孔、孟由道德實踐所體證的天的內涵有別，也跟《中庸》自「生物不測」的形而上的創生實體的觀點說天道的意義不合。其次，《中庸》講「誠」，誠是一種德性，是屬於道德的，這跟孟子、《大學》說誠基本上並無二致，錢先生卻以西方哲學家所謂「凡存在者莫不合理」的立場詮釋誠，使得誠原有的道德內涵喪失了。因為自然的存在是中性的，並無價值可言。同時這也是曲解了朱子說「誠者，真實無妄之謂」的意思。《中庸》「性」與「道」的情況，亦復如此。錢先先表示：

> 故曰：「一陰一陽之謂道，繼之者善也，成之者性也。」（易傳）又曰：「天命之謂性，率性之謂道，修道之謂教。」（中庸）凡《易傳》《戴記》之所謂性，猶莊周老聃之所謂自然。〔註18〕

又：

> 《中庸》說：「天命之謂性，率性之謂道，修道之謂教。」把自然扣緊在人性上，這是把孟子來會通到老莊。〔註19〕

可見在錢先生的理解下，性與道成了氣化意義的「自然」，結果還是自然主義，這明顯不合《易傳》《中庸》的本義。就《易傳》而言，陰陽是道生化萬物的兩種功能，它具有形而上的性格；道內在於人，便是人的善性。就《中庸》而言，「天命之謂性」的性是超越的義理之性，不是形而下的氣性之性，這是根據孟子說「性善」而來。「率性之謂道」的道是仁道，即人之所以為人之道，也都是具有道德意義的語詞。但在錢先生的說統下，「性」、「道」本有的道德性都不見了、失落了。牟宗三先生說：

> 原孟子所以言「性善」，其目的惟在說明人之道德實踐所以可能之先

〔註18〕同註2，頁265。
〔註19〕同註3，頁87。

天根據（亦是超越的根據）。此性是由「仁義內在」所見的「內在道德性」之性，是單對人之道德實踐以發展完成其道德人格（最高目標在成聖）而言。此性直下是道德地善的，直下是就這「內在道德性」之性自身說，……此道德性是極顯明而又極強烈，是孟子言性時所自覺地要維持的。即《中庸》《易傳》自「於穆不已」之天命、「爲物不貳生物不測」之天道言性，乃至自誠體、神體言性，此雖是統就天地萬物而言之，形上學的意味重，但亦是很顯明地要顯示出並維持住這道體性體之道德性。〔註20〕

依牟先生之見，無論是孟子或是《中庸》《易傳》，他們所說的「性體」總是作爲道德實踐的先天根據的性體，而且也就是道德創造的實體。「率性之謂道」的「道」亦然。由此而論，以自然氣化的觀點詮釋《中庸》的性、道，是不相應其義理性格的。錢先生對此未能有所自覺，導致他所建立的詮釋系統無法取得《中庸》文獻的印證與支持，並造成自己理論本身的不一致性。

第五、《中庸》「天命之謂性」的性是道德實踐的主體，此一主體必須通過「愼獨」的工夫始能呈現。由愼獨進一步講到「致中和」，則致中和也是自覺地作道德實踐的本質的工夫。然而在錢先生的說統中，這些都得不到恰當的解釋。像《中庸》首章說「君子戒愼乎其所不睹，恐懼乎其所不聞」，錢先生解釋爲「凡人心之明之所不睹不聞者，君子尤當致其戒愼恐懼之情」，〔註21〕這是把「不睹不聞」說成外在的對象，與《中庸》原義不符。所以徐復觀先生批評說：

朱子以「人所不知而己所獨知之地」釋「獨」，與《中庸》後面所說的「君子之不可及者，其惟人之所不見乎」正合。程朱之「敬以直內」，即由此而來。以後王陽明之所謂「無聲無臭獨知時，此是乾坤萬有基」，也是由此而出。但錢先生以「存在與表現」解釋誠，於是把不睹」「不聞」也解釋到外面去了。〔註22〕

錢先生對「中和」的解釋也有同樣的問題，他說「中和者，即萬物各盡其性之所到達之一種恰好的境界或狀態」，又說「宇宙一切變動，則永遠爲從某一中和狀態趨向於另一中和狀態而變動」，這樣看來，中和也成爲外部的狀態，

〔註20〕牟宗三《心體與性體》第三冊，頁 476～477。
〔註21〕同註 2，頁 293。
〔註22〕徐復觀《中國思想史論集》，頁 85。

而且是相對主義的概念，這跟《中庸》裡「中」是「形而上的實體」、「絕對
至善」的本義不合。試想，「中」如果不是絕對至善的形上實體，它如何能是
「天下之大本」？在《中庸》，作爲天下大本的中體是個形式字，其所指之實
體即是「性體」、「誠體」，它是價值判斷的標準，而不接受判斷。中體呈現，
主宰氣化，使之無不中節合度，這就是所謂達道之和。由中導和，始有眞正
的道德行爲的引生。徐復觀先生批評說：

> 錢先生在〈新義〉中亦覺其對誠的解釋，有「如西方哲學家所謂凡
> 存在者莫不合理」，似覺不安，如是「述中和義以補上篇之未備」。
> 但就我看，錢先生之所謂中和，亦與《中庸》不合。第一、錢先生
> 之言中和，也與其言誠一樣，都是外在的、而不是内發的；把《中
> 庸》之以人爲中心而推向宇宙的，說成以宇宙爲中心，而以自然來
> 比附於人；使《中庸》全書之精神脈絡不明。第二、錢先生說：「然
> 若再深言之，則當其在求中和之途程中，凡其一切變化，亦是一存
> 在，一表現，則亦無一而非中和。」這依然是「凡存在即中和」，與
> 「凡存在即誠」，並無區別。〔註23〕

徐先生也認爲從外在關係上來講中和是不恰當的。錢先生的說法可以是一家
之言，但若以之作爲理解《中庸》義理性格的依據，恐怕是行不通的。錢先
生說：

> 盡己之謂忠，是即盡己之性也。推己及人之謂恕，是即由盡己之性
> 以盡人之性也。忠即誠也。恕即明也。喜怒哀樂之未發謂之中，亦
> 即忠也。恕亦即和也。當知人心之喜怒哀樂，即是至誠至性，亦即
> 是人心之至忠。人心之遇物而有喜有怒，有哀有樂，此正人心至忠
> 之存在而表現。由是乃可有恕。捨卻喜怒哀樂，豈別有所謂忠之存
> 在與表現之餘地乎？人心無忠，又何能有恕？〔註24〕

錢先生直接以喜怒哀樂之情說忠、說中、說誠，明顯是不合《中庸》原義。
喜怒哀樂未發之中，是就能使情緒活動中節的超越之性說，不是就實然的心
境自身說。凡此種種，無不顯示錢先生對《中庸》本體（性體、中體、道體、
誠體）的體悟實有偏差，致使他的整個形上思想的詮釋系統流於膚淺的自然
主義（唯物主義）。

〔註23〕同註22，頁87。
〔註24〕同註2，頁301

第二節　勞思光先生《中庸》詮釋系統的考察

　　勞思光先生對《中庸》形上思想的詮釋，主要見於《中國哲學史》一書，他在這本書裡的基本論點，可以歸納說明如下：

　　第一、勞先生認爲《中庸》思想的特色有二，一是心性論與形上學的混合，像「中」與「和」的觀念，都通過「喜怒哀樂」的「發」與「未發」講，顯然這是就心性一面說，而其結論則歸於「天地」及「萬物」，乃是就存在一面說。所以「中」與「和」兼有心性觀念與形上規律意味，又如「道也者，不可須臾離也」的「道」，也是雜有「存在規律」及「德性規範」二義，因爲若只取後一義，則人常失道，不可說「不可須臾離」。另一特色則是神秘主義的傾向，像《中庸》第二十四章說「前知」乃「至誠之道」，這種論調與漢人符瑞讖緯之說一致，而大悖孔孟之義。

　　第二、勞先生認爲《中庸》的基本立場在建立一價值理論，此由「道」與「中和」二觀念可以見出。《中庸》說「率性之謂道」，以「率性」界定「道」的意義，其用意在於解釋價值標準及規律。率性爲順性之義，以順性爲價值標準，則其基本立場乃承認價值標準的內在性，跟孟子說「性」的觀念相近。又《中庸》以「喜怒哀樂」之「未發」與「發」解釋「中」與「和」，則此所謂「中」與「和」，必皆就一能有「喜怒哀樂」而又能超越「喜怒哀樂」者而言，這就是「心」或「自我」。「喜怒哀樂」表示情緒活動，而一切情緒活動只能作爲一組事實看，在這種層面上實無所謂「應然」的問題，即不能建立價值判斷。故欲建立任何價值理論，首先必須肯定一能超越此層面的自我觀念。《中庸》在論「中」與「和」時，即顯露對此自我的承認，這表示其目的之一在於建立一價值理論。至於「中庸」之所以未特別證立此一自我，乃因《中庸》作者預認了孟子的心性論證。其次，《中庸》又提出一理序觀念，這表現在「發而中節」一語中，即《中庸》所謂的「道」。勞先生說：

> 情緒之發，非必然「中節」，故「中節」一詞乃揭示一規範觀念。換言之，情緒或「中節」或「不中節」，「中節」則謂之得正，即有價值，反之，即無價值。於是情緒活動有善惡好壞可說。然則「中節」一詞所揭示之規範性，根源何在？意義如何？此乃關鍵問題。《中庸》於此，顯持一形上學立場，認爲有一普遍實在之理序，表現於萬象中，而「中節」即依循此理序或符合此理序之義。此即《中庸》所謂「道」。但此處顯然有一問題，即：若「道」爲實際決定萬象之規

律，則萬眾即應無違離此規律之可能，但如此說，則情緒作爲萬象之一，亦不能不「中節」。又若萬象可以合道或不合道，則此道只是規範而非規律，只表應然而不表必然。但如此說，則何以能謂「道」乃「不可須臾離」？論《中庸》理論者，於此處必須有一確切說明。就上述「中和」之義觀之，吾人已可知《中庸》雖假定一「不可須臾離」之「道」，但至少仍承認情緒活動可以違道。故有「中節」與「不中節」之分。而觀下文謂：「致中和，則天地位焉，萬物育焉。」（中庸章句）則顯然不獨情緒活動可以不「中節」，就天地萬物說，亦必須在「中和」能實現時，方納入正軌（即所謂「位」，「育」）。如此，則萬象皆可「得正」或「不得正」。而《中庸》此一立場即顯然爲混合形上學，宇宙論及心性論者。而其所謂之「道」，雖可經心性一面說明，卻非一純心性論之觀念。此表示《中庸》雖承孟子之說，卻又雜含形上學及宇宙論成分，正與以後宋儒周張之說相似，皆不能純粹以主體性爲歸宿者。〔註25〕

　　第三、勞先生認爲《中庸》「道」與「中和」之說，只引出問題，表現立場，而非對價值問題的解答。《中庸》解答價值問題，則見於其「盡性」與「誠」之說。《中庸》的「誠」字，在全文中有兩種不同的用法，或說有兩個「詞義」，一是作爲倫理行爲上的詞語，如「反諸身不誠」、「誠身有道」中的「誠」；一是作爲描述實有的詞語，如「誠者，天之道也」、「誠者，自成也」中的「誠」。《中庸》的基本立場是以形上詞義爲倫理詞義的基礎，將價值問題收歸在形上問題之下。勞先生說：

　　朱訂第二十章云：「誠者，天之道也；誠之者，人之道也。誠者，不勉而中，不思而得，從容中道，聖人也；誠之者，擇善而固執之者也。」（中庸章句）此中「誠者」與「誠之者」乃分指「已實現之境界」與「求實現之努力」說。而前二句取普遍意義，乃形上學語句；後二句取個別意義，乃描述德性之語句。然在《中庸》作者看來，此中兩層固是連爲一體者：蓋「天道」與「人道」即「聖人」與「擇善而固執者」之抽象化，若逆言之，則聖人乃天道之具體表現，而擇善者又乃人道之具體表現。依此，「誠」之形上詞義較爲基本。此義若明，則「誠」之倫理詞義即可依之決定。……第廿五章則云：「誠

〔註25〕勞思光《中國哲學史》第二卷，頁57～58。

者，自成也；而道，自道也。誠者，物之終始；不誠無物。」（中庸
章句）此則顯取形上詞義，而其下「是故君子誠之爲貴」又轉入倫
理詞義，其所以如此相混相聯者，又因《中庸》作者本以爲形上詞
義爲倫理詞義之基礎；即將價值問題收歸於形上問題之下，此亦《中
庸》之基本理論立場所在。〔註26〕

也就是說《中庸》是以形而上意義的「存有」作爲德性價值的根源。

　　第四、勞先生認爲凡欲以一形上意義的「存有」作爲價值根源，則其說必
歸至一「本性論」。通過「本性」觀念以保有其形上學特性，然後再就「本性」
及「實現」問題，解說具體事物與此「存有」的關係。〔註27〕《中庸》以「盡
其性」爲「誠」，此即表示其價值理論是以「本性的實現」爲根本義。他說：

此種以「本性」釋「價值」之思想，在哲學史上原屬常見者；如希
臘柏拉圖及亞里斯多德之說，皆屬於此一類型，顧立論繁簡有異耳。
就問題本身而論，此一類型之理論立場亦不難明白。蓋人作價值判
斷時，常就所涉對象有一「理想狀態」之假定；所謂「好」或「壞」，
常是涉及此「理想狀態」而說。此一「理想狀態」即與所謂「本性」
爲一事。……如此，所謂「好」或「不好」，皆應指「本性充足實現」
或「未充足實現」而言。每一存在皆有「應實現之本性」，而又皆未
必已能「充足實現其本性」；於是價值問題方能出現。此即一切以「本
性」之「實現」釋「價值」之理論之基本內容。此類理論雖有種種
繁簡深淺之異，然實是最常見之價值理論。《中庸》論「誠」與「盡
性」，實即此類理論之一也。〔註28〕

而「價值」問題是屬於「應然」的問題，只能從「主體性」一面加以解釋，
而不能從「客體性」一面加以解釋。因爲「價值問題」的根源，出於一獨立
的主體能力，稱之爲「理性意志」，或「實踐理性」，或「義理之性」，或「良
知」，而並不是出於事實上的某種存在，或某種關係。「應該」或「不應該」
既非知覺中的性質，也非推理思考中的性質，而必是依於這種獨立的主體能
力始能成立。〔註29〕因此，勞先生表示：

凡一切訴於「存有」以說價值之理論，無論如何複雜精巧，基本上

〔註26〕同註25，頁58～59。
〔註27〕同註25，頁97。
〔註28〕同註25，頁60～61。
〔註29〕參見同註25，頁108～109。

必不能成立；由此，一切以「形上之規律」或「宇宙之規律」爲依據，而欲解釋「價值」之說，亦皆有根本困難。〔註30〕

《中庸》既是以「存有」解釋「價值」的理論系統，所以也有根本困難。

第五、勞先生認爲《中庸》「誠」字除在直接描述德性時（如「誠身有道」之類）取倫理詞義外，即在取形上詞義時，尙有兩種內涵：其一與「未實現」，「求實現」相對，而表「已實現」，如「誠者，天之道也」、「自誠明謂之性」中的「誠」；其二則表一推動實現的動力，此即「唯天下至誠爲能盡其性」一段所論，而且「誠」爲「自成」，「道」爲「自道」也是此意。他說：

> 《中庸》認定，一切存在皆有本性，本性之實現（盡性）即是價值。就存有意義說，一切「本性」縱不在一群具體事物中實現，本身亦是實有，故於此可說「天道」與「人道」之別。但此是靜態地講。就動態意義講，則「本性之實現」不僅是一境界或標準，而且亦是一動力。於是，此一「本性之充足實現」之原則，即推動一切具體存在「實現其本性」。於是，整個存有領域，皆成爲一目的性之歷程。但此處即引出一嚴重理論問題。此即：若「本性之實現」不只是「應然」，而且亦是「必然」，則一切「不好」，何能產生，又此中是否尙有對「自覺努力」之需要？《中庸》未明白說及何以有「未實現本性」之可能，但原文之意顯然又以爲實現一切本性乃「聖人」之功用。……朱訂二十七章云：「大哉聖人之道，洋洋乎發育萬物，峻極于天。優優大哉。禮儀三百，威儀三千，待其人而後行。故曰：苟不至德，至道不凝焉。」（中庸章句）此中最可注意者，乃「苟不至德，至道不凝焉」一語。蓋若就「誠者，自成也；而道，自道也」二語觀之，則「應然」與「必然」合一，即不能解釋人文之意義，亦不能解釋錯誤及罪惡——即所謂「不好」——何以可能。今以「至德」爲「至道」之實現條件，則又多一論點。此論點即對「人」之地位之強調。所謂「聖人」者，指自盡其性，而又能盡人之性，盡物之性之「人」。於是，就「道」而言，雖本身推動「本性之實現」，然此種「推動」，又必通過人之自覺而顯現或落實（即所謂「凝」）。苟無至德之人（即「聖人」），則「道」亦不能落實。於是，「人」之地位，又突然重要。……實則，若一切「本性實現」須待「至德」

〔註30〕同註25，頁110。

之人，則「誠」只是一境界，一實有，而不能是動力；「道」亦不能
實現其自身；則「自成」，「自道」之語，義亦欠明。此又可視爲《中
庸》理論內部之困難，而此困難在日後宋儒學說尚屢屢見之，顧論
者罕能知此困難乃心性論與形上學間之衝突耳。〔註31〕

總之，勞先生認爲《中庸》所代表的理論以形上學爲主要成分，與先秦孔孟
的心性論固然不同，即與漢代流行的宇宙論也有不同。《中庸》是以形上意義
的「天道」爲重，雖有宇宙論成分，但其宇宙論只是形上理論的補助，與董
仲舒輩以宇宙論爲主而配以人格性的「天」，乃兩種不同的系統。〔註32〕從哲
學史的觀點說，宇宙論的型態較形上學型態爲幼稚。可是它們也有一共同點，
此即以「客體性」或「存有性」爲第一序觀念，而不以「主體性」或「活動
性」爲第一序。因此，都跟以「主體」爲歸宿的「心性論」不同。〔註33〕

　　以上爲勞思光先生《中庸》詮釋系統的主要論點，針對他的說法，我們
有幾點反省與批評：

　　第一、由勞先生對「價值問題」的哲學分析，可以看出他對道德本性確
有充分而相應的認知與掌握。像他強調「價值問題」不能從「客體性」一面
獲得解釋，只能從「主體性」一面獲得解釋，而且價值問題或「應然」必依
於一種獨立的能力（良知、義理之性）而成立，與知覺理解、推理思考等皆
有不同。由此，一切訴諸「存有」以說價值的理論基本上必不能成立。這些
意見其實就等於是在宣說「眞正的道德必須是自律的，而非他律的」此一命
題。就道德本性而言，道德如果不是自律，便是道德的否定，是自相矛盾的。
所以「道德是自律」屬於分析命題，即「自律」是由分析「道德」一概念而
得到的理性事實。「自律」是康德倫理學的核心概念，他以此來說明道德的本
質。依康德，所謂「自律」即是道德主體——意志（相當於中國哲學的良知）
的自我立法。我們的意志所須服從的道德法則正是它自己制定的法則，而非
來自其他根源。假使我們在道德主體以外尋求道德法則的根源，便是以「他
律」爲原則；而根據「他律」，我們只能建立虛假的道德原則。〔註34〕換言之，
如果以「存有」（形上的規律或宇宙的規律）作爲德性價值的根源，則道德就

〔註31〕同註25，頁62～63。
〔註32〕參見勞思光《中國哲學史》第三卷上冊，頁164。
〔註33〕參見同註32，頁53。
〔註34〕參見李明輝《當代儒學之自我轉化》臺北：中研院文哲所，民國83年版，頁
　　　　82～83。

要成爲他律的形態，便失去其獨立的實義。先秦正宗儒家講道德，即一向以
自律道德爲主（荀子例外），孔子說「爲仁由己，而由仁乎哉」、「仁遠乎哉？
我欲仁斯仁至矣」、「人能宏道，非道宏人」，〔註35〕孟子說「仁義禮智，非由
外鑠我也，我固有之也」、「由仁義行，非行仁義也」，〔註36〕都是此意。自律
道德的先天根據是能湧發道德意識的道德主體，由道德主體的自覺、自主、
自律、自定方向、自發命令，以好善惡惡、爲善去惡，便能「純亦不已」地
創生道德行爲，完成道德的實踐。孔子所謂的「仁」，孟子所講的「心、性」，
便正是這個道德主體。因此，孔孟成德之教的義理核心在心性論，這是毋庸
置疑的。勞先生指出此一事實，自是無可爭辯。問題在勞先生只承認孔孟思
想爲一「心性論中心之哲學」，卻不認爲孔孟思想也含有形上學的旨趣，他說：

> 我們確知孔子至孟子一系的先秦儒學，確以道德主體爲中心，並不以
> 「形上天」爲最高觀念；而且孔孟說中，就理論結構看，亦完全無此
> 需要。因此，我們亦不可說「形上天」是孔孟哲學的觀念。〔註37〕

勞先生認爲在孔孟心性論進路中，有關「天道」的命題，可說都沒有獨立的
意義。因爲「心性論」原以自覺自主的主體性爲中心，不須認定獨立於主體
性的存有。換言之，所謂「天道」只是主體自己自立自定的方向，並無離主
體而獨立的實有性，否則「天道」之說必引致一切外在形上學的困難。〔註38〕
因此，勞先生要取消「天」在孔孟思想中的超越性。

　　勞先生的主張如欲成立，首先要能合理詮釋孔孟思想中關於「天道」的
論述，這一步做不到，就表示他的詮釋觀點有問題。而且，我們認爲，勞先
生所謂「天道觀」的種種困難，其實是可以在「道德的形上學」的系統中獲
得圓滿的解決，不需要截斷天人之間的連繫。在我們看來，儒家的學問不只
講道德的應然，同時也牽涉到存在的問題。在西方，存在是交給上帝，是透
過上帝這個概念，否則存在的問題無法解決。而在中國儒家，負責萬物存在
的則是「天」這個觀念。孔孟都有超越意義的「天」的觀念，這是由詩書的
古老傳統發展而來，不可任意割截取消。孔子講仁，孟子講心性，固然都表
示對道德主體的重視，但是開主體並不是不要客體；而是要通過我們的主體

〔註35〕分見《論語》〈顏淵〉、〈述而〉、〈衛靈公〉。
〔註36〕分見《孟子》〈告子上〉、〈離婁下〉。
〔註37〕同註25第一卷，頁7。
〔註38〕參見同註32，頁74。

來了解客體，客體是透過主體收攝進來的。主體透射到客體而且攝客歸主，最後主客合一，仁體、心體、性體、誠體和道體合而為一。這就是儒家哲學「天人合一」的思想型態。牟宗三先生認為，儒家的道德哲學必定要承認其函有一「道德的形上學」，始能將「天」收進內，始能充其智慧方向之極而至圓滿。〔註39〕

　　所謂「道德的形上學」，意指由道德意識所顯露的道德實體以說明萬物的存在。因此，道德的實體同時就是形而上的實體（存有論的實體）。〔註40〕可是先秦儒家的發展是否能啟發出這樣的看法呢？戴師璉璋表示：

> 在儒學史上，孟子對於心性的證悟，的確是具有決定性影響的一步進展。心是人人所固有的本心，性在本心自悅、自覺中呈現。性一呈現，心就能進一步存養擴充；心能存養擴充性也就能隨之而越來越彰顯。所以孟子說：「盡其心者，知其性也。」（孟子、盡心上）盡心、知性的歷程，實際上就是成己、成物的歷程。人在這一歷程中所體驗到的，就是萬物都被我本心、真情、至性所涵攝，「反身而誠」、「強恕而行」就能證悟物我之間實有一種相生並育的關聯，這就是天道。我成己、成物的德業，就是天道通過我的形體而呈現它自己。所以孟子在「盡其心者，知其性也」之後，緊接著說：「知其性，則知天矣。」盡心、知性、知天，在實踐中是同時完成的。孟子的這一步實踐證悟，正與孔子「下學而上達」的知天命精神相契。〔註41〕

可見孟子的天道觀基本上仍是繼承孔子，採取道德實踐的進路，以闡明中國古代傳統「天人合德」的形上信仰。因此，對於勞先生不認為心性論必歸於道德形上學的講法，我們不能同意。如果天人之間不能相通，則孔子所謂「五十而知天命」、「畏天命」、「下學而上達，知我者其天乎」，〔註42〕孟子所謂「盡其心者，知其性也；知其性，則知天矣」、「萬物皆備於我矣」、「上下與天地同流」〔註43〕等等表述，將如何詮釋與理解呢？當然，勞先生自有他的一套講法，像他把孔子所謂的「天命」，理解為受因果律支配的經驗界，表示客觀

〔註39〕參見牟宗三《心體與性體》第一冊，頁35～36。
〔註40〕參見牟宗三《現象與物自身》臺北：學生書局，民國79年版，頁92。
〔註41〕戴師璉璋《易傳之形成及其思想》，頁46～47。
〔註42〕分見《論語》〈為政〉、〈季氏〉、〈憲問〉。
〔註43〕均見《孟子》〈盡心上〉。

限制的領域。但這種解法是很有問題的。如果「天命」的意義只是客觀的限
制，而沒有超越性，那麼孔子何必說「畏天命」？要了解客觀世界有其限制，
非吾人的自覺所能主宰，此義並不難知，何以孔子要到「五十」才能「知天
命」？可見天命不能簡單地理解爲客觀限制的領域。又他認爲「知我者其天
乎」一語是「表示孔子亦自覺時人不能了解孔子之思想」，並說此中「天」字
乃「習俗意義，孔子有時自不能免俗，亦偶用習俗之語。學者不可執此等話
頭，便曲解其全盤思想也」。〔註44〕問題是將這裏的「天」理解爲傳統的人格
天概念恰當嗎？傅佩榮先生批評說：

> 孔子一生志業在於爲國人找出安身立命之道，他所了解的天命，是
> 兼指命運與使命而言，亦即要使命運之天開顯爲「賦人使命之天」
> 一詞，是指人之自覺使命，推源於天，因此又稱「天命」。自覺其使
> 命其實正是「義命」，就一般情形而言是「行善以成己成物」，就個
> 別情形而言，則是特定的使命之完成，如孔子周遊列國，面臨生死
> 關頭時，宣稱「天生德於予」、「天之未喪斯文也，匡人其如予何」，
> 甚至包括儀封人的證詞：「天將以夫子爲木鐸」。……總之，孔子所
> 說有關「天」的語句，皆可一一在此得到印證，而決不是什麼不必
> 當眞的「話頭」。〔註45〕

傅先生以「天命」爲兼指「命運與使命」而言，此一解釋符合孔子原義，自較
勞說爲勝。又蔡仁厚先生也把「命」的意義分二面說，而且二者之間具有關聯
性。一是命令義的「天命」之命，一是命定義的「命運」之命。前者表示道德
命令（含有超越的意義），故須敬畏、服從、踐行；後者表示「客觀的限制」，
故應知之、受之、安之。〔註46〕這種說法也能合理詮釋孔子「天命」的內涵，
取得文獻的印證與支持。勞先生爲了維護自己的立場，刻意窄化孔孟思想中「天」
的涵義，把它壓縮成爲「人」的附庸，以便將儒學限定在心性論的範疇，而與
天道論相隔。但當他的詮釋還原到經典中時，卻出現許多不能自圓其說之處。
顯示勞先生的這種作法並不是很成功的。蔡仁厚先生批評說：

> 勞先生的意思，認爲正宗儒家只是「心性論」，似乎不容許儒家有「天
> 道論」。如果照他的意思，孔孟講仁與心性的「超越絕對性」便被抹

〔註44〕 同註37，頁79。
〔註45〕 傅佩榮《儒家哲學新論》，臺北：業強出版社，民國82年版，頁285～286。
〔註46〕 參見蔡仁厚《孔孟荀哲學》，頁127～128。

掉了，而「客觀性」也被輕忽了，結果只剩一個「主體性」。能把握
一個「主體性」雖然也不錯，但是一個「與超越客觀面不相通」的
主體性，卻並不能盡孔孟之教的本義，也不是陸王之學的究竟義。
照他這個講法，孔孟之教被縮小了，儒家「心性與天道通而爲一」
的義理規模被割裂而拆散了，「本天道以立人道，立人德以合天德」
的「天人合德」之教也不能講了。簡單一句話，「天」與「人」隔而
爲二了。在勞先生的心目中，整個儒家就只承認「孔、孟、陸、王」
四個人，而這四個人也被講成只「本心」而不「本天」了。〔註47〕

一項合理的詮釋，其詮釋觀點籠罩的文獻愈廣，則詮釋就愈成功，就這一點
而言，勞先生的詮釋恐怕不如他預期的樂觀。

　　至於「性與天道」的問題，孔子雖然很少談論，未曾有所解說，但這有
可能是因爲「性與天道」同屬形而上的問題，是存有的奧秘，除非透過仁德
的實踐以親知親證，否則空言是不易使人有眞切領會的。對此，牟宗三先生
有十分精闢的見解：

　　　　踐仁是成德的事，知天是生命之上達而通至絕對的事。「天何言哉？
　　　　四時行焉，百物生焉。」知天即是默契那「於穆不已、生物不測」
　　　　之道體（形而上的絕對實體）。踐仁成德必函通契于這形而上的實體
　　　　——這涉及一切存在的存有論的原理，這本體宇宙論的原理。「夫子
　　　　之文章可得而聞也，夫子之言性與天道不可得而聞也。」文章即「煥
　　　　乎其有文章」之文章，此是踐仁成德而表現于外者，故可得而聞。
　　　　性與天道是存有論的事，即，如此兩詞之通常字面意義而觀之，此
　　　　兩詞本指表一切存在之存有論的原理——天道籠綜一切存在而爲其
　　　　存有論的原理，性是分別地就各個體而爲其存有論的原理。一切存
　　　　有論的原理皆是奧體——無限的奧秘。「上天之載無聲無臭」固是無
　　　　限的奧秘，「性也者天地所以立也」，「性也者天地鬼神之奧也」（胡
　　　　五峰語），亦是無限的奧秘。但聖人不欲通過思辨理性把此奧體推出
　　　　去作一對象而去智測空言之，而且它亦不是空言得來的，是故「不
　　　　可得而聞」。不可得而聞一方表示孔子不常言，一方亦表示弟子們不
　　　　易理解（落于思辨理性之智測即不易理解，亦無定準），但卻並不表
　　　　示孔子對于性與天道無默契。雖有默契，但卻不常言（子所雅言詩

────────────────

〔註47〕蔡仁厚《新儒家的精神方向》，臺北：學生書局，民國78年版，頁141。

書執禮），更不用思辨理性去推測，蓋因此等事本不可以空言也。「仁
遠乎哉？我欲仁斯仁至矣。」踐仁是我自己所能掌握的事，是孟子
所謂「求則得之，舍則失之，是求有益于得也，是求之在我者也」。
「不怨天，不尤人，下學而上達，知我者其天乎？」天之知我即必
然函著我之知天，知其知我即是知天，此知即是默契，與天通契而
融于一。「天地與我並生，萬物與我爲一」，此雖是莊子語，然亦是
一切聖人所共有的意識。踐仁而可以知天，則仁與天必有其共通的
性格，即創生一切而成全一切也。性與天道這存有論的原理（奧體）
不須強探力索以求知解（通過思辨理性以求證明即是強探力索之知
解），但須踐仁成德即可冥契。〔註48〕

由牟先生的說明可知，天道天命本即深奧而不可測，所以知天之知，不是測
度之知，而是一種實踐的證知，即必須通過道德實踐的工夫修爲，才能契知
天道的義蘊，達到與天相知的至高境界，這是孔子「五十而知天命」的實義。
孟子繼承孔子成德之教，進一步說「盡心知性知天」、「萬物皆備於我」、「上
下與天地同流」，正顯示出其「心性天通而爲一」的道德形上學的義理規模。
在道德的形上學中，不僅無道德界與自然界懸隔不通的問題，而且即存有即
價值，整個存在界都充滿著價值創造的生機。這可說是中國儒家哲學的睿識
與特質。儒家自孔孟以來，並不以現實有限的人爲本，而隔絕了天，它是重
在如何通過人的覺悟而體現天道。人通過覺悟而體現天道，便是盡性知天。
然而盡性知天（體現天道）的過程是無止境的，所以成德的過程也無窮，其
間自有無限的莊嚴與嚴肅，而正在這裡可以看出儒家的超越意識與宗教精神。

　　第二、通常所謂的「形上學」，它一定要論及「存有」，例如本體究竟是
唯心抑唯物，這是本體論；還要論及「變化」（宇宙發展的軌跡），譬如其過
程究竟是機械的抑有機的，這是宇宙論。形上學主要的就是這兩部份。這可
以說是廣義的形上學。狹義的形上學則被視爲與本體論同義，而不包括宇宙
論。勞先生所謂的「形上學」，正是專指「本體論」而言，他把「宇宙論」看
成是哲學中最幼稚的一個部門。據此，勞先生認爲《中庸》代表的是儒學中
最早的形上學理論，係以「天道」爲最高實體，輔之以「性」觀念，與先秦
孔孟的心性論（以主體性爲中心的哲學）固然有別，也與漢代流行的宇宙論
不同。所謂漢代流行的宇宙論，是指由董仲舒所代表的「宇宙論中心」的思

─────────────

〔註48〕牟宗三《圓善論》，頁308～309。

想。董生之學，以天地之氣（元氣）分爲陰陽，這陰陽之氣又運行於四時，布列爲五行，再伸展到人生、社會、政教、學術各方面，因而形成了「氣化宇宙論中心」的思想。〔註49〕這種思想是把道德基於宇宙論，要先建立宇宙論而後才能講道德，此一說法與《中庸》的義理性格不合，前文已有辨析。勞先生的判斷基本上是正確的。雖然如此，《中庸》形上思想也不就是勞先生所謂的「以形上意義的天道爲最高級的觀念，而以心性爲次級觀念」，然後「對道德價值作存有論意義的解釋」，〔註50〕而應該說是「對存有作價值意義的解釋」。前者屬於所謂「形而上學的道德學」，即由對於形上學的某種肯定出發，然後建立一套道德學；〔註51〕後者屬於所謂「道德的形上學」，是以形上學本身爲主（包含本體論與宇宙論），而由道德的進路來接近並證成，〔註52〕即形上學基於道德。如前所論，我們認爲《中庸》是本於孔、孟修人道以證天道的教義，進一步明天道以弘人道，所以它雖然向存在方面伸展，還是所謂「道德的形上學」。這點可以直接由《中庸》文獻取得印證，例如：

1. 《中庸》講「愼獨」就是講主體，而且是從工夫上開主體，這跟孔子講仁，孟子講性，同樣是表示對主體的重視。此外，《中庸》說「致中和」、「明善、誠身」、「至誠盡性」、「自明誠」、「君子內省不疚」、「君子篤恭」等等，這些無不是工夫上的話語，也都顯示《中庸》仍是「以道德主體爲中心」的思想。

2. 《中庸》的中心思想爲「誠」，誠是人之道，也是天之道，所謂「誠者，天之道也；誠之者，人之道也。」（第二十章）。《中庸》論誠，一開始就關連著天人而言，可見誠的基本特性就是貫通天人的。但人要體現天道，必須經由實踐誠的工夫。換言之，天道之「誠」是人道「誠之」的修爲所要達到的終極境界。一旦達到此一終極境界，則天之道即人之道，再無誠者與誠之者的分別，這就是所謂的「天人合一」，現實上則有聖證以爲示範，所以說「誠者，不勉而中，不思而得，從容中道，聖人也」（第二十章），又說「肫肫其仁，淵淵其淵，浩浩其天。苟不固聰明聖知達天德者，其孰能知之」（第二十章），孔子「七十而從心

〔註49〕參見同註47，頁140。
〔註50〕參見同註32，頁77。
〔註51〕參見王開府《儒家倫理學析論》，臺北：學生書局，民國77年版，頁211。
〔註52〕參見同註39，頁9。

所欲不踰矩」，就是這個境界的表述，因此他是「踐仁成聖」的型範。

3.《中庸》稱述「聖人之道」，說「苟不至德，至道不凝焉」（第二十七章），
「至道」必須通過「至德」者的修養工夫始能呈現，這和孔子「人能
弘道」的說法相同，可見《中庸》思想是以「道德主體的自覺」為首
出的。

4.《中庸》說：「故至誠無息，不息則久，久則徵，徵則悠遠，悠遠則博
厚，博厚則高明。博厚所以載物也，高明所以覆物也，悠久所以成物
也。博厚配地，高明配天，悠久無疆。」（第二十六章）這是由聖人的
至誠無息說天地之道，顯示《中庸》是從人的踐德之誠來規定天道的
具體內容的。

5.《中庸》說：「唯天下至誠，為能經綸天下之大經，立天下之大本，知
天地之化育。」（第三十二章）又說：「唯天下至聖，為能聰明睿知，
足以有臨也；寬裕溫柔，足以有容也；……故曰配天」（第三十一章）
又說：「仲尼祖述堯舜，憲章文武，上律天時，下襲水土。辟如天地
之無不持載，無不覆幬。」（第三十章）又說：「大哉！聖人之道！洋
洋乎，發育萬物，峻極於天。」（第二十七章）這些文字都是對聖人
德配天地的人格的描述，充分說明了《中庸》是強調人的主體性、道
德性的。只要我們努力於人道的修為，一樣可以成就至聖的理想人
格，達到與天地合德的境界。《中庸》所謂「或安而行之，或利而行
之，或勉強而行之，及其成功，一也」、「人一能之，己百之；人十能
之，己千之。果能此道矣，雖愚必明，雖柔必強」（均見第二十章），
就是在闡發這個道理。

由《中庸》對道德主體性的肯定，可知《中庸》基本上是「性命天道相貫通」
的思想，而不是「對價值作存有論意義的解釋」的思想。勞先生說《中庸》
「不能建立主體性」、「以天道觀統心性問題，非以心性論立場安頓天道問題」
〔註53〕、「以客體性或存有性為第一序觀念，而不以主體性或活動性為第一
序」，〔註54〕顯然都無法取得《中庸》文獻的印證與支持。

當然，《中庸》講「天命之謂性」，也顯示了一種從天道說下來的宇宙論
進路，但如前文所論，此一說法有其思想史上的脈絡可尋，並不是憑空而起，

〔註53〕同註32，頁53。
〔註54〕同註32，頁78。

或如勞先生所云乃漢初的觀念用語。蔡仁厚先生表示：

> 《中庸》《易傳》這一個講法，一方面是呼應孔子以前「天命下貫而
> 爲性」的思想趨勢，一方面是順著孔孟的仁與心性而再向存有方面
> 伸展，以透顯心性的絕對普遍性（孟子言盡心知性知天，也正表示
> 這一種意向）。經過《中庸》《易傳》這一步發展，道德界與存在界
> 乃通而爲一──講道德有其形上之根據，而形上學依然基於道德。
> 在此，宇宙秩序即是道德秩序，道德秩序即是宇宙秩序，所以是「性
> 命天道通而爲一」的思想。先秦儒家由孔子孟子發展到《中庸》《易
> 傳》，其道德的形上學之基型，便透顯出來了〔註55〕

由於勞先生不承認超越地說的「天道」可以跟內在地說的「心性」通而爲一，
所以他對儒家的這一個基本大義，可謂缺乏相應的了解。

　　第三、勞先生在論《中庸》思想的特色時，認爲其特色之一是「心性論
與形上學的混合」，像首章「天命之謂性」、「致中和，天地位焉，萬物育焉」
即是。對於這種看法，我們要問：心性論是否必然排斥形上學？二者難道沒
有相交涉的可能？依我們的看法：如果「道德的形上學」能夠成立，那麼道
德界與存在界便可溝通合一，而不必如勞先生之強分爲二。依據前文對儒學
性格的辨析，《中庸》正是這樣一個「由『道德性當身』所見的本源（心性）
滲透至宇宙之本源」〔註56〕的「道德的形上學」的思想型態，所以兩界懸
隔的問題是不存在的。關於這點，王開府先生的解說可以澄清勞先生的疑慮：

> 《中庸》形上思想係牟宗三先生所謂的「道德形上學」，也就是由道
> 德實踐而證成的形上學。《中庸》以「肫肫其仁，淵淵其淵，浩浩其
> 天」的境界，爲「苟不固聰明聖知、達天德者，其孰能知之」，而聰
> 明聖知、達天德是聖人之造詣，爲道德實踐而自然證立，這裡祇有一
> 個立場，而非「心性論與形上學兩種立場之混合」。其實，道德形上
> 學也非持某種知識論、甚至某種哲學立場，它純粹是實踐所得之信
> 念，在實踐的造境中，心性與形上相貫通而已，無所謂混合。既然相
> 貫通，天人合德，形上與價值歸一，便無所謂價值問題與形上問題誰
> 歸誰下之疑慮；也非以形上詞義爲倫理詞義之基礎。在此實無悖孔子
> 立說本旨。……《中庸》「天命之謂性」一語也應作如是觀，這與孟

〔註55〕同註47，頁140～141。
〔註56〕同註39，頁140。

子以「心」為「此天之所與我者」（告子上）實同理路。〔註57〕
可見《中庸》的基本義理並不在對實然與應然作分解的詮表，而是重在由實
踐的進路以建立其道德的形上學，即對於天地萬物予以價值意義的說明。《中
庸》所謂「誠者物之終始，不誠無物」（第二十五章），便是實踐上的一個必
然的肯斷，也就是王陽明所謂的「有心俱是實，無心俱是幻」。〔註58〕心外無
物，良知不只是道德的基礎，也是現實存在的基礎。換言之，它不單有主體
義，而且有實體義，是一形而上的實體。離開良知，則物即失去其道德價值，
便非「物之在其自己」的真實義，此時物即由存在而歸於不存在（非價值意
義的存在）。「誠者物之終始」亦然，它是說一種德性創生義的成就，而不是
宇宙論的創造義的成就。以牟宗三先生的話說，這是「由道德實踐中之澈至
與聖證而成者，非如西方希臘傳統所傳的空頭的或純知解的形上學之純為外
在者然」。〔註59〕勞先生受到西方哲學的影響，將價值問題與形上學打成兩
橛，不能不說是一種偏執。牟宗三先生曾經批評說：

> 近人習於西方概念式的局限之思考，必謂道德自道德，宇宙自宇宙，
> 「心即理」只限於道德之應然，不涉及存在域，此種局限非儒教之
> 本質。心外有物，物交代給何處？古人無道德界，存在界，本體論
> （存有論），宇宙論等名言，然而豈不可相應孔孟之教之本質而有以
> 疏通之，而立一儒教式的（亦即中國式的）道德界、存在界、本體
> 論、宇宙論通而為一之圓教乎？此則繫於「心即理」之絕對普遍性
> 之洞悟，何必依西方式的概念之局限單把此「心即理」局限於道德
> 而不准涉及存在乎？此種圓教乃儒者所本有。〔註60〕

依牟先生之意，孔子踐仁知天，孟子盡心知性知天，仁與天，心性與天，似有
距離，實則已蘊函著仁與天之合一，心性與天之合一，這就是孔孟之教的本質，
也是宋明儒者的共同意識。此一本質即函道德秩序即宇宙秩序。換言之，儒家
由道德實踐的至乎其極，也可以函有一個存有論，但這不是以西方哲學為標準
的存有論，而是屬於實踐的存有論，或謂之實踐的形而上學，〔註61〕更確切地

〔註57〕王開府《四書的智慧》，頁471～472。
〔註58〕《王陽明全集》卷三，臺北：河洛圖書出版社，民國67年版，頁81。
〔註59〕同註39，頁9。
〔註60〕牟宗三《從陸象山到劉蕺山》，臺北：學生書局，民國68年版，頁20。
〔註61〕牟宗三先生說「從道德上說智的直覺是正面說，佛家道家是負面說，即，從
　　　　對于不自然與無常的痛苦感受而向上翻求『止』求『寂』以顯示。但這都是

說，就是道德的形上學。這既不是形而上學的道德學，也不是氣化宇宙論中心。

　　勞先生認爲《中庸》「道也者，不可須臾離也」的「道」，乃一普遍實在的理序，即宇宙自然律。一切宇宙秩序與人事規律均受此道（具有形上學規律的意味、有某種超越地位的原理）決定支配。因此，理論上說，萬眾應無違離此規律之可能，而情緒活動作爲萬象之一，也不能不「中節」。但實際的情況卻是人常失道，並且情緒活動也有「不中節」的時候。所以勞先生認爲這裡所謂的「道」，顯然雜有「存在規律」及「德性規範」二義，即兼具「心性論」及「形上學」的成份。由「道」的「不可須臾離」，顯示其爲實際決定萬象（自然與人事）的規律；由人的情緒活動的可以違道，又顯示此道只是規範而非規律，只表應然而不表必然。對於勞先生的說法，我們必須指出他在文義的理解上是錯誤的。《中庸》「道也者，不可須臾離也」是承「率性之謂道，修道之謂教」而來，「道」指的是「仁道」（人之所以爲人之道），這是就道德意義而言，因此，「不可須臾離也」的「不可」，便非意謂事實上的不可，而是指道德實踐上的不應該。換言之，《中庸》此句本來就是從應然的層面說的。既然「道」指表的是規範性的道德法則，那麼跟人在現實上的違道現象便不構成衝突。孔子說：「君子去仁，惡乎成名？君子無終食之間違仁，造次必於是，顛沛必於是。」（論語、里仁）強調一個成德的君子不可須臾違離仁道，其意正與《中庸》此處所云相同。勞先生拘執由存有定價值的立場，以便跟孔孟心性論中心的哲學有所區別，造成了他在詮釋《中庸》時大方向產生偏差，所以才會有「存有」與「應然」混淆的質疑。這種怪異的說法，其實是把西洋哲學傳統上「意志自由與決定論」的問題，套用在分析《中庸》的討論中，但是這樣的討論，對《中庸》作者而言，根本是不相應的。龔鵬程先生說：

　　　在中國哲學中的「道」，雖說是道法自然，人又法道，但我們卻不能
　　　理解爲人生價值規範是依宇宙自然律而建立的，因爲假若宇宙自然
　　　律是支配萬物生成變化的根本原理，人當然也在此規律中活動，不

從人的實踐以建立或顯示智的直覺：儒家是從道德的實踐入手，佛道兩家是從求止求寂的實踐入手。其所成的形上學叫做實踐的形上學：儒家是道德的形上學，佛道兩家是解脫的形上學。形上學，經過西方傳統的締曲探索以及康德的批判檢定，就只剩下這實踐的形上學，而此卻一直爲中國的哲學傳統所表現」，見《智的直覺與中國哲學》，臺北：商務印書館，民國82年版，頁346。

> 能自作主宰，則價值之道的建立，只能來自主體的自由，自然律不
> 可能為人生價值規範提供基礎，不能從存有來講價值，僅能從價值
> 來講存有；在人生實踐的過程中，至多只能說人可以「選擇」自然
> 律為其行動之典範，但自然律一經人的選擇，即以價值的身分納入
> 主體對行動的抉擇判斷中了。換句話來說，中國哲學中，存有論其
> 實就是價值論，依人在價值實踐歷程中所達到的境界，來講世界的
> 存有。〔註62〕

中國哲學的特質在於強調主體性，人通過其主體的工夫修養，而開顯了價值
的世界，成就了人生的境界。勞先生不從這個角度去思索《中庸》義理，反
而以西方哲學決定論的模型，來分析《中庸》的思想，當然會發現《中庸》
裡頭充滿了無法解決的問題。

　　此外，勞先生指出《中庸》另一思想特色是「神秘主義的傾向」，他所根
據的材料是《中庸》第二十四章論「至誠之道，可以前知」，認為「此種論調，
全與漢人符瑞讖緯之說一致，而與孔孟之義大悖」。不過，如前文所分析，這
章的主旨重在說至誠之明可以知幾的神用，而不是先客觀地說天地自然的現
象必與人事相應，所以跟漢儒「宇宙論中心的哲學」意義不同，況且《中庸》
其他論誠之處，明顯是以主體性的道德意義為主，依據「一項合理的詮釋應
該儘可能運用經典本身無疑義的文獻來解釋有疑義的章句，用清楚的觀念來
解釋不清楚的觀念」的詮釋原則，實不宜如勞先生所說，把它理解為古代原
始信仰之復活於兩漢。〔註63〕就本章而言，「楨祥」實指稱一切理性之事，「妖
孽」則指稱一切非理性之事，在此一前提下，說「國家將興，必有禎祥；國
家將亡，必有妖孽」，這是立基於經驗事實上的推論，是至誠知幾的神妙作用，
與假借陰陽五行以預言吉凶的說法有根本的差異，也與「信前知，重符兆」
的古代原始信仰之特色不同，不宜混為一談。

　　第四、勞先生認為《中庸》的誠字，在全文中有兩種不同的用法或詞義，
即倫理詞義與形上詞義，二者又常相混相聯，但《中庸》作者本以形上詞義
為倫理詞義的基礎，即將價值問題收歸在形上問題之下。也就是說，《中庸》
思想是以「客體性」或「存有性」為第一序觀念，而不以「主體性」或「活

〔註62〕龔鵬程《文學與美學》，臺北：業強出版社，民國 76 年版，〈中國哲學之美〉，
　　　　頁 59〜60。
〔註63〕同註 25，頁 53。

動性」爲第一序。這是勞先生以存有定價值的基本立場。可是當他以此觀點去詮釋《中庸》思想時，卻有許多扞隔不通的地方，顯示他的詮釋進路是有問題的。例如勞先生認爲《中庸》「誠者，天之道也；誠之者，人之道也」，前二句取普遍意義，是形上學語句；後二句取個別意義，是描述德性的語句。依此，「誠」的形上詞義較爲基本，《中庸》是以形上意義的「存有」作爲德性價值的根源。對於勞先生隔絕天道與人道，然後以天道觀統心性問題的論點，我們認爲跟《中庸》的義理性格是不相應的。在《中庸》裡，天道並非支配性的原理，天道爲「誠」的內容意義是經由人道「誠之」的工夫實踐所證實的，這是以價值定存有，而不是以存有定價值。人通過自己的心性修養，可以和天合德，所以才有「聖人」的觀念。勞先生完全弄顛倒了，當然會覺得《中庸》是混合了形上學、宇宙論及心性論的成分，而不能純粹以主體性爲歸宿。又如《中庸》「唯天下至誠，爲能盡其性。能盡其性，則能盡人之性，……可以贊天地之化育，則可以與天地參矣」，勞先生說「此在表面上，似處處涉及倫理詞義，因其中之『能』字與『可以』，皆似是就一個別心靈講；但此處所標出之『誠』，就其與『盡性』之關係看，則實已涉及形上詞義」。實際上，此處所謂「天下至誠」，明明指的是聖人。這章是從實踐哲學的立場，說明「聖人」至誠盡性以與天地參的過程，跟孟子說「盡心知性知天」，表意一致。可是勞先生卻本於他以存有定價值的觀點，要從「本性論」的形上學立場說誠，所以才出現這樣模稜兩可的說法。《中庸》第二十五章也是如此，所謂「誠者，自成也；而道，自道也」，都是落在人道的修爲上說，意指「誠」與「道」是要通過人的工夫實踐自己去完成的。換言之，這都是主體自身的事，《中庸》如此說，意在強調人格的自我完成和自我實現，也就是強調人的主體能動的作用。這正是孔子「爲仁由己」、「人能弘道」（論語、顏淵）之意。所以下文接著說「是故君子誠之爲貴」；而「誠者，非自成己而已也，所以成物也」，也與孔子「夫仁者，己欲立而立人，己欲達而達人」義同。並且《中庸》全篇一再宣稱君子之道、聖人之德，強調「苟不至德，至道不凝焉」，主觀修爲的色彩是極其濃厚的，豈可忽略此一基本立場，而說「《中庸》作者本以爲形上詞義爲倫理詞義之基礎」呢？我們認爲「一項合理的詮釋應該將經典本身視爲思想上一致和諧的整體，避免將詮釋對象導入自相矛盾的立場」，〔註64〕勞先生的詮釋，正好違反此一形式要求，

─────────────

〔註64〕袁保新《老子哲學之詮釋與重建》，頁77。

陷《中庸》內部義理於相互衝突的困境中。這意味勞先生需要調整其詮釋觀點，否則這種困局無法消解。又他以「本性論」詮釋《中庸》的「誠」（價值），也存在同樣的問題。

第五、勞先生認為《中庸》以盡其性為「誠」，這是屬於一種以「本性」解釋「價值」的思想。「本性」不是一經驗對象，只是一規範，一理想狀態。「盡性」即指「本性之充足實現」，本性之實現（盡性）即是價值。換言之，《中庸》是以形上意義的存有作為德性價值的根源。《中庸》是一套形而上學的道德學。其實，勞先生「本性觀」的錯誤是很明顯的，因為《中庸》「唯天下至誠，為能盡其性」是說唯有聖人（天下至誠）才能充分實現其義理之性（善性），主詞是聖人，這是就實踐哲學的場而言。可是勞先生的詮釋方向完全相反，他倒過來說，認為《中庸》是以「盡性」（本性之充分實現）解釋「誠」（價值），於是《中庸》便成為以存有論解釋價值論的思想型態。這固然符合他自己以存有定價值的基本立場，但卻不合《中庸》的義理性格。《中庸》是以價值論解釋存有論的道德形上學。

如依勞先生「本性論」的說法，將會發現《中庸》充滿了他所謂嚴重的理論問題。例如：「若『本性之實現』不只是『應然』，而且是『必然』，則『一切不好』，何能產生？又此中是否尚有對『自覺努力』之需要？」又：「若就『誠者，自成也；而道，自道也』二語觀之，則『應然』與『必然』合一；即不能解釋人文之意義，亦不能解釋錯誤及罪惡──即所謂『不好』──何以可能。」又：「若一切『本性實現』須待『至德』之人，則『誠』只是一境界，一實有，而不能是動力；『道』亦不能實現其自身；則『自成』，『自道』之語，義亦欠明。此又可視為《中庸》理論內部之困難。而此困難在日後宋儒學說尚屢屢見之，顧論者罕能知此困難乃心性論與形上學間之衝突耳。」其實，並不是《中庸》理論本身有衝突，而是勞先生的詮釋觀點就已蘊函了這一類的矛盾。因為無論是「唯天下至誠為能盡其性」，還是「誠者，自成也；而道，自道也」，主詞都是人，都是由「主體的道德自覺」說起，與「本性論」根本不相干，是勞先生自己曲解了《中庸》的文義。而且，《中庸》從「道德的形上學」的角度來看，正是發展孔孟「心性論」以解釋「存有」的思想，這點由《中庸》文獻本身可以充分說明。因此，我們認為勞先生所謂「《中庸》的價值理論是以本性之實現為根本義」的說法，基本上是無法成立的。

第三節　徐復觀先生《中庸》詮釋系統的考察

徐復觀先生對《中庸》形上思想的詮釋，主要見於《中國人性論史》及《中國思想史論集》二書。其基本論點歸納如下：

第一、徐先生將《中庸》分爲上下兩篇，〔註65〕並認爲上篇是直承《論語》而來的孔門文獻，其所以出現，主要是解決孔子的實踐性的倫常之教，和性與天道的關係；而下篇則是上篇的發展，其主要目的，不僅是在進一步解決性與天道的問題，也是進一步解決天道與中庸的問題。他說：

> （中庸）上篇是通過「天命之謂性」的觀念來解答性與天道的問題；通過「率性之謂道」的觀念來解答中庸與性命的問題。但這種解答，依然可以將命與性，中庸與性命，分爲兩個層次。下篇則是通過「誠者天之道也，誠之者人之道也」的觀念以解答性與天道的問題；更通過「誠者物之終始，不誠無物」的觀念，以解答中庸與性命的問題。不誠無物，則人的一切生活行爲，皆應含攝於誠的觀念之中。亦即中庸的觀念，應含攝於誠的觀念之中。換言之，下篇是以誠的觀念含攝上篇所解答的問題；這便把上篇的兩個層次，也融合爲一體了。……誠是忠信進一步的發展，這是在人的工夫上所建立起來的觀念，其根據，實在於人的自身；是立基於人的自身以融合天、人、物、我，這實係順著先秦儒家由天向人的發展大方向，而向前前進了一大步。由此再進一步時，便是孟子的以心善言性善。〔註66〕

第二、徐先生認爲《中庸》上篇的第一章，可以說是作者有計劃寫的一個總論，而「天命之謂性，率性之謂道，脩道之謂教」三句話，又是全書的總綱領，也可謂儒學的總綱領。關於「天命之謂性」，他解釋說：

> 「天命」的觀念，是從原始宗教承傳下來的觀念。天命的內容，主要是以「吉凶」、「歷年」爲主；「歷」是政權的長短，「年」是年命的長短。到了周公，在天命中開始賦予以「命哲」的新內容。

〔註65〕自「天命之謂性」的第一章起，至「哀公問政」之第二十章前段之「道前定，則不窮」止，爲上篇；自第二十章後半段之「在下位，不獲乎上，民不可得而治矣」起，一直到三十三章爲止，爲下篇。見徐復觀《中國人性論史》，頁105～106。

〔註66〕同註65，頁146～147。

哲是人的道德性的智慧；人的道德性的智慧，是由天所命，這已開始了從道德上建立人與天的連繫。不過此處命哲的哲，只當作是人生命中的一部分，尚不曾把它看作是人之所以爲人的本質，即是尚不曾把它看作是人之所以爲人的「性」。以「天命」爲即是人之所以爲人的性，是由孔子在下學而上達中所證驗出來的。孔子的五十而知天命，實際是對於在人的生命之內，所蘊藏的道德性的全般呈露。此蘊藏之道德性，一經全般呈露，即會對於人之生命，給予以最基本的規定，而成爲人之所以爲人之性。這即是天命與性的合一。……「天命之謂性」，這是子思繼承曾子對此問題所提出的解答；其意思是認爲孔子所證知的天道與性的關係，乃是「性由天所命」的關係。天命於人的，即是人之所以爲人之性。〔註67〕

關於「率性之謂道」，徐先生說：

「道」的意義，應當從兩方面來加以規定。從各個人來說，是人之所以爲人的價值的顯現；如此，便是人；不如此，便不是人。從人與人的相互關係來說，道即是人人所共由的道路；共由此道路，便可以共安共進；否則會互爭互亡。所以孟子說「夫道猶路也」。兩方面的意義，必含攝於每一方面的意義之中。「率性之謂道」，是說，順著人性向外發而爲行爲，即是道。這意味著道即含攝於人性之中；人性以外無所謂道。人性不離生命而獨存，也不離生活而獨存；所以順性而發的道，是與人的生命、生活連在一起，其性格自然是中庸的。因此，剋就此處而言，所謂率性之謂道，等於是說，順著各人之性所發出來的，即是「中庸」之道。〔註68〕

關於「脩道之謂教」，徐先生表示：

「脩道之謂教」，這是儒家對政治的一種根本規定。實現中庸之道的即是政治之教，亦即是政治。……哀公問政的第二十章的前半段，完全是「脩道之謂教」的具體闡述。……這裏面有兩句最重要的話，即是「脩身以道，脩道以仁」。脩身以道之道，即率性之謂道的中庸之道。脩道以仁的「脩道」，即「脩道之謂教」的「脩

〔註67〕同註65，頁116～117。
〔註68〕同註65，頁118～119。

道」。「脩道以仁」，是說把中庸之道，在政治上實現，必須根據於仁。〔註69〕

第三、徐先生認爲人人可以實踐，人人應當實踐的行爲生活，就是中庸之道，也就是孔子所要建立的人道。中庸的具體內容，實即忠恕。曾子以「忠恕」爲孔子的「一貫之道」，則中庸正是孔子的「一貫之道」。〔註70〕至於「中庸」一詞的意義，徐先生解釋說：

> 「中」與「庸」連爲一詞，其所表現的特殊意義，我以爲是「庸」而不是「中」；因爲中的觀念雖然重要，但這是傳統的觀念，容易了解。和「中」連在一起的「庸」的觀念，卻是賦予了一種新内容，新意義。所謂「庸」，是把「平常」和「用」連在一起，以形成其新內容的。……朱元晦「庸，平常也」，「平常」一字，極爲妥貼；惜尚不夠完全；完全的說法，應該是所謂「庸」者，乃指「平常地行爲」而言。所謂平常地行爲，是指隨時隨地，爲每一個人所應實踐，所能實現的行爲。……因此「平常地行爲」，實際是指「有普遍妥當性的行爲」而言；這用傳統的名詞表達，即所謂「常道」。程子「不易之謂庸」的話，若就庸的究竟意義而言，依然是說得很眞切的。平常地行爲，必係無過不及的行爲；所以中乃庸得以成立之根據。〔註71〕

第四、「愼獨」、「致中和」是《中庸》重要的工夫理論，對此，徐先生也作了詳細的解析。他認爲從理論上說，凡順性而發的行爲，應該都是中庸之道，但在一般人而言，天命之性，常常爲生理的欲望所壓所掩，性潛伏在生命的深處，不曾發生作用。如要將潛伏的性解放出來，爲欲望作主，則必須有戒愼恐懼的愼獨的工夫。〔註72〕他說：

> 所謂「獨」，實際有如《大學》上所謂誠意的「意」，即是「動機」；動機未現於外，此乃人所不知，而只有自己才知的，所以便稱之爲「獨」。「愼」是戒愼謹愼，這是深刻省察、並加以操運時的心理狀態。「愼獨」，是在意念初動的時候，省察其是出於性？抑是出於生理的

〔註69〕同註65，頁120～122。
〔註70〕參見同註65，頁114。
〔註71〕同註65，頁112～113。
〔註72〕參見同註65，頁124。

欲望？出於性的，並非即是否定生理的欲望，而只是使欲望從屬於性；從屬於性的欲望也是道。一個人的行為動機，到底是「率性」？不是率性？一定要通過慎獨的工夫，才可以得到保證的。沒有這種工夫，則人所率的，並不是天命之性，而只是生理的欲望。〔註73〕

「致中和」的觀念則是緊承慎獨的工夫說下來的，可謂「率性之謂道」的闡述。徐先生解釋說：

> 此處之中，乃就內在的精神狀態而言，即是伊川之所謂「在中」。……給天命之性以擾亂的是由欲望而來的喜怒哀樂。若喜怒哀樂，預藏於精神之內，則精神常偏於一邊。當其向外發出，亦因而會偏於一邊。這裏的所謂喜怒哀樂之未發的「未發」，指的是因上面所說的慎獨工夫，得以使精神完全成為一片純白之姿，而未被喜怒哀樂所污染而言，……在這裏便謂之「中」。「中」是不偏於一邊的精神狀態而不是性，所以只說「謂之中」，而不說「謂之性」。但所以能夠「中」，及由「中」所呈現的，卻是性。性是由天所命，通物我而備萬德，所以便說「中也者，天下之大本」。「發而皆中節」的發，乃是順著上面內在之中，而發為喜怒哀樂。……挾著由私人欲望所形成的喜怒哀樂的成見而發出去，即是順著自己的欲望去強加在他人身上，便一定與他人發生矛盾、衝突。順著純白之姿的精神狀態，發而為喜怒哀樂，則此時之喜怒哀樂，實自性而發。自性而發的喜怒哀樂，即率性之道，故此喜怒哀樂中即含有普遍性，因而能與外物之分位相適應，便自然會「發而皆中節，謂之和」，與喜怒哀樂的對象得到諧和。〔註74〕

「致中和」不一定是就一人而言，乃是就人人而言。人人能擴充其中和之德、中庸之行，便可使萬物各得其所，此即「天地位焉，萬物育焉」。徐先生認為這是非常平實的道理，沒有絲毫神秘的意味。〔註75〕

第五、徐先生認為《中庸》下篇，是以誠的觀念為中心而展開的，這是《論語》「忠信」觀念的發展，其真實內容則是仁。他說：

> 誠的觀念，是由忠信發展而來；說到誠，同時即扣緊了為仁求仁的工夫。不如此了解誠，則誠容易被認為是一種形而上的本體，誠的

〔註73〕同註65，頁124。
〔註74〕同註65，頁126～127。
〔註75〕參見同註65，頁128。

> 功用，也將只是由形上的本體所推演下來的；於是說來說去，將只
> 是西方形而上學的思辨地性質，與《中庸》《孟子》的內容，不論從
> 文字上，或思想上，都不能相應的。〔註76〕

總之，誠即是仁的全體呈露，人在其仁的全體呈露時，始能完成其天命之性，而與天合德。誠即是實有其仁，誠的作用，即是仁的作用。〔註77〕

　　以上為徐復觀先生《中庸》詮釋系統的主要論點。就詮釋內容而言，徐先生通過文獻上的關聯與思想發展上的考察，證明《中庸》為《論語》、《孟子》之間的作品，確立了它在儒家思想系統中的重要地位，並且間接否定了錢穆先生《中庸》是「匯通老莊孔孟」的說法。他在〈中庸的地位問題〉與〈有關思想史的若干問題〉二文中，〔註78〕對錢先生以自然主義的觀點詮釋《中庸》思想，以及由莊老書中的主要用語推斷《中庸》思想後出的新考據方法，一一予以辨正駁斥，他的評論大體上都頗為中肯。又《中庸》說「天命之謂性」，顯示一種從天命下貫而言性的思路，徐先生認為這可以由先秦儒學的演變發展加以說明。《尚書》〈召誥〉「今天其命哲」的觀念，就是從道德上將人與天連在一起的萌芽；經過孔子「下學而上達」的歷程，他的「五十而知天命」，便是對自我心性的道德性，有了澈底地自覺自證，「天命」是道德實踐所達到的境界，亦即道德自身的無限性。〔註79〕然後再由《中庸》作者進一步確認孔子所證知的「性與天道」的關係，就是「性由天所命」的關係。可見徐先生對先秦儒家形上思想的基本觀念——性與天道，基本上是採取道德的進路來詮釋的，他說：

> 到了孔子、孟子，則是在以仁為中心的下學而上達的人格修養中，
> 發現道德的超越性、普遍性；由此種超越性、普遍性而與傳統的天、
> 天命的觀念相印合，於是把性與天命（天道）融合起來，以形成精
> 神中的天人合一。這是通過道德實踐所達到的精神境界，是從人自
> 身的道德精神所實證、所肯定的天，或天命（道）；所以孔子要到五
> 十才能知天命；孟子一定要從『盡心』處以言知性，知天。〔註80〕

〔註76〕同註65，頁150。
〔註77〕參見同註65，頁150、152。
〔註78〕參見徐復觀《中國思想史論集》，〈中庸的地位問題〉與〈有關思想史的若干問是題〉二文。
〔註79〕參見同註65，頁163。
〔註80〕同註65，頁225～226。

顯示性與天道的貫通合一，實際上是仁在自我實現中所達到的一個境界。因此，徐先生在詮釋《中庸》思想時，也就特別說明了《中庸》對修養工夫的重視與對內在主體性的強調。他認為《中庸》「誠」的觀念是在「人的工夫上」所建立起來的，是立基於「人的自身」以融合天人物我。《中庸》說到誠，同時扣緊了為仁求仁的工夫。誠的作用，就是仁的作用，它不是由形而上的本體所推演下來的。這跟勞思光先生「本性論」的說法，顯然正好方向相反，但卻可以成功地避開由「本性論」所形成的困局。徐先生並且指出，《中庸》這種性格的形上學（實即實踐形態的形上學），實與西方一般由知性的思辯所推衍上去的形而上學不同，〔註81〕不可不辨。雖然他並未詳細論證其間的差異，然而這種對中、西形上學大界限的分判，卻是無可爭議的。又徐先生認為「率性之謂道」的「道」是仁，仁具有內在而超越的性格，道也具有內在而超越的性格，他說：「儒家思想以道德為中心，而《中庸》指出了道德的內在而超越的性格，因而確立了道德的基礎。」〔註82〕道既內在於人性之中，則經由慎獨、明善等的修養工夫，便可以體現人之所以為人的道德本性，進而契知天道的無邊義蘊，達到天人合德的境界。《中庸》以聖人為最高道德的標準，聖人能「盡其性」，即是能充分實現其內在而超越的道德主體，以至於參贊天地化育，而上達天德。只一「盡」字，便含有多少的切實工夫在裡面。所以《中庸》是由心性的自覺所證成的形上學系統，是孔門思想的進一步開展與極成。徐先生的理解與分析，基本上都能扣合先秦儒學的本義，並相應於《中庸》的義理性格。我們認為，徐先生以「實踐的形上學」的觀點詮釋《中庸》思想，較之錢穆先生「自然主義」的觀點，及勞思光先生「形而上學的道德學」的觀點要來得優越，不但能取得《中庸》文獻的印證與支持，而且也可以避免將詮釋對象導入自相矛盾的立場，是比較能合乎詮釋合理性要求的系統。

然而在徐先生的詮釋內容中，我們也發現有些地方值得商榷、修正，或進一步釐清：

第一、徐先生肯定《中庸》屬於儒家思想系統，固然是正確的，但他把《中庸》的年代置於《論語》、《孟子》之間，則有未妥。因為就《論語》、《孟子》的思想而言，形上學的課題並不是它們的主要關懷。先秦的形上學觀念，

〔註81〕同註78，頁81。
〔註82〕同註78，頁78。

要到老莊之時才成爲討論的重點，因此，如將《中庸》成書（義理）定在孟子之後，應當較能符合思想發展的趨勢。

　　第二、徐先生認爲孔子知天命、畏天命，並不是知或畏一外在的超越的主宰，而是對內在於自己生命中的道德心性無限的道德要求、責任而來的敬畏。他是在傳統觀念影響之下，便說這是天命。〔註83〕可見徐先生是重在從道德實踐所達到的精神境界說天、天命，而不將天、天命視作具有「形上的實體」意義的天道。他說：

> 就我個人的了解，儒家所說的天，自孔子子思到孟子，乃是道德性的天；如實的說，這是道德精神所達到的境界。這種精神境界，表面上好像是由天所命於人的性，人的心；實則是由人心之量的無限擴充而感到直通於天。如實地說，天只是人在精神中的一種感受性的存在，不要求有什麼嚴格地客觀規定。〔註84〕

徐先生純就人的內在的道德性來詮釋天、天命，則天、天命將因而虛位化。可是天、天命，無論意指人格神，還是形而上的道體，它都表示是天地萬物生化的根源，具有宇宙生化的功能，此一意義是不應被取消的。固然人由踐德的確可以產生超越的感受，由此而敬畏道德法則，說仁以外無所謂天道，心性以外無所謂天道，而天不必有其作爲能起宇宙生化之「創生實體」的意義。但如此說天、天命，能否相應孔子的原義呢？蔡仁厚先生說：

> 儒家對天命天道的了解與講解，雖然走向形上實體這一路，但從孔子對天的呼應與敬畏，可以看出他的生命與超越者的遙契，實比較近乎宗教意識。孔子所說的「天」亦比較保存了人格神的意味。在孔子踐仁的過程中，他所契悟的天道，實有二方面的意義：1、從「情」方面說，天道有類於人格神。孔子所謂「天生德於予」，「天之未喪斯文」，「天喪予」，「吾誰欺，欺天乎」，「獲罪於天，無所禱也」，「知我者其天乎」，都顯示人格神的意味。2、從「理」方面說，天道即是形上實體。孔子所謂「天何言哉？四時行焉，百物生焉，天何言哉？」在此，天即是「於穆不已」的生生之道（創生實體）。〔註85〕

可知孔子的「天」，除了有人格神的意義外，也有形上實體的意義。至於「知

〔註83〕參見同註65，頁99。
〔註84〕同註65，頁566。
〔註85〕蔡仁厚《孔孟荀哲學》，頁113。

天命」、「畏天命」，牟宗三先生解釋說：

> 「知命」是就現實之遭遇與限制說，是落下來說，故此命純是氣命
> 之命。「知天命」是提起來說，是向超越方面滲透。由此所成的限制
> 是超越的限制，個人一切遭遇儼若由天而命之者。但此「天命」不
> 是那「於穆不已」的天命之體之自身（因此純是以理言，以體言），
> 而須是帶著氣化說，（若天爲人格神的天，則其命吉命凶不須這樣帶
> 著氣化說，因爲這純是上帝的旨意，但若天之人格神之意漸減殺，
> 漸轉化，而只爲「於穆不已」之天，則須這樣帶著氣化說），而氣化
> 亦須通至天命之體說，不能割截其超越者而只落于現實之氣化（只
> 是氣之條件串）。似這樣一種超越的綜和關聯始形成「知天命」之超
> 越義與嚴肅義。此是儒家型的超越意識與宗教意識。大抵孔子之「知
> 天命」、「畏天命」，以及有慨嘆意味的「天也」、「命也」……等，俱
> 是指這種「天命」說。若光只是以理言的天命之體，則用不著慨嘆。
> 若光只是現實之氣化，只是物質之條件串，則無嚴肅義，此用不著
> 敬畏。故「天命」從體說與帶著氣化說俱須保存也。〔註86〕

則「天命」之義又是綜合理氣而言。換言之，「天命」的天不純是以「實體」言
（以理言）的天，也不純是以氣言的天，而是「實體帶著氣化，氣化通著實體」
的天。〔註87〕由此可見，徐先生以道德的超越性說天與天命，只能是孔子天、
天命的偏義，而非全義。又《中庸》「天命之謂性」的「天」，指的是道德的、
形上實體義的天，也不是徐先生所謂的「只是人在精神中的一種感受性的存
在」。因此，雖然徐先生認爲儒家所說的天是道德性的天，但他並不把它看成是
形而上的實體（道德的本體），而只是用來表徵道德的超經驗的性格。

　　第三、徐先生在詮釋「愼獨」的意義時，將《中庸》愼獨的「獨」類比
於《大學》誠意的「意」，即是「動機」、「意念」。依此，「愼獨」便意謂：「在
意念初動的時候，省察其是出於性？抑是出於生理的欲望？」徐說若順《中
庸》《大學》的文義而言，固亦可通，但我們認爲，《中庸》說「愼獨」的「獨」，
應當可以有其更深一層的意義，這就必須依劉蕺山愼獨之學來規定。照劉蕺
山的講法，「愼獨」包含二層意義，〔註88〕一層是由心體上講愼獨，也就是《大

〔註86〕牟宗三《心體與性體》第二冊，頁76。
〔註87〕同註86，第一冊，頁23。
〔註88〕參見劉宗周《劉子全書》（《中華文史叢書》之五七），臺北：華文書局，民國

學》所說的「所謂誠其意者，毋自欺也，如惡惡臭，如好好色，此之謂自謙，故君子必慎其獨也」（傳第六章釋誠意），這是由誠意說慎獨，而意乃「意根最微」的「意」，「好善惡惡」的「意」，屬於心，所以是從心體上說慎獨；另一層是由性體上講慎獨，也就是《中庸》所說的「是故君子戒慎乎其所不睹，恐懼乎其所不聞。莫見乎隱，莫顯乎微，故君子必慎其獨也」（第一章），這是從「天命之謂性，率性之謂道，修道之謂教。道也者，不可須臾離也」說起，所以劉蕺山以為《中庸》說慎獨是自性體上說。慎獨的「獨」，無論指謂心體（如《大學》）或性體（如《中庸》），都是具有超越意義的形上實體，即「獨」字所指的「體」，無善惡相，而為評判一切善惡者的標準。徐先生以「動機」、「意念」解釋慎獨的「獨」，則此「意」是心之所發，即吾人所謂發心動念，這是屬於經驗層的，有相對的善惡可言。二者比較，我們認為《中庸》慎獨的「獨」訓作有形上實體義的「獨體」，較之訓作經驗層面的概念（受感性影響的意念之意），更能切合《中庸》說慎獨的原義。即此而言，《中庸》的「獨體」，就是「天命之謂性」的「性體」，也就是作為「天下之大本」的「中體」，以及後半部所說的「誠體」，名稱雖異，其內容的意義則一。

　　第四、徐先生在詮釋「中和」的意義時，認為中和的「中」是就內在不偏於一邊的精神狀態而言，即是伊川之所謂「在中」。然而事實上，伊川「在中」之義的講法並不符合《中庸》原義，也與徐先生的詮釋有所不同。徐先生未能細察，遂有此誤認。據伊川的解析，「在中」之義是說「只喜怒哀樂不發便中是也」，此處「中」是形容詞，形容一種境況，「在中」是指吾人的心處於一種不發未形因而亦無所謂偏倚的境況，此即「不發便中是也」。可見這裡的「不偏不倚」是消極的意義，只以「不發、未形」規定。就此「不發未形」的心境說中，是內在於實然的心自身說一種實然的境況，並不是異質地跳躍一步指目一超越的性體或本心以為中。換言之，在這種解析下，心性不一，「不發便中」的心境並不就是性，因而也不就是《中庸》的「性體」與孟子所說的「本心」。但依《中庸》原義而言，所謂「喜怒哀樂之未發謂之中」，是說就喜怒哀樂未發之靜時見一超越的中體，因此中體得以為天下之大本。中體與喜怒哀樂之情乃異質的兩層。同時大本不得有二，所以中即性體，會通於孟子，中即本心，心與性為一。〔註89〕由此可知，伊川「在

　　　　57年版，卷二，〈語類〉二、〈易衍〉第七、八章。
〔註89〕關於伊川「在中」之義的解析，詳參同註86，第二章第六節〈中和篇〉。

「中」之義（或「不發便中」之義）並非《中庸》說中和的語句直接所顯示的義理間架。再者，就徐先生對「中」的詮釋而言，他所謂的「中」是指通過慎獨工夫使得精神完全成爲無一毫欲望之私的純白狀態。就「中」在於形容一種境況來說，徐說與伊川類似；但就「中」的實際內容而言，則伊川以喜怒哀樂未發時的潛隱未分的渾然狀態說中，顯然與徐先生所謂的「中」是不同質的兩層的。依徐先生的說法，其「中」的涵義應即是「天命之謂性」的「性」，所以他說「順著純白之姿的精神狀態，發而爲喜怒哀樂，則此時之喜怒哀樂實自性而發」。但因爲徐先生把「中」看成是形容詞，形容一種未被喜怒哀樂所污染的純白的精神狀態，所以他又說「『中』是不偏於一邊的精神狀態而不是性，所以只說『謂之中』，而不說『謂之性』。但所以能夠『中』，及由『中』所呈現的，卻是性」，這種膠著的分別，我們認爲是多餘的。「中」就形容一種純白的精神狀態而言，固是形容詞，然而形容詞轉爲名詞，即指目「性」字，成實體字。因此，中亦曰「中體」，中即體也。又《中庸》說「未發」與「發」，都是就喜怒哀樂之「情」而言，可是徐先生卻把「未發」解釋成未被喜怒哀樂所污染的純白的精神狀態，這是移到「體」上說「未發」，不是《中庸》語句的原義。

第四節　唐君毅先生《中庸》詮釋系統的考察

　　唐君毅對於《中庸》形上思想的詮釋，主要見於《中國哲學原論導論篇》、《中國哲學原論原道篇貳》、《中國哲學原論原性篇》、《哲學概論》、《中國文化之精神價值》等書。其基本論點，歸納說明如下：

　　第一、唐先生認爲《中庸》爲宗孟子的學者所爲，其成書宜在孟墨莊荀之後。他說：

> 漢人舊說，以《中庸》爲子思作，朱子承之，復意《大學》爲曾子所述。後人疑者甚多。吾今亦假定此二篇，除明微引孔子曾子之言者外，蓋皆爲七十子後學，宗孟子之學者，經墨莊荀三家言心之思想之出現，因而照應其若干問題，並亦用其若干名辭，而變其義，乃引申孟子之言心之旨，以繼孔孟儒學之統者之所爲。唯朱子之以《大學》《中庸》與《孟子》爲一貫之傳，仍未嘗誤。故謂《大學》爲荀學，《中庸》爲孟學，及謂《中庸》爲儒道合參之論，皆非本文

之所取。〔註90〕

　　第二、唐先生推斷《中庸》的成書年代，主要是就其思想義理方面加以衡定。他認為《中庸》論聖賢、修養工夫或心性之學，都是本於孟子性（心）善之義：

> 《中庸》首言率性為道，修道為教，皆必本於心性之善之義，而後可解。〔註91〕《中庸》一書，初在《禮記》中，朱子嘗列之為四書之一，並承漢儒及程子之言，謂為子思著，兼視為傳授孔門心法者。其列《中庸》為四書之末，正是自其為《大學》《論語》《孟子》之義，匯歸綜結處而言；則《中庸》之成書，亦宜在孔孟之後。今觀《中庸》之言性，更可見其能釋除莊荀之流對心之性之善之疑難，以重申孟子性善之旨，而以一真實之誠，為成己成物之性德，以通人之自然生命、天地萬物之生命、與心知之明，以為一者。其成書，固宜亦在莊荀之後也。〔註92〕

又《中庸》盡性立誠之教，從其中義理來看，已非聖賢的「始教」，而當是「終教」與「圓教」的形態。像孟子「盡心」是始教，《中庸》「盡性」則是終教：

> 以《中庸》之言率性之歸在盡性，與孟莊荀之言相較，則孟子言盡心知性，存心養性，莊子言復性，荀子言化性，皆未嘗言盡性。……孟子之盡心知性，全幅是一正面的直截工夫。……盡心可只須順當下已呈現之德性心而擴充之，盡性則必須去除一切心中之間雜，以歸於純一而不已。故盡心猶可是始教，可不包括：如何去除一切不善者之間雜者之工夫，亦可不包括：自妨其工夫之斷，而常存敬畏之戒慎恐懼等。盡性或具此盡性義之盡心，則必須包括此一切於其內，以使人之道德生活能成始而成終，而為終教者也。〔註93〕

立誠之教也是如此，《中庸》定達道為五、達德為三，天下之經為九，而皆統之於一誠，這種綜述而貫通的言論，也是屬於終教形態，而非始教形態：

> 按《中庸》言誠之語，多同孟荀言誠之義。然孟荀皆未嘗以一誠，統人之一切德行而論之。《中庸》則明謂三達德之智、仁、勇，五達

〔註90〕唐君毅《中國哲學原論導論篇》，臺北：學生書局，民國68年版，頁124～125。
〔註91〕同註90，頁124。
〔註92〕唐君毅《中國哲學原論原性篇》，臺北：學生書局，民國68年版，頁58～59。
〔註93〕同註92，頁61～62。

> 道之君臣、父子、夫婦、昆弟、朋友，與爲天下之九經，如尊賢、
> 敬大臣、柔遠人，以及人之爲學之博學、審問、慎思、明辨、篤行
> 之工夫，一切天人之道，皆以一誠爲本，而後能貫徹始終，以有其
> 成功。故曰誠者物之終始，不誠無物。此則孟荀所未言。人能思及
> 並論及誠之重要，而專以之立教，蓋亦必由人既知從事種種德行修
> 養之後，同時見及其中恆不免於夾雜，而有非德行中所當有者間之，
> 致其德行乃斷而不續，既有而終歸於無；方知此立誠之重要，並知
> 誠與不誠，乃爲一切德行之死生存亡之地，而不可不以之立教。故
> 此立誠之教非聖賢之「始教」，而爲其終教。〔註94〕

依唐說，孔孟立教，都重在正面昭示人生之道，所以強調正面的涵養與擴充，而不必反省到德行間雜與如何去除間雜的問題。《中庸》誠之爲德，在使一切德行中無間雜，其言戒慎恐懼的工夫，即包含了對德行間雜者的超克、轉化甚至去除之義，這是有進於孔孟荀的地方。孔孟荀也談誠，但都偏重其工夫義，《中庸》則除了說誠的工夫義外，也論其本體義，所謂「誠者，天之道也」、「不誠無物」，表示誠是天道本體，也是存在物的本體。唐先生說：

> 《中庸》之言修養工夫，則要在貫天道人道而爲一。《中庸》之中心
> 觀念在誠。其以誠爲天之道，非如孟子之偶一言及，乃直言天之道
> 亦只是一誠。此即使孟荀所偏自人工夫上言之誠，正式成爲一本體
> 上言之誠。〔註95〕

而且《中庸》說天道之誠的形而上學，必須通過孟子盡心知性的實踐工夫以求了解，才能正確地掌握其義理性格，而不致成爲第二義以下的外在論法：

> 自思想史之發展觀之，則此《中庸》之思想，正宜謂爲本孟子之性
> 善之旨，合荀子所謂心之能自令自命之義，以成「自成」、「自道」
> 之誠，而又化孟荀以來之工夫義之誠，爲兼通性德與天德人道與天
> 道之本體之誠所生之思想。其以誠爲天道天德，以達此天道天德之
> 誠，爲人至誠者所能至，謂「唯天下之至誠爲能化」，……《中庸》
> 之言天道天德之誠之形而上學，必由儒家孟子之傳之心性之學中求
> 誠之工夫，向上透入，以求了解，亦由此可見。故論《中庸》而先
> 置定天之誠或天道天德於外，而謂其賦於人以成人之性，則猶是第

〔註94〕 同註92，頁59。
〔註95〕 同註90，頁128。

二義以下之外在之論法。尚不足以顯《中庸》思想之骨髓所在，而明《中庸》思想與先秦他家思想之異同關鍵者也。〔註96〕

第三、唐先生認為《中庸》之教，如歸之一語，則「盡性」一言而盡，再約之為一言，則「誠」之一字而足。《中庸》盡性立誠之教，實為先秦儒家內聖之學發展的極至。孟子「即心說性」，《中庸》則是「即誠說性」。誠是《中庸》的核心觀念，它統攝所有德行，為一切道之能行，德之能成的超越的保證與根據。由此說的性德亦然，性是絕對的真實、絕對的善，它是使我們能夠「純亦不已」地表現道德行為的超越的根據。《中庸》以誠橫通內外，並縱通天人。唐先生說：

> 《中庸》則既以誠道通成己成物之事，又明言天命之謂性，更明言誠者天之道，自誠明謂之性；則言天命之謂性，又明言性之德，即言天之誠之道之命于人，而明于人者，即是性；而此「誠」之概念，即又為通天命與人性者矣。此中以「誠」之道，通成己與成物之事，可說是橫通內外，以「誠」之道，通天命與人性，則可說是縱通上下。〔註97〕

又說：

> 誠之道具於天，為天德，其具於人，為人之性德。人盡其性德，即達乎天德而成聖。聖德之見於聖人之發育萬物之聖道，亦同於天德之見於天之化育萬物之天道。聖人之「不思而中，不勉而得」，是至誠之誠，乃即後儒之即本體而即工夫之境。學者之思而得，勉而中，是「誠之」之誠，乃後儒所謂由工夫以復本體之事。誠則無間雜而純一不已，故能成始而成終，為物之終始。故有此誠之一言，而天德、性德、天道、聖人之道與學者之道皆備；隨處立誠，而內外始終，無所不貫。〔註98〕

第四、唐先生認為《中庸》「天命之謂性」的思路，其實可從孟子言性及言命之旨轉出，而接上先秦儒學的傳統：

> 蓋依孟子言性之說，吾人在一境遇而知義之所在，即可視為天之所命之所在，亦我之盡心知性之事之所在，故曰：「命也有性焉」。則于此天之所命于我之義，亦可同時視之為己之所自命于我者，而

〔註96〕同註90，頁130～131。
〔註97〕唐君毅《中國哲學原論道篇貳》，臺北：學生書局，民國67年版，頁74。
〔註98〕同註92，頁68。

此心性即有自命之義。孟子既謂心性爲天所與我，則可由此更進以說此性中之自命，即天之命之貫徹于此性之中，或天之明命之見于吾人內心之明德之中；再可更進以說此內心之明德所在，即天之明命所在；此心之性之所在，即天命之貫徹之所在，亦可說此性即天命之貫徹凝注之所成，或即此天命貫注之所成矣。天命貫注，即謂之性，是即成《中庸》之天命之謂性之說矣。……此唯是由孟子之言性爲天所與我及言命之旨，所轉化而成之論也。……則此所謂天命之謂性，不宜如傳統宗教之說及漢儒及朱註之解釋，先客觀的、信仰式的、獨斷論的設定一天，謂其于生人物之時，自上而下，由外賦與以一定之性。若如此論，則是先知有天命之下貫于人性，非先知人性之能上達于天命。即與孔子先言「下學上達」，乃更言「知我其天」，孟子言「盡心知性則知天」之傳統，不合。〔註99〕

又「率性之謂道」一語，唐先生的解釋是：

對此率性之謂道一句，人可問誰爲率性者？王充《論衡》〈率性篇〉，即嘗謂此率性者乃外在之教化。此則明不可通。若如其說，則修道之謂教一句，應在前矣。或謂率爲由，則又成任性之說矣。朱子釋率爲循較妥。然此循性，即人之自循其性。……故此《中庸》之「率性」之一名之本義，應爲：人之本道德理想而自命自率，以見性之表現之意。此自命自率，爲一相續不斷之歷程，即見此自命自率之自形成一道路，亦見性之表現之自形成一道路。〔註100〕

至於「修道之謂教」，唐先生說：

所謂修道之謂教者，此修亦不能是在此道之外，別有一修治此道者。此中之修道者，應亦即此性之于其自命自率之歷程中之自修。其所以須自修者，則以此自命自率，或不能常循于一道德理想而發，或不免有違此理想之意念等爲阻礙，以斷而不能續。故須自加修治，以去其阻礙，使斷者相續。〔註101〕

第五、唐先生認爲《中庸》戒愼恐懼的愼獨工夫，是上承曾子所謂「戰戰兢兢，如臨深淵，如履薄冰」之義而開出的。其意是說人即使在自以爲無

〔註99〕同註97，頁75～76。
〔註100〕同註97，頁77～78。
〔註101〕同註97，頁78。

過時，也應當有一恐懼戒慎其自陷於過惡的工夫，以求工夫之不息，冀能達到「至誠無息」、「純亦不已」而「天道人道不二」的聖境。他說：

> 所謂不睹不聞隱微之地，可指外面不可見而爲人內心所獨知之念慮，亦可指自己所不自覺而藏於內心之深處之過惡，亦可指人之時時不免陷於過惡之可能或過惡之幾。如朱子註所謂「幽暗之中，細微之事，跡雖未形，而幾則已動。」由是而知人才一放肆，無所忌憚，即可陷於過惡與邪僻，，而使此心成大不誠之心。故此中必須有一戒慎恐懼之工夫，用於此不睹不聞之隱微之地，知「莫見乎隱，莫顯乎微。」求如朱子所謂「以過人欲於將萌，而不使其潛滋暗長於隱微之地」，求如《中庸》所謂「內省不疚，無惡於志」。此爲「人之所不見」之工夫，方爲「君子之所不可及」，亦內心修養之「誠之」工夫最宥密處。是謂慎獨。〔註102〕

又說：

> 《中庸》以戒慎恐懼之義言慎獨，尤密於《大學》以自慊言慎獨者，則在《中庸》之戒慎恐懼，乃一既知道行道合道之德性心（即《中庸》之性德）恒自懼其或將陷於非道之情。故戒慎恐懼，乃一能合道之德性心之求自保自持。唯由此心之能自保自持，方見此心之自身之爲一眞正之獨。〔註103〕

　　第六、唐先生認爲中國形上學的正宗，由傳統儒家所代表。傳統儒家形上學，主要表現在天人合德的思想。人的本心本性，即通於天理天心，而天理天心的呈顯，也遍在於自然，內在於人心。中國形上學，在本體論方面的主張，是與人生的實踐不相離的。換言之，即形而上的存在，須以人生修養工夫去證實。這種經修養實踐的工夫以盡心知性知天的道路，正是由孔子所開啓、孟子所樹立的即主觀即客觀、即內在即超越的道德的形上學的道路。〔註104〕《中庸》所表現的形上思想，就是此一路向的形上學的發展。他說：

> 儒家之形上學，主要在其天人合德之理論。其言人，則主要在其言人心、人性、人道、人德，而人道皆可通於天道，人德亦通天德者。

〔註102〕同註90，頁132。
〔註103〕同註90，頁133。
〔註104〕參見唐君毅《哲學概論》，臺北：學生書局，民國67年版，下冊，頁1028～1029。

其言天道人道，天德人德之勝義，則在其言生、言善或價值。並言
善或價值之本之仁，言善或價值之表現於中和或大和，或至誠無息。
此皆爲可兼貫通天與人而說者。〔註105〕

又說：

孟子之言性善言盡心知性以知天，亦即開啓儒家之道德的形上學。此
道德的形上學，不似柏拉圖之《提謨士對話》中之道德形上學，乃由
造物主之將至善之理念下徹，以創造世界，乃有宇宙魂之瀰綸世界。
而是由人之盡心知性以知天之工夫，以求上達，而歸於人之「萬物皆
備於我」、「上下與天地同流」之境界之直接呈現。而此境界，則爲內
在之形上境界，而非如柏氏所陳之超越的形上境界也。而孟子之形上
學，又爲通於以誠爲天人一貫之道之《中庸》之形而上學，及以人之
仁通「乾元」、「坤元」之《易傳》之形上學者。〔註106〕

又說：

依中國儒家正宗之論，人不知德性，即不能知心，不知心即不能知
天。而一切只以吾人一般之心，推測世界之西方式之超越外在之形
上學，或只知實踐理性之重要，以建立形上學之命題，而不重如何
證實形上之實在，如康德之形上學，及以心解釋宇宙之康德後之唯
心論形上學，與印度式之去妄歸眞，轉識成智之佛家形上學，在此
皆不免落於哲學之第二義矣。中國先哲之此種由知德性以知心，由
知心以知天之思想，要在人由充量昭顯其心之德性後，以見此心之
所以爲心，及天之所以爲天。此充量昭顯其心之德性之心，即聖人
之心。故中國先哲之形上學，乃要求人人以聖人之心，自觀其心，
而據聖人之心，以觀天之所以爲天之形上學。〔註107〕

以上爲唐君毅先生《中庸》詮釋系統的基本論點，針對其說法，我們有以下
幾點反省：

第一、唐先生從思想史的進路，確認《中庸》思想是發揮孟子一路心性
之學至極精微之境者；並從觀念系統的進路，證立《中庸》形上義理實即先
秦儒家道德的形上學的發展。所以他不取錢穆先生《中庸》是「匯通孔孟老

〔註105〕同註104，頁718。
〔註106〕同註104，上冊，頁110～111。
〔註107〕同註104，頁1030。

莊」的說法。這種視《中庸》爲純粹儒學的觀點，與徐復觀先生的主張是一致的。只是徐先生推斷《中庸》爲《論》、《孟》之間的作品，而唐先生則以爲《中庸》的成書當晚於孟墨莊荀。又徐先生認爲儒家所說的天或天道，乃是道德實踐所達到的精神境界，僅用以徵表道德自身的超越性、無限性，並非形而上的實體；而唐先生則保留了天或天道的形上實在義，雖然他也認爲超越的天或天道要經由主體道德實踐的工夫才能證實。

　　第二、錢穆先生根據《中庸》與莊老書裡主要用語的相同相似處，推斷《中庸》成書晚於莊老，而且其思想爲有本於孔孟而會通之以老莊者。此說之非，徐復觀先生已詳加辨正。〔註108〕唐君毅先生則從「照應其若干問題，並亦用其若干名辭，而變其義」的觀點，也認定《中庸》是儒家經典，而不取錢先生「儒道合參」之論。他說：

> 《中庸》之由率此性之道，修此性之教，表現于喜怒哀樂之發而中
> 節，以言天地位、萬物育，固爲以儒家之義爲大本，以用道家所喜
> 用之辭，而亦將其辭所代表之義，亦攝于儒家之義之下。固不可以
> 之爲道家之說也。〔註109〕

可見《中庸》的義理性格基本上是儒家的，由字語的共同使用，並不足以作爲論斷各家思想線索的依據。

　　第三、唐先生認爲《中庸》由天命下貫說性的思路，可依孟子言性爲天所與我及言命之旨轉出，所以對《中庸》說天道之誠的形而上學，必須通過孟子盡心知性的實踐工夫來了解，不宜獨斷地說一天命，使人先對之加以懸想，然後言其由上而下貫注爲人性。如此可以避免外在論法的不當，而正確地掌握《中庸》道德主體論的精神。依前文所述，徐復觀先生也主張《中庸》「天命之謂性」

〔註108〕徐復觀先生對錢先生所用的考據新方法，提出兩點質疑：第一，老莊所用的字語，都是幾經發展演變而來，無一語具有「語源」的資格。因此，用錢先生同樣的方法，把錢先生所得的結論完全倒轉過來；即是把錢先生說《中庸》、《大學》等來自莊老的字語，而倒轉來說老莊所用的是來自《中庸》《大學》，我認爲沒有什麼不可以的地方。因爲都可以找出不確切的理由以作爲其思想線索。第二，錢先生分明說各家「所用字語，亦若慣常習見；然此一家之使用此字此語，則實別有其特殊之涵義」（自序）；並以「孔孟好言正，莊周心中亦有正，惟非儒家孔孟之所謂正耳」（補序）。此種看法是很對的。《中庸》《大學》等所用字語，在各書中皆自有其解釋，以形成其「特殊之涵義」，假定《中庸》《大學》所用之字語，眞是沿自老莊，亦只能由此以推斷各書成立時代之先後，並不能由此以斷定各書的思想線索。見《中國思想史論集》，頁100。

〔註109〕同註104，頁80。

的說法可從傳統儒學的發展來理解，他認爲把「天命」看作是人之所以爲人的「性」，實際上是由孔子在下學而上達的過程中所證驗出來的。徐、唐二人的結論一致，而唐先生的解釋更能相應於問題的本身。經由徐、唐二氏的說明，可以使《中庸》「天命之謂性」的解釋擺脫跟道家、漢儒的夾雜糾纏，而回歸到儒學正統，同時也是回應了錢穆、勞思光二先生在這方面的質疑。

第四、唐先生認爲《中庸》的「性」是絕對的眞實，絕對的至善，它是吾人能夠「純亦不已」地表現道德行爲的超越的根據。依此，「性」當即是「道德的本體」，或稱爲「性體」。《中庸》「即誠說性」，性體就是誠體。《中庸》「率性之謂道」，依據我們的看法，是說吾人依循性體所自發的道德律令而行便是仁道（人之所以爲人之道），如此一理解不誤，那麼唐先生將「率性」詮釋爲「人之本道德理想而自命自率，以見性之表現之意」，可說是切合《中庸》原義的講法。「率性」是主體本乎性體所自發的道德律令而自命自率，非是率循一外在的客觀的道德規範，這是自律道德與他律道德的大界限，唐先生的分疏是很清楚明確的。

至於「修道之謂教」一句，唐先生解釋與「率性之謂道」類似，都是就人之本道德理想而自命自率上說，只是「其所以須自修者，則以此自命自率，或不能常循于一道德理想而發，或不免有違此理想之意念等爲阻礙，以斷而不能續。故須自加修治，以去其阻礙，使斷者相續」。唐先生的說法前後一貫，自有他的好處，但我們認爲「修道之謂教」這句話，如果按照徐復觀先生的詮釋，把它理解爲是儒家對政治的一種根本規定，並結合《中庸》第二十章的前半段來看，應當具有其更大的詮釋效力。換言之，「修道之謂教」是說將道（仁道）修之於家國天下而成教化的意思。如此，「率性之謂道」是個人的事，「修道之謂教」則是政教之事，二者可以清楚地劃分開來，牟宗三先生即是採取這種看法。〔註110〕

第五、「愼獨」是《中庸》說道德實踐的重要工夫，唐先生認爲此一觀念是上承曾子「戰戰兢兢，如臨深淵，如履薄冰」之義而開出的，這點牟宗三先生的看法亦同。〔註111〕由唐先生的詮釋來看，他所謂「愼獨」的「獨」，有

〔註110〕牟宗三先生認爲：「率性之謂道」是一義，「修道之謂教」是另一義。前者是個人之事，後者是政教之事。焉可混而一之？「修道之謂教」者，是將道教之于家國天下而成教也。是《心體與性體》第一冊，頁236～237。

〔註111〕牟宗三先生說：愼獨這個學問是扣緊道德意識而發出來的。愼獨這個觀念孔子沒有講，孟子也沒有講。如果你要追溯這個觀念的歷史淵源，那當該追溯

兩種意涵，一是就經驗層面說，指念慮或過惡之幾，此即所謂「不睹不聞隱微之地」。徐復觀先生對「獨」的解釋就是取這種意義。一是就超越層面說，指「德性心」、「性德」，這是吾人道德實踐的動力根源，可稱爲「獨體」，實即「天命之謂性」的「性體」。依據前文的分析，我們認爲「愼獨」的「獨」，如果訓爲具有超越意義的「獨體」（性體），比訓爲受感性影響的意念之意，當更切合《中庸》說「愼獨」的本義。如此，「愼獨」即意謂在睹不聞之中自覺地面對森然的「獨體」（性體）而施以超越的逆覺體證。依牟先生之意，「愼獨」是自覺地作道德實踐的本質的工夫，而由曾子的守約戰兢之義所開出。〔註112〕就這一點而言，唐先生說「《中庸》之戒愼恐懼，乃一既知道行道合道之德性心之求自保自持」，其實義與牟先生所論並無不同，即都是屬於所謂的「本體論的體證」。

　　第六、唐先生認爲在《孟子》《中庸》《易傳》作者的心中，天或天地是一具有形上的精神生命性的絕對實在，而不僅是如西方科學家或自然主義者所謂的感覺界的自然。他表示：

> 先秦儒家之天，或天地，爲一客觀普遍之絕對的精神生命，乃自天或天地之形上學之究極意義言之。孔子于此義罕言之只謂知我者其天乎，默識天心與其心之合一。孟子之教則明涵此義。《易傳》《中庸》則暢發此義。然此義亦初不礙諸家之言天，言天地，常直就感覺之形相世界。同時即爲一此絕對之精神生命，或天地之乾坤健順，仁義禮智之德之表現。〔註113〕

的確，在儒者的眼中，宇宙不再只是物質現象的組合，而是一道德的宇宙。這是由道德實踐而來的體證，是以道眼看宇宙而有的心得與興會。《周易》〈文言傳〉說「大人者與天地合其德，與日月合其明，與四時合其序，與鬼神合其吉凶」，《中庸》也說「大哉！聖人之道！洋洋乎，發育萬物，峻極於天」、「仲尼祖述堯舜，憲章文武，上律天時，下襲水土。辟如天地之無不持載，無不覆幬；辟如四時之錯行，如日月之代明」、「肫肫其仁，淵淵其淵，浩浩

到誰呢？當該是曾子。……孟子曾經用兩個字來說曾子，就是「守約」這兩個字。（孟子公孫丑上）守約就是愼獨的精神。所以愼獨這個觀念是緊扣孔門下來的。見《中國哲學十九講》，頁80。又《心體與性體》第一冊第一部〈綜論〉，第七節〈曾子與「孔子之傳統」兼論忠恕一貫〉有詳細的論述。

〔註112〕參見牟宗三《心體與性體》第三冊，頁 183。
〔註113〕唐君毅《中國文化之精神價值》，臺北：正中書局，民國 66 年版，頁 332。

其天。苟不固聰明聖知達天德者，其孰能知之」，大人即是聖人，〈文言傳〉
與《中庸》的作者，心目中都有一個道德宇宙，它與聖人人格是可以相通而
互證的。唐先生前述看法，正好反顯出錢穆先生以自然主義的觀點詮釋《中
庸》的謬誤，至於對天此一形上的精神實在的肯定，唐先生也認為必須經由
道德實踐的工夫修養才能加以證實。他說：

> 唯天為一絕對之精神生命之實在，然後知天事天之事，必待盡心
> 知性，存心養性而後能。若天而祇為無精神感覺所對之自然，則
> 又何必待盡心知性，存心養性，乃可稱為知天事天乎。果孔孟之
> 天為絕對之精神生命，則無論孔孟對天之態度及對天之言說，如
> 何與西方宗教不同；然要可指同一形而上超越而客觀普遍之宇宙
> 的絕對精神，或宇宙之絕對生命，而為人之精神或生命之最後寄
> 託處也。〔註114〕

可見天道的真實意義是要靠人道來彰顯的，天人之間並非對立，而是融和。
只要人發揮其內在的德性，本著道德心的要求而實踐道德生活，便能與天德
相契，達到天人合一的境界。儒家固然強調道德主體性，但這主體性同時具
有客觀及絕對的涵義。唐先生認為儒家是以道德心靈作為立教的根基，這種
道德心靈可以自我超升，達到「絕對精神實在」的境界，此即傳統中國哲學
「天人合德」的理想。因此，勞思光先生將儒學限定在心性論的範疇而與天
道論相隔的說法，在唐先生看來，自不足以盡孔孟之教的本質。

第七、在詮釋《中庸》形上思想時，徐復觀先生和唐先生都採取道德的
進路加以說明，並且也注意到《中庸》實踐性格的形上學與西方思辨形態
的形上學之的差異，不過徐先生發揮不多，而唐先生則有比較詳細深入的討
論，他說：

> 依此（儒家）人生哲學與形上學之道路，以看西方哲學之直接用吾
> 人之能成就種種知識之理性的心，去推測上天之如何，宇宙本體之
> 如何，如為一元或二元或多元，為唯心或唯物，為變化或恆常，為
> 自由或必然，皆無究極之結論可得。而中國哲學家，亦殊不留心於
> 此。而吾人亦可問，此一切之形上學家曰：汝之理性的心是否有資
> 格，以推測在此心外之存在？由是而在西方之哲學中，即有康德之
> 徹底懷疑，人之純粹理性的心，能解決形上學之問題之論；而轉至

〔註114〕同註113，頁329。

由實踐理性的心，以建立形上學中意志自由，靈魂不朽，上帝存在
等命題之論。由此而開啓近世之唯心論哲學。此唯心論哲學，以心
爲宇宙之核心，而宇宙亦即内在於此心者。由此以解釋宇宙，遂不
只是以心推測其外之宇宙，而是使此「心」安住於宇宙中，宇宙亦
安住於心中，而由心加以照明者。故此派之哲學思想，在西方哲學
史中，亦最爲能目光四射，而持說最能圓融貫通，無乎不到者，然
吾人可問：此派哲學所謂心，未嘗經道德修養工夫，又如何保證其
爲最後之眞實，而能眞知此宇宙之眞相，及此心以上之絕對心或上
帝心等？〔註115〕

唐先生在此指出了中西哲學很根本的一個分野，即西方哲學重思辨，以「知
識」爲中心，而中國哲學重實踐，以「生命」爲中心。〔註116〕在西方，哲學
的目的在理論或系統的建構；在中國，哲學目的在人生境界的創造，而這可
能的條件即是工夫實踐。如果缺乏實踐的工夫，便很難親切了解中國哲學的
特質。西方人所關心的是存有的問題，對於形上學的對象，如理念、實體、
本體、自由，以至於不滅的靈魂之屬，都喜歡透過思辨的方式來處理，而不
重視實存的體證。這樣的形上學是毫無眞實性可言的，因爲這些理念在思辨
理性中根本沒法證實，只是個空理。康德以前的西方形上學，基本上便屬於
「思辨形上學」，亦即透過思辨理性所建立的形上學。傳統的西方思辨形上
學，經過康德全面性的批判，已證明其不可能性。我們要重建形上學，必須
依憑實踐理性。由理性所提供的這些理念，也只有透過實踐理性才能得到客
觀的眞實性。康德明白宣稱：在經驗知識、純粹理性的範圍之内，不能建立
意志自由的理念，只有在實踐理性的要求之下，始不能不肯定其爲一「設準」，
否則眞正的道德不能講。但也正因爲康德視自由意志爲一「設準」，至於這設
準本身如何可能，則非人類理性所能解答。因此他所謂的意志底自律便成了
空說，只是理之當然的預定，而不能呈現。康德的問題，在於他雖強調人的
實踐理性，卻不承認人有智的直覺，於是看不到道德的形上學的可能性，所
以最終只能建立一道德的神學，而不能建立一道德的形上學。〔註117〕換言之，

〔註115〕同註114，頁1029。
〔註116〕這點牟宗三先生的看法亦同。見《中國哲學的特質》，臺北：學生書局，民國
　　　　83年版，第一講〈引論：中國有沒有哲學？〉
〔註117〕關於康德的道德理論的分疏，詳參同註110，第一部〈綜論〉，第三章〈自律
　　　　道德與道德的形上學〉。

由於康德的道德哲學缺少自實踐工夫以體現心體性體之一義，遂無法進至中國哲學儒家的心性論所體現的境界，因而與儒家正統的心性論思想有別。唐先生將《中庸》的義理性格定位爲道德的形上學，而且對中西形上思想的差異也作了明確的辨析，這是有進於徐復觀先生之處，但就道德的形上學如何可能而言，則缺乏理論的論證及內容的規劃，這一步工作，在牟宗三先生的哲學系統，卻有了充分的說明與完整的建構。

第八、唐先生指出《中庸》所表現的形上思想，是先秦孔孟道德的形上學的進一步發展，這由《中庸》以誠爲天人一貫之道可知。他並且用「即內在即超越」一語來詮釋其特性。我們認爲這很能凸顯出儒家天人合一思想的基本精神。在儒家，「超越性」和「內在性」二者並非相互矛盾的概念，可是在以耶教爲代表的西方傳統宗教的思想格局中，超越性和內在性是不能並存的。這點牟宗三先生有很明確的分辨，他說：

> 若越出現象存在以外而肯定一個「能創造萬物」的存有，此當屬於超越的存有論。但在西方，此通常不名曰存有論，但名曰神學，以其所肯定的那個「能創造萬物」的存有是一個無限性的個體存有，此則被名曰上帝（智神的上帝，非理神的上帝）。吾人依中國的傳統，把這神學仍還原于超越的存有論，亦曰道德的形上學。此中無限智心不被對象化個體化而爲人格神，但只是一超越的，普遍的道德本體（賅括天地萬物而言者）而可由人或一切理性存有而體現者。此無限智心之爲超越的與人格神之爲超越的不同，此後者是只超越而不內在，但前者之爲超越是既超越而又內在。分解地言之，它有絕對普遍性，越在每一人每一物之上，而又非感性經驗所能及，故爲超越的；但它又爲一切人物之體，故又爲內在的。〔註118〕

可知在儒家天人合一的思想中，天的超越性只能透過人的道德主體性來理解，而人的道德主體也因此取得超越意義。一般而言，中國文化走的是內在超越的途徑，而西方文化走的是外在超越的途徑。在外在超越的西方文化中，道德是宗教的引伸，道德法則來自上帝的命令，上帝是萬有的創造者，也是所有價值的源頭；但在內在超越的中國文化中，宗教反而是道德的引伸。傳統儒家從內心有價值自覺的能力此一事實出發而推出一個超越性的「天」的

〔註118〕牟宗三《圓善論》，頁 340。

觀念。但「天」不可知，可知的是「人」，所以只有通過「盡性」以求「知天」。
〔註119〕儒者相信價值的根源內在於仁心善性，而外通於他人及天地萬物，經
由一己的道德修養的努力，人是可以與天合德的。

第五節　牟宗三先生《中庸》詮釋系統的考察

　　牟宗三先生對《中庸》形上思想的詮釋，散見於以下諸書：《中國哲學的
特質》、《心體與性體》、《從陸象山到劉蕺山》、《智的直覺與中國哲學》、《現
象與物自身》、《中國哲學十九講》、《圓善論》等。由於牟先生對中國哲學的
全面性而通透的理解，已經建立了一套嚴整的理論體系，因此雖然他沒有專
章討論《中庸》的義理，但綜合散見於以上諸書的論述，他的基本觀點仍是
清晰一貫的。這裡先就他的一些主要論點，說明如下：

　　第一、牟生先根據客觀的義理解析，認為先秦儒家的發展，是先有孔、
孟，然後再澈至《中庸》《易傳》的理境。而澈至《中庸》《易傳》的理境，
才有客觀地自天道建立性體的思想出現。他說：

> 《中庸》在時間上本後于孟子。即就義理言之，《中庸》首章自「天
> 命之謂性」說到「慎獨」，說到「致中和」，本是自客觀而超越的天
> 命說下來。此是屬于「維天之命於穆不已」一系之義理。而由「於
> 穆不已」之天命說到性，而謂「天命之謂性」，並繼之言「率性之謂
> 道，修道之謂教」，成為天道性命相貫通而為一，此種義理決不在孟
> 子建立性善以前，必是在孔子踐仁知天，孟子盡心知性知天以後，
> 推進一步而成之自天命處說之貫通論。至于後半篇由誠以言盡己
> 性、盡人性、盡物性，以至參天地贊化育，乃至由誠以言形著明動
> 變化，乃至由誠以言「天地之道為物不貳，生物不測」，此更是孟子
> 後而更切近于孟子，自主體以言心性天道通而為一者，即貫通而成
> 為一本體宇宙論的實體之創生直貫義，成為此一實體之創生直貫之
> 「一本」者。假定對此天道性命通而為一之實體，或心性天通而為
> 一只是一誠之實體，有透澈之體悟，則性體是此實體，由之以言慎
> 獨，（心體亦即此實體，亦可由之以言慎獨），而作為「天下之大本」

─────────────

〔註119〕參見余英時《從價值系統看中國文化的現代意義》，臺北：時報文化出版公司，
　　　　　民國75年版，頁112～113。

之「中」亦即是此實體。〔註120〕

第二、牟先生認爲先秦儒家由《論》《孟》發展到《中庸》《易傳》，是一步調適上遂的圓滿發展。《論》《孟》都有一客觀地、超越地說的「天」，如果「天」不向人格神的方向走，那麼性體與天命實體通而爲一，乃至由天命實體說性體，實爲必然的結果，而這正是《中庸》《易傳》所代表的階段。因此，《中庸》《易傳》劈頭即以「於穆不已」的天命實體展示天道爲一形而上的創生實體，並由此實體說性體，這其實是以孔、孟的道規爲背景而來的圓滿的發展，不可視爲敵對相反的歧途。換言之，孔子踐仁以知天，孟子盡心知性以知天，這是由道德主體而透至其形而上的與宇宙論的意義，所謂「天道性命相貫通」，而《中庸》《易傳》則採取本體宇宙論的進路，由形而上的創生實體（天道）建立性體，二者似有進路上的差異，但其實是一種通契不隔的圓滿發展。孔子的仁、孟子的心性，跟《中庸》《易傳》天道性體之內容的意義完全相同，這只是一道德意識的充其極，即所謂「道德的形上學」。他表示：

> 自吾觀之，先秦儒家自《論》、《孟》至《中庸》、《易傳》實是一根而發之有機的發展，此中實有一種生命智慧上之相呼應，因而遂成德性義理上之不隔。此中雖有一種發展，然此發展實是一根而發，並無跌宕之轉折，故可如理而一之；雖稍有進路上之差異，然並非以此非彼，成爲相反之敵對，故可如理而通之。……《中庸》、《易傳》著實于「維天之命於穆不已」之最根源的智慧，並本之以積極地展示天道爲生物不測之創生實體，並由此實體以言性體，而與孔子之仁、孟子之心性打成一片，積極地呈現出主觀面的孔子之仁、孟子之心性與客觀面的《中庸》、《易傳》之天道性體之內容的意義之合一，此在表面上雖似有進路上之差異，然其實是一種通契不隔之圓滿發展，故其進路之差異實不形成一種以此非彼之相反之敵對，此既不同于西方康德之批判哲學與其所批判之獨斷形上學之差異，亦不可視《中庸》、《易傳》爲誤入歧途也。故對此進路上之差異，吾不以批判的與非批判的之對立視，而以圓滿發展視。孔、孟之道規即已敞開此圓滿合一之門，而《中庸》《易傳》即積極地以圓滿合一完成之。聖人的宇宙情懷必然函著一種向超越方面的滲透，仁與內在心性之絕對普遍性必然函著向超越方面之申展，因而亦必

函著一『道德的形上學』之要求。仁與內在心性之絕對普遍性朗現而落實了即是『於穆不已』的天命實體之實蘊，兩者之合一乃不期然而自然之合拍。《詩》、《書》中的帝、天、天命，以及後來的說爲天道，不向人格神方面轉化提練，而向形而上的實體方面轉化提練，乃是自然之事。《中庸》、《易傳》之圓滿發展，完成此步轉化與提練，似乎是此一生命智慧之流之最佳的呼應。吾人不能視之爲誤入歧途。〔註121〕

第三、牟先生認爲儒家的「天」是一個創造性原則，天命流行到那裏，就有存在。但天之所以爲創造的具體而眞實的意義，必須通過主觀的道德創造來呈顯，脫離主觀的道德創造，天道的創造意義是不能得到保證的。主觀地講是性善，客觀地講是宇宙的創造，這兩者是合一的。所以在儒家來說，道德秩序即宇宙秩序，宇宙秩序即道德秩序，這便是儒家的「道德形上學」。他說：

> 凡上帝所創造的（依西方宗教傳統說），凡天道所創生的（依儒家傳統說），都只是具體的個體物（萬物）；而天爵，天倫，天理，仁義禮智之本心，總之，道德，不是具體的個體物，而是人（廣之一切理性的存有）所獨特表現精神價值領域中之實事實理，這不是可以由上帝之創造而言的，亦不是可以由天道創生而言的。反之，我們可以籠綜天地萬物而肯定一超越的實體（上帝或天道）以創造之或創生之，這乃完全由人之道德的心靈，人之道德的創造性之眞性，而決定成的。此即是說：天之所以有如此之意義，即創生萬物之意義，完全由吾人之道德的創造性之眞性而證實。外乎此，我們決不能有別法以證實其爲有如此之意義者。是以盡吾人之心即知吾人之性，盡心知性即知天之所以爲天。天之所以爲天即天命之于穆不已也。天命之于穆不已即天道不已地起作用以妙運萬物而使之有存在也。是以《中庸》云：「天地之道可一言而盡也，其爲物不貳，則其生物不測」，此承天命不已而言者也。此天是一實位字。吾人之所以如此知之，乃完全由吾人之心性而體證其爲如此。故此天雖爲一實位字，指表一超越的實體，然它卻不是一知識之對象，用康德的詞語說，不是思辨理性所成的知解知識之一對象，而乃是實踐理性上

的一個肯定。説上帝創造萬物，這只是宗教家的一個説法而已，説
實了，只是對于天地萬物的一個價值的解釋。儒家説天道創生萬物，
這也是對于天地萬物所作的道德理性上的價值的解釋，並不是對于
道德價值作一存有論的解釋。因此，康德只承認有一道德的神學，
而不承認有一神學的道德學。依儒家，只承認有一道德的形上學，
而不承認有一形而上的道德學。此義即由孟子盡心知性知天而決
定，決無可疑者。〔註122〕

依牟先生的說法，就儒家道德的形上學而言，宇宙生化底宇宙秩序，與道德
創造底道德秩序，其內容的意義完全同一。存在即是道德創造上的應當存在。
所謂內容意義相同是指二者具同一創生實體。「天」是客觀地、本體宇宙論地
說，心性則是主觀地、道德實踐地說。天之可以創生萬物的創生，是由人這
個地方所特顯的道德創造、德行之純亦不已而透映出來。天道只是一仁字，
亦只是一誠字。儒家發展到《中庸》、《易傳》，它一定是「宇宙秩序即是道德
秩序」，兩者必然是合一的。

　　第四、就形上學而言，牟先生認為中國三大家（儒道釋）所成的形上學
都是實踐的，都從主觀面講，可稱為「實踐的形上學」或「實踐的存有論」，
像儒家是道德的形上學，佛道兩家是解脫的形上學，這和西方哲學直接客觀
地由對象方面講實有形態的形而上學顯然不同。他說：

道家式的形而上學、存有論是實踐的，實踐取廣義。平常由道德上
講，那是實踐的本義或狹義。儒釋道三教都從修養上講，就是廣義
的實踐的。儒家的實踐是道德，佛教的實踐是解脫，道家很難找個
恰當的名詞，大概也是解脫一類的，如灑脫自在無待逍遙這些形容
名詞，籠統地就說是實踐的。這種形而上學因為從主觀講，不從存
在上講，所以我給它個名詞叫「境界形態的形上學」；客觀地從存在
講就叫「實有形態的形而上學」，這是大分類。中國的形而上學——
道家、佛教、儒家——都有境界形態的形而上學的意味。但儒家不
只是個境界，它也有實有的意義，道家就只是境界形態。〔註123〕

可見境界形態的形而上學（依境界之方式講形而上學）是儒道釋三家形上學
的一般性格。主觀上的心境修養到什麼程度，所看到的一切事物都往上昇，

〔註122〕牟宗三《圓善論》，頁133～134。
〔註123〕牟宗三《中國哲學十九講》，頁103。

就達到什麼程度，這就是境界。牟先生解釋說：

> 實有形態的形上學就是依實有之路講形上學。但是境界形態就很麻
> 煩，英文裏邊沒有相當於「境界」這個字眼的字。或者我們可以勉
> 強界定為實踐所達至的主觀心境（心靈狀態）。這心境是依我們的某
> 方式（例如儒道或佛）下的實踐所達至的如何樣的心靈狀態。依這
> 心靈狀態可以引發一種「觀看」或「知見」。境界形態的形上學就是
> 依觀看或知見之路講形上學。我們依實踐而有觀看或知見，依這觀
> 看或知見，我們對於世界有一個看法或說明。這個看法所看的世界，
> 或這個說明所明的世界，不是平常所說的既成的事實世界（如科學
> 所說的世界），而是依我們的實踐所觀看的世界。這樣所看的世界有
> 昇進，而依實踐路數之不同而亦有異趣，……而所謂有昇進有異趣
> 的世界則都屬於價值層的，屬於實踐方面之精神價值的……而此
> 世界中的萬物即是「物之在其自己」之物，此則為終極地決定者，
> 亦是絕對的真實者或存在者，而不是那可使之有亦可使之無的現
> 象。〔註124〕

以儒家道德的形上學而言，它固然有境界形態的形而上學的意味，但也有實
有形態的意義，譬如儒家天命不已的道體就實有創生萬物的作用，就成了客
觀的實有，創生的實體了。只不過儒家的實有形態，不同於西方那種觀解的
（思辨的）實有形態，因為在觀解的實有形態中，客觀的實有（或是上帝、
或是原子或地水火風等）是認識主體思索的對象，而不是存有與主體結合的。
儒家的天道則必須經由人的工夫修養才能證實，它是實踐理性上的一個肯
定，所以儒家是實踐的實有形態。在牟先生看來，儒家基於對本心良知（道
德主體）的體證所建立的形上學，即是一種「道德的形上學」。他說：

> 這種道德的形上學，我們叫它做「實踐的圓教下的形上學」。一定要
> 通過道德實踐來了解，道德實踐的目標在成聖，成大人。《易傳》說：
> 「大人者，與天地合其德，與日月合其明，與四時合其序，與鬼神
> 合其吉凶。」明道說：「仁者渾然與物同體。」孟子說：「大而化之
> 之謂聖，聖而不可知之謂神。」不管那種說法，必實踐到這裏，即
> 必然與天地萬物為一體。用佛家語說：即是圓教。從實踐過程而達
> 到最高境界，便含有一道德的形上學，由實踐而使仁與良知達到心

〔註124〕同註123，頁 130～131。

外無物之境地，到這時由實踐所呈現之本體（仁、良知）便成為一絕對普遍之原則，這不是憑空說的，是以圓教下的實踐呈現而說的，不是離開實踐而憑空想像出來的。若非如此，則形上學便無真實性，而可隨便說，可說水、火、風是宇宙的本體，而不能說是仁與良知。一切都是猜測，如何能有必然性呢？這種猜測的形上學，在西方哲學言，是康德以前的形上學，都是猜測，獨斷，而無必然性；這些形上學，我們稱之為觀解的形上學。〔註125〕

第五、牟先生融攝康德哲學以會通中西哲學，他指出雖然康德不承認我們人類有智的直覺，但在中國哲學裡，儒、道、佛三家依實踐的進路體證人類所具的無限心（依儒家言，是本心或良知；依道家言，是道心或玄智；依佛家言，是般若智或如來藏自性清淨心），必然承認人類有智的直覺。他更強調，唯有承認人類有智的直覺，康德哲學所函蘊卻無法建立的「道德的形上學」才能完成。他表示：

如依康德的思路說，道德以及道德的形上學之可能否其關鍵端在智的直覺是否可能。在西方哲學傳統中，智的直覺是沒有彰顯出來的，所以康德斷定人類這有限的存有是不可能有這種直覺的。但在中國哲學傳統中，智的直覺卻充分被彰顯出來，所以我們可以斷定說人類從現實上說當然是有限的存在，但卻實可有智的直覺這種主體機能，因此，雖有限而實可取得一無限底意義。智的直覺所以可能之根據，其直接而恰當的答覆是在道德。如果道德不是一個空概念，而是一真實的呈現，是實有其事，則必須肯認一個能發布定然命令的道德本心。這道德本心底肯認不只是一設準的肯認，而且其本身就是一種呈現，而且在人類處真能呈現這本心。本心呈現，智的直覺即出現，因而道德的形上學亦可能。〔註126〕

所謂「智的直覺」是指本心仁體的明覺活動的自知自證，即本心仁體自己的具體呈現，牟先生稱為「逆覺體證」。〔註127〕講道德、講實踐，逆覺（智的直覺）是最本質的。康德之所以不承認我們具有智的直覺，是由於他從人的有

〔註125〕牟宗三、唐君毅等著《寂寞的新儒家》，臺北：鵝湖出版社，民國81年版，牟宗三〈儒家的道德的形上學〉，頁7～8。

〔註126〕牟宗三《智的直覺與中國哲學》，頁346。

〔註127〕參見同註126，頁196。

限性的預設出發，將無限性僅歸之於上帝，這自然是西方宗教傳統的背景使然，因爲根據耶教傳統，上帝是無限的超越者，是有限的人類永不能企及的。而中國儒道佛三教均共同肯定人有智的直覺，這個可以成聖、成眞人、成佛的根據就是智的直覺。由於承認人有智的直覺，「人雖有限而可無限」的說法便可成立。否則，牟先生認爲中國哲學便要全部垮台，都成爲夢想狂想。〔註128〕

　　第六、形上學的問題就是基本存有論的問題，牟先生在《智的直覺與中國哲學》一書裡，曾順康德「超絕形上學」所設擬的內容，進而規劃出一套道德的形上學，並強調：基本的存有論只能就道德的形上學來建立。他說：

> 康德所意想的眞正形上學是他所謂「超絕形上學」，其内容是集中於自由意志、靈魂不減、上帝存在這三者之處理。惟他以爲對於這三者，理論理性（或理性之理論的或觀解的使用）是不能有所知的，要想接近它們，只有靠實踐理性（理性之實踐的使用）。這就表示説，這三者在理論理性上是沒有實義，只有在實踐理性上始有其客觀妥實性（實義）。我們依據這個意思，把那「超絕形上學」轉爲一個「道德的形上學」。但此名，康德並未提出，他只提出一個「道德的神學」。我們以爲順西方傳統，可方便說爲道德的神學，而順中國的傳統，則可名曰道德的形上學，而且稱理而談，亦只有這個「道德的形上學」這「道德的形上學」底主題，我們可就康德所説的「物自身」，自由意志，道德界與自然界之溝通，這三者而規畫之。這三者能成爲完整的一套而眞實地被建立起來，亦即道德的形上學之充分實現，完全靠智的直覺之可能。康德一方有這三者之設擬，一方又不承認人類可有智的直覺，所以這三者之設擬完全成了空理論，亦即道德的形上學之所以不能充分實現之故。我們現在就康德的設擬，順中國哲學之傳統，講出智的直覺之可能，來充分實現這道德的形上學，我想這是康德思想之自然的發展，亦可說是「調適上遂」的發展。……基本的存有論就只能就道德的形上學來建立。（若擴大概括佛道兩家說，則就道德的形上學與解脱的形上學來建立，總之，是就實踐的形上學來建立）。〔註129〕

〔註128〕參見同註125，頁13。
〔註129〕同註126，頁347～348。

车先指出，形上學經過西方傳統的紆曲探索以及康德的批判檢定，只剩下實踐的形上學是可能的，而中國的哲學傳統所表現的正是這實踐的形上學。佛道兩家從求止求寂的實踐入手，屬於解脫的形上學，儒家則從道德的實踐入手，屬於道德的形上學。﹝註130﹞三家都是從人的實踐以建立或顯示智的直覺。车先生在《智的直覺與中國哲學》一書裡，就分別針對儒道佛三家，充分論證其智的直覺的可能性，﹝註131﹞而開出、建立了基本存有論（道德的形上學）的理論系統。

　　以上是牟宗三先生《中庸》詮釋系統的相關論點，就他所提出來的一些觀念，我們有以下幾點反省：

　　第一、车先生從義理解析的角度，判斷《中庸》「天道性命相貫通」的義理，是繼承了孔、孟修人道以證天道的教義以後，推進一步自客觀而超越的天道闡明人道。因此《中庸》在時間上必後於《孟子》。由《論》《孟》發展到《中庸》，實爲一根而發的有機的發展，在德性義理上是不隔的。這點跟唐君毅先生的看法可說完全相同。他們都是從先秦孔孟道德的形上學之充其極發展處，衡定《中庸》在儒家思想中的重要地位。關此，勞思光先生本乎其「形而上的道德學」的觀點，曾提出質疑說：

> 學者有明知孔孟之說與《易傳》《中庸》不同，而欲以「發展」觀點，解消其差異，以維持「道統承傳」之意象者。其說大意謂，《易傳》《中庸》之「天道觀」，直至宋儒之說，乃孔孟之學之「發展」，換言之，孔孟之學至「天道觀」中方能完成。此說如成立，似可一面承認孔孟之說與後世之說之不同，另一面又仍可維持一「道統」意象。……孔孟之說，本屬「心性論」，「主體性」爲第一序，自甚明白。《中庸》《易傳》及宋儒之說，則並非先以「主體性」爲基礎以展開而建立「客觀化」觀念。故孔孟之學與《易傳》《中庸》之「天道觀」間之差異，……是代表「主體性」之「心性論」與強調「存有原則」之「天道觀」間之差異。此不可以「發展」說之。﹝註132﹞

又說：

〔註130〕參見同註126，頁346。
〔註131〕參見同註126，〈智的直覺如何可能？儒家「道德的形上學」之完成〉及〈道家與佛教方面的智的直覺〉。
〔註132〕勞思光《中國哲學史》第三卷上冊，頁72～73。

若就歷史標準言之，則一切講「天道觀」之文件，自《易傳》《中庸》
至於宋儒諸說，並非視「天道」爲次級觀念而繫歸於「心性」者；
反之，言「天道」者無不以此「天道」爲最高級之觀念，而以「心
性」爲次級觀念；換言之，《易傳》《中庸》之本旨，並非發展「心
性論」以解釋「存有」之價值問題，宋儒承此說者亦不是如此講「天
道」。故今日學者倘謂，「心性論」發展出「天道」觀念，乃成爲「圓
滿狀態」，則此自是另一說。講哲學史時不可以爲此說即《易傳》《中
庸》之說，亦不可認爲宋儒講「天道」是從此角度立說。〔註133〕

由於勞先生將先秦儒學限定在心性論爲中心的範疇，而隔絕了天道論，並且
誤認《中庸》思想是以「天道觀」統「心性問題」（以存有論解釋價值論），
所以否定《中庸》以至後來的宋明儒學對孔孟心性之學的合法的繼承性。依
前文的辨析，我們知道這種觀點是站不住腳的。孔孟心性論所以向存在方面
伸展，這是由本心仁體的無限性、絕對普遍性所決定的。孔子由踐仁以知天，
孟子由盡心知性以知天，這就顯示孔孟思想必含有一天人合德的形上學。《中
庸》與《論》《孟》同以道德爲首出，《中庸》向存在方面伸展，其形上學仍
是基於道德，是道德的形上學，這是由《中庸》一書客觀展示的。因此牟先
生認爲《中庸》是先秦儒家繼承《論語》《孟子》而來的後期的充其極而圓滿
的發展。何謂「充其極」？牟先生解釋說：

所謂「充其極」，是通過孔子踐仁以知天，孟子盡心知性以知天，而
由仁與性以通澈「於穆不已」之天命，是則天道天命與仁、性打成
一片，貫通而爲一，此則吾亦名曰天道性命相貫通，故道德主體頓
時即須普而爲絕對之大主，非只主宰吾人之生命，實亦主宰宇宙之
生命，故必涵蓋乾坤，妙萬物而爲言，遂亦必有對于天道天命之澈
悟，此若以今語言之，即由道德的主體而透至其形而上的與宇宙論
的意義。〔註134〕

何謂「圓滿」？牟先生表示：

圓滿者聖人踐仁知天圓教之境也。此圓教之境，《中庸》《易傳》盛
發之，北宋諸儒即契接此境而立言。故其澈悟天道天命而有形上學
的意義與宇宙論的意義，是圓教義，非是空頭的外在形上學，亦非

〔註133〕同註132，頁77～78。
〔註134〕同註120第一冊，頁322。

泛宇宙論中心也。道德主體既如此，則就德性動源之開發言，此道德主體作爲絕對之大主者，即是道德的創造（亦即眞實創造）之眞幾。內聖之學，心性之學，惟是開闢此道德創造之眞幾以爲吾人之大主，亦且爲宇宙之大主。而理不空言，道不虛懸，必以德性人格以實之。德性人格者即體現此大主、體現此創造眞幾之謂也。體現之極致即爲聖。圓教者亦相應聖人之境界而言也。故儒家道德哲學之有形而上的意義與宇宙論的意義必依踐仁知天之圓教而理解始不誤，一離乎此，則迷茫而亂矣。〔註135〕

可見车先生所謂「充其極」、「圓滿」的說法，是有他客觀的義理解析作基礎的。《論》《孟》《中庸》《易傳》之通而爲一而無隔，就先秦儒家的發展來說，這種看法是可以合法地被啓發出的。车先生的詮釋符合此一發展的事實，而不是如勞先生所說的是爲了使心性論成爲「圓滿的狀態」，所以才加入天道觀的理論。至於儒家這種「實踐的圓教下的形上學」，道德主體（仁、心性）的形上意義是在道德實踐上含有的，一定要通過道德實踐來了解，否則由本體宇宙論而說的天道天命，也不過是一獨斷性的戲論而已。總之，我們以爲心性論與形上學不必是相排斥的概念，同時，建立一套形上學不必然就會形成道德上的他律，也不會就是混淆了實然與應然。相反地，如果道德學要充其極地發展，則必以圓教爲歸宿，即依道德的進路對萬物的存在作價值意義的說明。

　　第二、车先生認爲《中庸》客觀地自本體宇宙的立場說性的義理，可以從孟子所體證的性之「固有」義、「天之所與」義、以及本心即性、「萬物皆備于我」、心性向絕對普遍性申展之義發展出來。《中庸》說「天命之謂性」是與孟子相呼應而圓滿地展示出，因此不可視爲互相敵對之兩途。〔註136〕车先生如此論斷，自是本於他對整個先秦儒學發展的理解，這是有客觀根據的，不能僅以主觀的認知視之。可知《中庸》自天命說性的思路，並非如錢穆先生所認爲的是襲取老莊的手法，或如勞思光先生所說的乃漢初的觀念用語。中國正宗儒家對性的規定，大體可分二路，一是孟子所代表的一路，中心思想爲「仁義內在」、即心說性；一是《中庸》《易傳》所代表的一路，中心在「天命之謂性」一語。孟子這一路從仁義內在的道德心講，可以稱爲「道德的進路」；《中庸》《易傳》代表的一路則是從天命、天道的下貫講，可以稱爲

〔註135〕同註134，頁323。
〔註136〕參見同註134，頁29～31。

「宇宙論的進路」。這一路的開始與孟子的不同，但是它的終結可與孟子一路的終結相會合。〔註137〕牟先生說：

> 孟子一路何以可與《中庸》、《易傳》一路合在一起呢？兩路原來已有默契：「道德性」根源於「天命之性」，而「天命之性」亦須從「道德性」了解、印證和貞定。說兩路非合不可，又有什麼證據呢？這根據很著名，即是《孟子》〈盡心〉章所云：「盡其心者，知其性也，知其性，則知天矣。」盡怎樣的心？當然是道德的心：充分實現（盡）道德的心，才可了解天的創造性，證實天之為創造真幾義。孟子亦說：「誠者，天之道也。思誠者，人之道也。至誠而不動者，未之有也。不誠，未有能動者也」。這已和《中庸》說誠全相同。「思誠」即《中庸》之「誠之」。「動」即《中庸》之形、著、明、動、變、化。「思誠」亦「盡心」之義。心量無限，心德無盡。「苟能充之，足以保四海」。「上下與天地同流」，「萬物皆備於我」。此即足以知天，證實天命於穆不已，證實天道為一創造之真幾。〔註138〕

牟先生認為先秦儒家是由《論》、《孟》發展到《中庸》、《易傳》，而且這是一步圓滿的發展。其中扮演重要的銜接角色的概念，便是《中庸》的「誠」。誠在《中庸》，既有可連繫於天命處，又有可連繫於道德實踐之主體處，它代表的是天人一貫之道。尤其《中庸》區分「誠者」和「誠之者」，更和孟子「誠者天之道也，思誠者人之道也」的一段話表意一致。「思誠」即「誠之」，亦即「盡心」之義。孟子即心說性，性是「道德性」的性，是「道德的善」本身，據此可以證實《中庸》這一路所說的「創造性」即是「道德的創造性」，不是「生物學（上）的或自然生命的創造性」。〔註139〕事實上，《中庸》由「生物不測」及「誠」說天道，則天道就是道德的、形而上意義的創生實體，而自此一實體下貫說性，這性也是超越的義理之性，與孟子直接從人的內在道德性說的性沒有分別。只是《中庸》繞出去從外面說，表面上看有進路的不同罷了。此所以唐君毅先生要特別強調《中庸》的天道必須通過孟子盡心知性的實踐工夫來了解，才不會掉入外在論的陷阱。

〔註137〕參見牟宗三《中國哲學的特質》，第八講〈對於「性」之規定（一）《易傳》、《中庸》一路〉。

〔註138〕同註137，頁90～91。

〔註139〕參見同註137，頁84。

　　第三、牟先生認爲《論》《孟》《中庸》都有超越意義的「天」的觀念，以《中庸》而言，所謂「天地之道可一言而盡也，其爲物不貳，則其生物不測」（第二十六章），其中「天」即指表一超越的實體，具有創生萬物的積極的作用。然而它卻不是思辨理性所成的知解知識的對象，而是實踐理性上的一個肯定。換言之，天之所以有創生萬物的意義，完全由吾人道德創造性的眞性（仁、心、性）而證實，除此之外，我們決不能有別法以證實其爲有如此之意義者。因此，心性的道德創造性即是天道的創造性。天命不已（天道創生萬物）是本心眞性之客觀而絕對地說，本心眞性是天命不已之主觀而實踐地說。〔註140〕儒家發展到《中庸》，一定是宇宙秩序即是道德秩序，道德秩序即是宇宙秩序，兩者必然是合一的。牟先生說：

> 仁與天俱代表無限的理性，無限的智心。若能通過道德的實踐而踐仁，則仁體挺立，天道亦隨之而挺立；主觀地說是仁體，客觀地說是道體，結果只是一個無限的智心，無限的理性（此不能有二），即一個使「一切存在爲眞實的存在，爲有價值意義的存在」之奧體——存有論的原理。這完全是由踐仁以挺立者。踐仁而至此即是大人之生命，聖哲之生命。一切存在俱涵潤在這大人底生命中由大人底生命持載之，俱覆在這無限的智心理性下而由此無限的智心理性涵蓋之，此即所謂天覆地載也。〔註141〕

又說：

> 陸象山云：「孟子云：盡其心者知其性，知其性則知天矣。心只是一個心。某之心，吾友之心，上而千百載聖賢之心，下而千百載復有一聖賢，其心亦只如此。心之體甚大，若能盡我之心，便與天同。」「與天同」即函著說知天之所以爲天。不但知之，而且心之道德的創造性（由德行之純亦不已而見）即是「天命不已」之創造性，故兩者爲同一也。此即心外無物，性外無物，道外無物也。孟子下文亦說：「萬物皆備于我矣，反身而誠，樂莫大焉。強恕而行，求仁莫近焉。」不是現實的人與天同，而是心之體與天同，心之道德的創造性與天同，故盡心知性即可以知天之所以爲天也。那就是說，天之創生萬物之創造性完全由心之道德的創造性來證實也。天之所以

〔註140〕參見同註122，頁139。
〔註141〕同註122，頁309。

為天之具體而真實的意義完全由心之道德的創造性而見也。此決無
誇大處。孟子之實義就是如此，因實理本當如此。程明道云：「只心
便是天，盡之便知性，知性便知天。更不可外求。」此所說更透——
——更為究竟。實理本當如此也。並非誇大了孟子，或歪曲了孟子。
象山、明道皆有實會于孟子，因其皆能把握住孟子義理之規路故也。
〔註142〕

又說：

本心真性是就人說，這是因為唯有人始能特顯此道德創造之性。既
顯出已，此道德創造之心性便不為人所限，因為它不是人之特殊構
造之性，依生之謂性之原則而說者，它有實踐地說的無外性，因而
即有無限的普遍性，如此，吾人遂可客觀而絕對地說其為「創造性
自己」，而此創造性自己，依傳統之方便，便被說為「天命不已」，
或簡稱之曰「天」。此則便不只限于由人所顯的道德創造、所顯的德
行之純亦不已、所顯的一切道德的行事而已，而且是可以創生天地
萬物者。其可以創生天地萬物之創生乃即由其于人處所特顯的道德
創造、德行之純亦不已而透映出來，而于人處所特顯的道德創造乃
即其精英也。現實的人是一個已有的存在，而此已有的存在之所當
有而現實上尚未有的一切行事既可由此心性而顯發（創造出來），則
此心性即可轉而潤澤此已有的存在而使之成為價值性的存在，真實
的存在，而且可使之繼續存在而至于生生不息。……此亦即《中庸》
所謂「誠者物之終始，不誠無物」，亦即王陽明所謂「有心俱是實，
無心俱是幻」。……因此，始有程明道所云「只心便是天」，「只此便
是天地之花」之究竟了義語。〔註143〕

依牟先生的說法，偏於理說的天命、天道的生化與道德創造的純亦不已為同
一意義，所以明道得云「只此便是天地之化，不可對此個別有天地」，〔註144〕
「此」是指心性道德創造的沛然不禦、純亦不已。牟先生通過孔、孟、《中庸》
及宋明儒（明道、陽明）等有關心性體證的表述，發覺他們都是依一種道德

〔註142〕同註122，頁134。
〔註143〕同註122，頁140～141。
〔註144〕《二程全書》《遺書》卷第二上，二先生語二上，此條下注一「明」字，示為
　　　　明道語，臺北：中華書局。

實踐的進路，來理解存有的意義，於是便把這套基於道德主體而建立的形上學，稱之為「道德的形上學」，以與康德所謂的「道德底形上學」有所區別。後者僅是對先天的道德原則的說明與證成，而欠缺一套依道德進路而建立的關於智思界的形上學。〔註145〕對於牟先生所謂儒家的「道德的形上學」的說法，雖然也有學者提出質疑，認為是混同了人性論與存有學〔註146〕、實存主體性與絕對客觀性，〔註147〕但我們覺得，除非他們能提出更有效的詮釋觀點，否則牟先生的系統仍是迄今為止最具籠罩性的。

第四、牟先生將《中庸》的義理性格定位為「道德的形上學」，並對中、西形上學的差異作了明確的辨析，這和唐君毅先生的態度是一致的。對於所謂的「道德的形上學」，牟先生認為這是由道德的進路來接近形上學，或形上學之由道德進路而證成的。重點在形上學，乃涉及一切存在而為言者。所以應該含有一些「本體論的陳述」與「宇宙論的陳述」，或綜曰「本體宇宙論的陳述」。這是由道德實踐中的澈至與聖證而成的，並不像西方觀解的形上學之純為外在者然。〔註148〕我們認為「本體宇宙論」這個詞語，的確能恰當而相應地顯示儒家「道德的形上學」的特色。西方哲學特重分解，本體論是本體論，宇宙論是宇宙論。在儒家，並未分別而獨立地講一套本體論，又講一套

〔註145〕參見同註134，頁135～136。

〔註146〕沈清松先生認為牟先生的道德形上學，將人的主體性予以絕對化和無限化，是「混同了人性論與存有學，構成了人類中心主義的存在觀與價值觀。須知踐仁雖能體天，但仁不即天，仁與天兩者並非一個無限心的主觀說法和客觀說法之別而已。人類中心主義畢竟會失去恰當的存有學與宇宙論基礎」。見《中國人性論》，臺大哲學系主編，臺北：東大圖書公司，民國79年版，〈老子的人性論初探〉，頁3。

〔註147〕傅偉勳先生說：其實道德的形上學具「客觀性」甚至「絕對性」，充其量也不過是心性體認或牟氏所云「逆覺體證」而後才有的。也就是說，心性體認本位之上建立而成的所謂「道德的形上學」，原是儒家的道德主體性理念投射到宇宙生成現象及歷程而有的結果。牟氏說：「本心仁體或性體雖特彰顯於人類，而其本身不為人類所限，雖特彰顯於道德之極成，而不限於道德界，而必涉及存在界而為其體，自為必然之歸結。」牟氏這裡所云「必然之歸結」的「必然」，決不可能是「邏輯性的必然」，而祇可能是「實存主體性的必然」。熊牟二位一方面強調心性體認本位的心學為儒家的哲理奠基，另一方面卻又混同了實存主體性與絕對客觀性，目的當然是在通過心界與外界的雙重道德化，抬高儒家「道德的理想主義」為放諸四海而皆準的最高哲學原理。見《佛教思想的現代探索》，臺北：東大圖書公司，民國84年版，頁180～181。

〔註148〕參見同註134，頁9。

宇宙論，而是兩者貫通而爲一。儒家講的道體（形而上的實體），並不是一個抽象思考中的本體概念而已，而是能夠自起「妙運氣化生生」之作用的活靈之體。〔註149〕它既是本體論的存有，同時也是宇宙論的生化原理（創生原理）。就其爲形上的實體而言，說「存有」；就其能妙運生生而言，說「活動」，它是「即存有即活動」的。所以儒家的道德的形上學不同於西方傳統的觀解的形學（即由知性的進路，透過思辨、分解的精神而建構的形上學）。前者從主觀面講，依道德的進路對萬物的存在有所解釋與說明，這有其必然性，是唯一的一個可以充分證成的形上學；後者則客觀地從存在講，不免於猜測、獨斷，而缺乏必然性。

第五、牟先生認爲《中庸》是「天道性命相貫通」的思想，而非形而上的道德學。「天道性命相貫通」一語是牟先生用來徵表儒家內聖之學最基本最中心的綜述語，這不但是宋明儒的共同意識，也是先秦儒家在發展中所形成的共同意識。儒家哲學重視「道德的主體性」，跟西方哲學的重視客體性剛好相反。所謂「道德的主體」是指吾人內在的道德心性，也就是孔子所說的「仁」和孟子所說的「本心、善性」。然而仁心善性此一內在的道德心性，又不只是內在的，它同時也是超越的。通過人的踐仁、盡心的工夫，可以上達天德，與天命天道相契合，這是由內在而超越。孔子說「下學而上達」，孟子說「盡其心者知其性也，知其性則知天矣」，《易傳》說「大人者與天地合其德」，都顯示此一義理。《中庸》以孔、孟的道規爲背景，說「天命之謂性」，這是推進一步自天道建立性體，乃由上而下，由超越而內在。先秦儒家從孔、孟發展到《中庸》，主觀內在面的仁心善性與客觀超越面的天命天道，便通而爲一，融合無間，這就是所謂的「天道性命相貫通」。而儒家道德的形上學也就在此一原則下凸顯出來。因此我們認爲牟先生以這句話作爲表徵儒家內聖之學的義理特質，是非常相應而恰當的。

第六、牟先生認爲基本的存有論只能就道德的形上學來建立，而道德的形上學之可能與否其關鍵端在智的直覺是否可能。所以牟先生依中國哲學的傳統，疏導出智的直覺的可能性，並由康德的批判工作接上中國哲學，順其「超絕的形上學」的領域而規劃出一套道德學。這步工作的意義，是從哲學根基上奠定儒家道德的形上學的地位，並回應了某些學者對道德的形上學的質疑。如此一來，勞思光先生實然與應然強分爲二、心性論與形上學打成二

〔註149〕參見蔡仁厚《孔孟荀哲學》，頁210，註9。

橛的毛病即可消解。

由以上對當代《中庸》形上思想詮釋系統的比觀考察，我們認為徐、唐、牟三位先生的詮釋是能相應於《中庸》的義理性格的。尤其以牟先生的講法，具備了最高的合理性與詮釋效力。因此本文接受他的基本觀點，作為建構《中庸》形上思想的依據。換言之，《中庸》是先秦孔孟道德的形上學的充其極而圓滿的發展。《中庸》形上義理是「對存有作價值意義的解釋」，而非「對道德價值作存有論意義的解釋」。錢穆先生「自然主義」的觀點固然不能相應於《中庸》的義理性格，勞思光先生「形而上學的道德學」的觀點同樣也不能相應於《中庸》的義理性格。

第四章 《中庸》形上思想的綱領與內涵

第一節 《中庸》形上思想的綱領

　　《中庸》形上思想的綱領，可以首章前三句「天命之謂性，率性之謂道，修道之謂教」為代表。其中「天」、「性」具有「本體」義，而「率性」、「修道」則具有「工夫」義，這顯示《中庸》「本體」與「工夫」是一貫的。「天命之謂性」一語，明確指出人性乃根源於天命；「修道之謂教」一語，是指經由道德教化的過程使人人都能恢復到「天命之性」。可見天命體現在人性之中，或說人性是宇宙本體的實現。從天命到性、道、教，再從教到道、性、天命，是一個循環的過程，它不是外在的因果關係，而是有其「內在的超越」的特性。〔註1〕質言之，人性就是人的本體存在，它跟宇宙本體（天命、天道）是同一的。

一、天命之謂性

　　「天命之謂性」是儒家論性的客觀綱維原則。如果說孟子從內在道德性規定「性」的思路屬於「道德的進路」，那麼《中庸》從天命、天道的下貫規定「性」的思路便屬於「宇宙論的進路」。如前所論，《中庸》這種客觀地自本體宇宙論的立場說性之義，其實是孟子自道德自覺上實踐地說性之義的提升，而圓滿的展示出。《中庸》之如此提升是與孟子相呼應，並非敵對之兩途。

　　在「天命之謂性」一語中，顯然「天」、「命」、「性」是其中三個根本觀念。這裡先對這三個觀念作義理上的解析，然後再貫串起來，以整體方式展

〔註1〕參見蒙培元《中國心性論》，臺北：學生書局，民國79年版，頁112～113。

開對「天命之謂性」一語的綜合說明。爲了討論的方便起見，我們擬以牟宗三先生對此三個觀念的疏解爲基準進行解析。當然這並非意謂牟先生的疏解已然窮盡「天」、「命」、「性」的可能義涵，只是爲了方便進行討論而已。

（一）天

依據牟先生有關著作的論述，「天」一概念可以有以下不同層面的意義：

1. 自然義的天（即羲和之天、氣化之天、形而下的天）

羲和是羲氏、和氏，《國語》《楚語》謂二氏世掌天地四時之官。《尚書》〈堯典〉記載：「乃命羲和，欽若昊天，曆象日月星辰，敬授人時。」牟先生稱此爲「羲和傳統」。〔註2〕其中所謂「天」即自然的天象，日月星辰的運行乃實然而自然者，並無超越的意義。「天」也可指遍覆在我們之上的蒼穹，與厚載萬物的大地相對，如《詩經》〈旱麓〉：「鳶飛戾天，魚躍於淵。」《尚書》〈金滕〉：「天大雷電以風。」其中「天」即是自然，沒有任何意志與價值可言。又《莊子》〈知北遊〉：「是天地之委形也；生非汝有，是天地之委和也；性命非汝有，是天地之委順也；子孫非汝有，是天地之委蛻也。」則是從天地氣化來說天地的「委形、委和、委順、委蛻」。無論就自然（現象）說天，還是就陰陽五行的氣化說天，這樣的「天」都是沒有超越意義、道德價值意義的。

2. 固有義、定然義的天

牟先生在論孟子「天爵與人爵——良貴與非良貴」時指出：「天爵之『天』字是虛位字，既非指自然言，亦非指上天言」，它是指體現德行是「性分之不容已」或「定然要如此的」，並不是爲要求人爵而體現德行。因此，「天貴亦可說爲是定然的貴，不是待他而然的（有條件的）貴。人爵即是待他而然的貴」。〔註3〕由此可知，「天」在天爵一詞中，並不具有實義，而只作爲一虛位的形容詞，用以指表「定然義」。

此外，孟子所謂「此天之所與我者」，其中的「天」也是虛位字，表「固有義」。牟先生說：「凡固有而定然如此者即說爲是天——以天形容之。即使說天爵是上天所賜給我的貴，說心之官是上天所賦與我者，說天理是上天所規定的理，說天倫是上天所規定的倫，這樣說亦無實義，只表示凡此等等是本來如此者，是定然如此者，其本身即是終極的，並不表示說：凡此等等是由超越的外

〔註2〕參見牟宗三《心體與性體》第一冊，頁226。
〔註3〕參見牟宗三《圓善論》，頁54～55。

力規定其為如此的。」〔註4〕所謂「超越的外力」指的是「人格神」，如果「心之官」等等是由外力規定其為如此，則道德便無獨立的實義，即只是他律道德，而非自律道德。不過，如前所論，即使這裡的「天」字採實說，取其「形而上的實體」義，也不會違背孟子自律道德的原義，因為「天」的真實內涵是依主體的道德實踐來決定的，而不是以「天」的概念來決定道德的本質。

3. 神性義的天

牟先生認為：「上世言帝、言天，乃至言天道、言天命，猶是發之于原始的宗教之情以言之，而且是關聯著王者之受命以言之，故隱約地有人格神之意，至少亦是冥冥中有一真宰之意。」〔註5〕可見中國古代的「天」仍有人格神的意味。以《詩》、《書》而言，其中帝、天都有人格神之意。但「《詩》《書》中的帝、天、天命雖常有人格神的意味，然而不如希伯來民族之強烈與凸出。《詩》《書》中之重德行已將重點或關捩點移至人身上來，此亦可說已開孔子重「主體性」之門。孔子之提出「仁」，實由《詩》《書》中之重德、敬德而轉出也。是故《詩》《書》中之帝、天、天命只肯認有一最高之主宰，只凸出一超越之意識，並不甚向人格神之方向凸出。」〔註6〕換言之，《詩》、《書》中的「天」雖然類似西方宗教的上帝，為宇宙的最高主宰，但因天的降命由人的道德決定，所以和西方宗教意識中的上帝有顯著的不同。周初「德命符應」的思想與由民情以知天命的觀念，可以充分說明這一點。

4. 道德的、形而上的實體義的天

凡《詩》、《書》中說到帝、天，都有人格神之意，但經過孔子的仁與孟子的心性，則逐漸轉化而成道德的、形而上的實體義。此時超越的帝、天與內在的心、性打成一片，無論帝天或心性都變成能起宇宙生化或道德創造的創生實體。孔子的踐仁以知天，孟子的盡心知性以知天，其所知的天首先便是從此正面說的「實體」義的天、積極意義的天、以理說的天，雖然它的涵義可以不止於此。〔註7〕至《中庸》則推進一步，視天為「為物不貳，生物不測」的創生實體，而以「維天之命，於穆不已」明「天之所以為天」。天命的於穆不已即天道不已地起作用以妙運萬物而使之有存在。在此「天」是一實位字，指表一「超

〔註4〕同註3，頁133。
〔註5〕同註2，頁302。
〔註6〕同註2，頁21。
〔註7〕參見同註2，頁526。

越的實體」。不過，對於形上實體的「創生性」（即創生萬物的意義），乃完全由
吾人心性的道德實踐而體證其爲如此。先秦的「天」的觀念，經由儒家道德理
性的充其極，正是把那《詩》、《書》中原有的人格神的帝、天轉化而爲超越遍
在的天道、天命、天理或仁體、心體、性體、誠體的。

5.「實體帶著氣化、氣化通著實體」的天

牟先生指出：「孔子說『知天命』，『畏天命』，『知命』，以及慨嘆語句中
的『天』，則是表示一『超越的限定』義。此則不純是以『實體』言（普通所
謂以理言）的天，當然亦不純是以氣言的天，乃是『實體帶著氣化、氣化通
著實體』的『天』」〔註8〕所謂「超越的限定」是說個人的一切遭遇儼然就像
由天而命之者，則此「天命」不是那「於穆不已」的天命之體的自身（即以
理說、以體說的天），而必須是帶著氣化說。因爲若不是以理說的天命之體自
身，則用不著慨嘆；若只是現實的氣化，只是物質的條件串，則無嚴肅義，
用不著敬畏。須是兩面渾而爲一，才是那全部天的嚴肅意義與超越意義之所
在。所以孟子「盡心知性知天」是自「體」上說，在此，心性天是一；「存心
養性事天」，是自人爲一現實存在言，天亦是帶著氣化說，在此，心性因現實
存在的拘限與氣化的廣大，而與天不即是一。〔註9〕

（二）命

「命」的涵義可以有三，即根命、氣命與理命。

根命，猶俗語所謂性命根子，代表生命的強度。《左傳》成公十三年劉康
公說「民受天地之中以生，所謂命也」的「命」即是此義。這是自個體之存
在於世界（生）而說命。

氣命，即命運、命限之命。命運、命限是個體生命與宇宙氣化乃至歷史
氣運間的距離所形成的參差與遭遇，代表「客觀的限制」。牟宗三先生解釋說：

> 「命」是個體生命與氣化方面相順或不相順的一個「內在的限制」
> 之虛概念。這不是一個經驗概念，亦不是知識中的概念，而是實踐
> 上的一個虛概念。……它不是「天命不已」那個命，亦不是命令之
> 命，亦不是性分之不容已之分定之定。它既不屬于這一切，是故它
> 渺茫得很，因爲凡屬這一切者都很確定，這是理性所能掌握的，不

〔註8〕同註2，頁23。
〔註9〕參見同註2，頁28～29。

得名曰「命」。它既不屬于理性，它應當屬于「氣化」方面的，但又
不是氣化本身所呈現的變化事實。客觀的變化事實是可以經驗的，
也可以用規律（不管是經驗的規律抑或是先驗的規律）來規制之的。
命不是這變化事實之本身，但卻總是屬于氣化方面的。氣化當然是
無窮的複雜，經驗知識無論如何多如何進步也不能窮得盡。雖不能
窮得盡，但是「命」一觀念卻不是指陳這客觀的無窮複雜。因此，
命這個觀念渺茫了，它究竟意指什麼呢？它落在什麼分際上呢？它
落在「個體生命與無窮複雜的氣化之相順或不相順」之分際上。這
個順或不相順之分際是一個「虛意」，不是一個時間空間中的客觀事
實而可以用命題來陳述，因此它不是一個知識。就在這「虛意」上
我們名之曰「命」。〔註10〕

氣命非吾人所能掌握與控制，它超越乎我之個體生命以外與以上，此即對於
我之個體生命有一種超越的限定，而形成吾人的命運與命遇，這就是以氣說
的「氣命」，也是「在天」之意，因而說氣命總有慨嘆的意味。孔子說「不知
命，無以為君子也」（堯曰）、「道之將行也與，命也；道之將廢也與，命也」
（憲問）；孟子說「殀壽不貳，修身以俟之，所以立命也」（盡心上）、「莫非
命也，順受其正，是故知命者不立乎巖墻之下」（同上）、「君子行法以俟命」
（盡心下）、「性也有命焉」（同上）、「命也有性焉」（同上）、「求之有道，得
之有命」（盡心上）等等的「命」，都是命限之命，即以氣說的命。子夏說「商
聞之矣，死生有命，富貴在天」（顏淵）的「命」也是此義。「生」是個體之
存在於世界，「死」是一個有限的現實個體之不存在，生死是必然的，這不是
命，但在必然的生死中卻有命存焉。人生中或殀或壽，或吉或凶，或富或貧，
或貴或賤，或幸福或不幸福，甚至五倫生活中之能盡分不能盡分，這都有命
存焉。為什麼在你身上有此遭際，而在他人身上沒有，這不是可以用理由來
陳說的，這是一個「虛意」，即此便被稱作「命」，便說是「在天」。〔註11〕不
過，「知命」與「知天命」的「命」有別，「知命」是就現實遭遇與限制說，
是落下來說，所以此命純是氣命之命；「知天命」則是提起來說，是向超越方
面滲透，由此所成的限制是超越的限制，即個人的一切遭遇彷彿都是由天所
命（決定）。牟先生認為這兩種命實可相通，落下來落實說就是「知命」的命，

〔註10〕同註3，頁142～143。
〔註11〕參見同註3，頁143。

提起來通上去說就是「知天命」的命。〔註12〕

理命，即「以理說」的命。此命是義理當然之命、天命之命、性分之所命的命，總之，是命令之命，而非命限之命。此命令當然也有限制義，但卻是限制我之私欲我、形軀我，而不是限制我之真我。即此限制是義理當然之限制，不是命運命限之限制。理命是盡性的事，這是我所能掌握的。孟子說「君子所性，雖大行不加焉，雖窮居不損焉，分定故也」（盡心上），所謂「分定」即「理命」。這不是氣命之分，也不是氣命之定。自性而言，性命令我必須如此，只須盡之而已，所以理命無慨嘆意味，惟當盡性之時而覺得有限制，使我之盡不能充其極，始有慨嘆意味，而此限制即是氣命之命。《詩經》「維天之命，於穆不已」的「命」即是命令之命，這是說天之「於穆不已」地表示其命令的作用，便是宇宙的「實體」。「於穆不已」是形容此體永遠不停地起創生的作用，有此「於穆不已」的「天之命」，遂有萬物的「生生不已」（即氣之生化不息的實事呈現）。

（三）性

「性」是一個通泛的概念，可以就「人」而說人之性，也可以就「物」而說物之性。

就物之性而言，人以外的物體只有「類不同」的性。如動物是盲目的、機械的「本能」，無生物則是物理學上所說的「墮性」。本能與墮性都代表「物質的結構」，可稱為「結構之性」，結構之性即是類不同的性。〔註13〕

就人之性而言，牟宗三先生指出人性有雙重意義，上層的人性指道德創造性的性，下層的人性指類不同的性。〔註14〕以類不同的性來說，禽獸之性固不同於草木瓦石之性，而禽獸、草木瓦石之性也不同於人之性，這不同只是事實上劃類的不同。所以類不同的性是個事實概念，即知識概念。這種知識概念的性，依經驗事實的觀點來看，是一律平等的，並無價值上的差別。道德創造性的性則不然，它是一個價值概念，正宗儒家即由此說人禽之辨，見人之所以為人的本質。這樣的性是超越意義、價值意義的性，是真正的道德行為所以可能的先天根據，因此它之為善是定然的善（絕對的善），是超善惡的對待相，跟與惡相對的善不同。孔子論仁、孟子論心性，都是講道德的

〔註12〕參見同註2第二冊，頁76～77。
〔註13〕參見牟宗三《中國哲學的特質》，頁78～79。
〔註14〕同註13。

創造性，而不是指生物本能、生理結構以及心理情緒所顯的那個性。所以孔孟的性就是「道德性本身」的性，或者說性就是道德的善本身。只有人可以拿創造性本身（自己）作他的性，而動物就只能以本能來作牠的性，等而下之的瓦石之性更不用說了。這「創造性自己」（性體）就是本體，它並不隸屬於任何特殊而有限的機能，否則還得有更後的預設，就不是終極的。〔註15〕有這個性作為吾人的性，我們才能連續不斷、生生不息地引發「純亦不已」的道德行為。

除了把性分作兩層來看以外，牟先生也曾以三分的角度來論性。最低層的性是指由「生物本能、生理欲望、心理情緒這些屬于自然生命之自然特徵所構成的性」〔註16〕告子、荀子所說的性屬之，這是自「生之謂性」一路說性。如此說的性自然為中性，而無分於善惡。牟先生說：

> 氣之凝聚結構而成形軀，直接發于此形軀者，為一般之動物性。生物本能、生理欲望、心理情緒等皆屬之，此可曰形軀層，亦曰基層。此一般之動物性，如果可以說普遍性，當是生理形軀的普遍性，尚不是精神生命中或理上的真正普遍性，此可曰後天的，經驗的普遍性。〔註17〕

就形軀層說的性，大體是人的動物性，如飲食男女、喜怒哀樂等即是。第二層的性是「氣質之清濁、厚薄、剛柔、偏正、純駁、智愚、賢不肖等所構成之性」，〔註18〕這就是兩漢以來所謂的「氣性」、「才性」之類，宋儒則綜括為「氣質之性」。依此，人是不平等的，有差等性與異質性，這是才性的（生物學的）先天與定然。王充說「用氣為性，性成命定」（論衡、無形篇第七）即是此意。由此（氣性）說善惡，則所謂善只是善之傾向，所謂惡只是惡之傾向，這種傾向是偶然的，並無理性上的必然性，因此不是道德性本身之性的定然的善。牟先生說：

> 就人類言，有此形軀，即有其自然生命中之種種特殊性，此即氣質之殊也。故氣質之殊是屬于生命層的，此是個個不同的，此是屬于差別性、特殊性的。所謂氣性才性皆屬此層。〔註19〕

〔註15〕參見牟宗三《中國哲學十九講》，頁117。
〔註16〕同註2，頁198～199。
〔註17〕同註2第三冊，頁431。
〔註18〕同註16。
〔註19〕同註17。

無論就形軀層說動物性，還是就生命層說氣質之性，都是就自然生命所呈現的特質而說性，不是就道德生命而說性。只自此而言性，並不能說明或建立真正的道德實踐所以可能的超越的先天根據。因爲自然生命所呈現的種種特質只是依自然生命（氣）而有的自然的、實然的、後天的諸般欲性與質能。

第三層的性是「義理當然之性」或「內在的道德性」。這一層的性不屬於自然生命，而純屬於道德生命、精神生命，宋儒綜括爲「義理之性」。此即成聖的超越的根據，可稱爲「聖性」。這性是絕對的、普遍的，乃理性上的必然。從這裡說，人人皆可以爲聖人，而且人人都是平等的，人的尊嚴由此而立。但是事實上究竟並沒有人人都成爲聖人，這是由於氣質之性的限制使然。牟先生說：

> 由理上講，人人皆可以爲聖人，這是理想的說法。但事實上並未人人皆是聖人，這是因爲現實上有個限制原則，即「氣」。儒家的學問兼含理想與現實兩面。儒家在理想面肯定人人皆可以成聖，因此主張性善，即宋明儒所謂的「義理之性」，這是普遍的，在這方面人人相同。個性、差別性是從氣上見。氣仍是個普泛的觀念，落實到人身上就是個性、才性，也就是「氣質之性」。由才氣性來看，就人人不同，多彩多姿，而有先天性。〔註20〕

由於儒家論性同時注意到「義理之性」與「氣質之性」，這兩方面合起來，一則保住了人的尊嚴、平等性與理想性，一則也保住了人的差異性與異質性。人的生命本來就有這些不同的層面，所以論性也可以分就各個層面而說。告子、荀子只就動物性說人之性，兩漢諸儒只就氣性才性（氣質之性）說人之性，都是見不到真正普遍性的道德心性之爲性，但這只是見不到，不能說他們所見到的層面不是性。同樣的，孟子以及宋明儒就義理之性說人之性，這也只是見到或肯認道德的心性始爲人的真性，並不能說人之動物性的性以及氣性才性的性不是性。其實，人之動物性的性與氣性才性的性也可以概括用「氣性」稱之，如此，說「性」可大別爲兩路，一是「順氣而言」，一是「逆氣而言」。牟宗三先生說：

> 凡言性有兩路：一順氣而言，二逆氣而言。順氣而言，則性爲材質之性，亦曰「氣性」（王充時有此詞），或曰「才性」，乃至「質性」。順氣而言者，爲「材質主義」。……逆氣而言，則在於「氣」之上逆

顯一「理」。此理與心合一，指點一心靈世界，而以心靈之理性所代
表之「眞實創造性」爲「性」。此性乃宋儒所說之「天地之性」，或
「義理之性」，而以孔子之仁，孟子之心性，《大學》之明德，《中庸》
之中與誠（「天命之謂性」之性亦在內），程、朱之理與性，象山之
心，陽明之良知，蕺山之意，以實之。逆氣而言者，爲理想主義。
　　〔註21〕

「用理爲性」與「用氣爲性」這兩路會合於宋儒，便成了他們所嚴格分別的
義理之性（天地之性、本源之性）與氣質之性。

　　以上分別討論過「天」、「命」、「性」三個觀念，現在再將它們結合貫串
起來，看《中庸》這句話可能的涵義是什麼。就字面而言，「天命之謂性」一
語是說「天所命給吾人者即叫做是性」，或「天定如此者即叫做是性」。〔註22〕
然而，單就這句話本身看，仍舊無法確定「天」、「命」、「性」的意義究竟落
在那一個層面說。以「天」而言，如果「天」是氣化意義的天（自然義的天），
那麼順氣化沉下來而說委順之性（《莊子》〈知北遊〉所謂「性命非汝有，是
天地之委順也」），「性」便是氣之下委於個體，這也可說是「天命之謂性」，
只是此種意義下的「命」是「氣命」之命，「性」則是結構之性、類不同之性、
氣命之性。告子「生之謂性」，就是這種氣的結聚之性；荀子「生之所以然者
謂之性，性之和所生，精合感應，不事而自然謂之性」（正名）、「凡性者，天
之就也，不可學，不可事」（性惡）、「性者本始才朴也」（禮論），董仲舒「性
之名非生與？如其生之自然之資謂之性，性者質也」、「性者天質之樸也，善
者王教之化也」〔註23〕等諸說都是由氣之下委而說「生之謂性」。後來王充所
謂「用氣爲性，性成命定」，便完全講的是這種「氣命」之性了。

　　如果「天」是神性義的天，那麼「天命之謂性」便是說人格神意義的天
命給人如此這般的性，這種命是宗教式的命法。

　　如果「天」是固有義、定然義的天，那麼「天命」等於「天定如此」，這
樣「天命之謂性」便是表示性是定然的、無條件的、先天的、固有的。總之，
它只直接就人說明了性的先天性，而不管性的後面有無來源，這是道德實踐
的講法。

〔註21〕牟宗三《才性與玄理》，頁1。
〔註22〕同註2，頁29。
〔註23〕分見董仲舒《春秋繁露》〈深察名號〉、〈實性〉兩篇。

如果「天」是道德的、形上實體義的天，那麼「天命之謂性」便是說天以創生之理，即「於穆不已」的「天命流行之體」賦與我，即爲我之性。「命」在此是就「天命流行之體」說，即此而言，則命是命令義，是以理說的命，表示創生實體的定向作用。此創生實體具（命、流行）於吾人，即爲吾人之性，這是宇宙論式的命法，由此可見「性」之宇宙論的根源。「流行」一詞是就天之不已其命說（即從「維天之命，於穆不已」說）。天之「於穆不已」地表示其命令的作用，便是宇宙的「實體」。剋就「於穆不已」說，此體也稱作「天命流行之體」，言此「天命流行」即是體（宇宙的實體）。換言之，天是不已地時時在降命，形而上地說，即是不已地起創生的作用，克就此不已地起作用說，即叫做「流行」，實則無所謂流，也無所謂行。此流行不是氣邊事，不是氣化的過程（現實存在物的變化過程），乃是指體而言，是指誠體神體的神用說，所以稱作「流行之體」。〔註24〕有這個創生的實體（天命流行之體）不已地起作用，始有氣化的實事。天賦與我此性，即是我的眞性、眞體。此性自然不是結構之性、類不同之性，而是超越的義理之性、內在道德性之性。

獨立地看「天命之謂性」這句話，既然無法確定其意義歸屬的層面，那麼自然只有透過整個《中庸》義理系統的陳示，以定其意義之所指了。

由《中庸》本身義理來看，「天命之謂性」的「性」，決不會是氣性之性。首先，依下句《率性之謂道》一語看，性不會是氣性之性，否則，率性便不能是道。其次，依「中也者，天下之大本也」一語看，如果「中」字即指「性體」而言，則作爲「天下之大本」的中體、性體，也決不會是氣性之性。又依《中庸》後半部說「自誠明、謂之性」、「唯天下至誠，爲能盡其性」、「誠者，非自成己而已也，所以成物也。成己，仁也；成物，知也。性之德也，合外內之道也」，顯示誠是工夫也是本體，是本體也是工夫，誠體即是性體，性也不會是氣性之性。〔註25〕

性既不可說成材質主義的氣命之性，那麼「天命之謂性」的性當該就是義理當然之性、內在的道德性了。這是一種超越意義、價值意義的性，是道德創造的先天而超越的根據。此性是萬善萬德之所從出，它是普遍的、先驗的，而且是純一的，並不像氣性那樣多彩多姿，人各不同。其善亦是定然的，並不像氣性那樣或善或惡，或無所謂善惡。

〔註24〕同註17，頁72～73。
〔註25〕參見同註2，頁29。

對應這種意義的性，則「天」可以有兩種講法，一是固有義、定然義的天，一是道德義、形上實體義的天。前者表示性是定然的、無條件的、先天的、固有的，後者表示道德的、形上實體的天以其創生之理賦與我即爲我之真性。依牟先生之說，「天定如此」的講法只說明了性的先天性，完全不管性的後面有無來源，這種講法顯然不能盡「天命之謂性」一語的全蘊。如要盡其全蘊，必須不止說性的定然，還要進一步從性的來源著眼。即必須上通天的創生原理，由此以見性的宇宙論的根源。牟先生說：

> 中國儒家從天命天道說性，即首先看到宇宙背後是一「天命流行」
> 之體，是一創造之大生命，故即以此創造之真幾爲性，而謂「天命
> 之謂性」也。〔註26〕

「幾」者動之微，說「真幾」即是取「動之微」義而說此實體即是一微妙而真實的動源、生源。〔註27〕就《中庸》義理看，它引《詩經》「維天之命，於穆不已」後贊之曰「蓋曰天之所以爲天也」，「天之所以爲天」即天的本質、天的德，也就是天道，這是本體宇宙論的實體。此實體宋儒稱作「天命流行之體」。「流行」一詞完全根據命令作用說，此「於穆不已」的天命永遠在起創生的作用，其命（流行）於人即爲人之性，這就表示性命天道相貫通，也表示性是先天地（超越地）定然如此者。牟先生說：

> 中庸言誠、言「爲物不貳、生物不測」之天道，易傳言窮神知化，
> 皆是對于此「天命流行之體」之闡揚。而北宋濂溪、橫渠、明道亦
> 皆是重在對于此「天命流行之體」之體悟。〔註28〕

《中庸》說「誠者，天之道也」，天道的內容即是誠，誠與天道同一化。換言之，此時天道的意義已完全轉化爲道德的、形而上的實體，即轉化爲生化原理或創造原理，則天非人格神的天可知。又《中庸》說「天地之道，可一言而盡也，其爲物不貳，則其生物不測」，這也表示《中庸》作者是從「生物不測」的生化原理來了解天地之道，天地之道即是一「於穆不已」的創生實體。

「天命之謂性」字面上的意思是說「天所命而定然如此者即叫做是性」，似乎性與天道尚有距離，未必便表示性與天道爲同一，即「天命之謂性」不能直解爲「於穆不已」的天命實體就叫做是性，然而「天所命而定然如此」

〔註26〕同註13，頁77。
〔註27〕參見同註17，頁73。
〔註28〕同註27。

的性，如進一步看其「內容的意義」，實等同於「於穆不已」的天命實體。由
《中庸》後半部提到至誠盡性可以贊天地之化育，天道即是誠，又以「唯天
下至誠」為能「知天地之化育」，並說「苟不固聰明聖知達天德者，其孰能知
之」等等，可以推證《中庸》的作者實在是認為內在於人的義理之性，和超
越的天道實體，在「內容的意義」上應該是完全一樣的。牟先生表示：

> 如果「天」不是人格神的天，而是「於穆不已」的「實體」義之天，
> 而其所命給吾人而定然如此之性又是以理言的性體之性，即超越面
> 的性，而不是氣性之性，則此「性體」之實義（內容的意義）必即
> 是一道德創生之「實體」，而此說到最後必與「天命不已」之實體（使
> 宇宙生化可能之實體）為同一，決不會「天命實體」為一層，「性體」
> 又為一層。依《中庸》後半部言「誠」，本是內外不隔，主客觀為一，
> 而自絕對超然的立場上以言之的，此即「誠體」即同于「於穆不已」
> 之天命實體也。言「天地之道」為「為物不貳，生物不測」，則天地
> 之道即是一「於穆不已」之創生實體，而此亦即是「無內外」之誠
> 體也。《中庸》引「維天之命於穆不已」之詩句以證「天之所以為天」，
> 則「天」非人格神的天可知。是則誠體即性體，亦即天道實體，而
> 性體與實體之實義不能有二亦明矣。〔註29〕

依牟先生對《中庸》思想的理解，先秦儒學發展到《中庸》，其道德的形上學的
基型便充分透顯出來，主觀面的德性生命與客觀面的天命不已的道體合而為
一，道德秩序即宇宙秩序，宇宙秩序即道德秩序，道德界與存在界通而不隔。

「天命之謂性」一語，朱熹《四書集註》說：

> 命猶令也，性即理也。天以陰陽五行化生萬物，氣以成形，而理亦
> 賦焉，猶命令也；於是人物之生，因各得其所賦之理，以為健順五
> 常之德，所謂性也。

朱子解析這句話，基本上是根據他理氣二元不離不雜的形上學觀點。依他之
見，整個宇宙乃是理氣二元配合變化所產生的結果，即氣以成形，理以成性。
在朱子存有論的解析中，由存在之然推證其所以然之理以為性，則性體與存
在的關係只能是理與氣不離不雜的關係。有氣之然必有其所以然之理以定然
之，理只是靜態地在「氣之然」背後以超越地定然之與規律之，但不能創生
地實現此存在，這就是他所謂的氣不離；而同時理也不能離氣，因理若離

〔註29〕同註2，頁30。

開氣，則理無掛搭處。理無掛搭處只表示理無具體的表現處而已，但理還是理，理是超越地自存者，這就是他所謂的不雜。此不離不雜是就「由然推證所以然」說，是存有論的解析下的義理。〔註30〕《朱子語類》說：

> 性與氣皆出于天。性只是理，氣則已屬于形象。性之善固人所同，氣便有不齊處。〔註31〕

又說：

> 天之賦于人物者謂之命，人與物受之者謂之性。〔註32〕

又《文集》卷五十八答黃道夫說：

> 天地之間，有理有氣。理也者，形而上之道也，生物之本也。氣也者，形而下之器也，生物之具也。是以人物之生，必稟此理，然後有性。必稟此氣，然後有形。其性其形，雖不外乎一身，然其道器之間，分際甚明，不可亂也。〔註33〕

在朱子，性理只存有而不活動，人與物同一義理本然之性，因此人物之別不在義理的本然之性處，只在因「氣異」而有的不同的表現上。依據朱子的學統，他說理或性是由「然」以推證其「所以然」的方式而言，這是一種本體論（存有論）的推證方式。不過，就「氣之存在之然」推證其所以然之理以為性，此「然」是單指「氣之存在之然」說，並不是指存在之然自身的「曲折內容之然」說。如陰陽氣也，所以陰陽是理。「所以陰陽」是指陰陽之存在（相生）之所以存在說，不是指陰陽自身的曲折內容（凝結造作的徵象）說。換言之，朱子所說的「所以然之理」是指存在之理，而不是表象存在自身之曲折內容的理。前者是就存在之然說，是重在存在，其所以然之理是存在之理，是超越的、整全的，非類名的；後者是就內容之然說，是重在內容，其所以然之理是內在的（現象的），定多的，類名概念的。〔註34〕就朱子而言，任何實然的存在皆有其定然之理，即皆有其性。如此說的理是屬於「存有論的存有」之理，而不必是道德之理。對道德性的存在之實然（如惻隱之心等）說，其所以然之理是道德的，如仁義禮智等。但對非道德性的「存在之實然」

〔註30〕參見同註17，頁481～482。

〔註31〕《朱子語類》卷第五十九，《孟子》九，〈告子篇〉，臺北：文津出版社，民國75年版。

〔註32〕同註31，卷第十四，《大學》一，經上。

〔註33〕《朱文公文集》卷五十八，答黃道夫語。

〔註34〕參見同註17，頁508。

說，其所以然之理便無所謂道德不道德，如朱子所說的「枯槁有性」。枯槁之物有其存在之理，自有此本然之性。如此說的性，其直接的意思是存在之存在性，存在之理（雖然也是超越的，不是現象的），而不是道德實踐之性，不是道德創造性之性。性只是一靜態的存有之理（只存有而不活動），其自身無論在人在物都不能起道德創造之用。在物處，固不能起道德創造之用，只收縮為一存在之理，舟車有所以為舟車之理，枯槁有所以為枯槁之理，此即是其定然之性、本然之性。在人處，人雖能自覺地作道德實踐，這也不過是依心氣情變之發動當如理時，能使此理此性有多樣的顯現，然而此性自身仍不能起道德創造之用。當此發動不如理時，理也只收縮為一實然存在之所以然的定然之理，而無多樣的顯現。此時理之為定然之理、而定然之理即是性，與在枯槁處是相同的。牟先生說：

> 蓋性體只是理，並無心之活動義之故，並非本心即性故，心從性體上脫落下來只成為後天的實然的心氣之靈之心。依是，人之道德實踐只是依心氣之靈之收斂凝聚，常常涵養，發其就存在之然而窮其所以然之理（即性）之知用，以便使心氣情變之發動皆可逐漸如理，如理即是如性，是則性理只是被如，被依、被合者，而其自身並不能起道德創造之用也。此即道德力量之減殺。〔註35〕

朱子所說的性雖然也是先天的、超越的，但卻是觀解的、存有論的。性體本身不是道德實踐的根源（動源），實踐的動力在心氣之陰陽動靜上的涵養與察識，此即形成實踐動力中心的轉移。即由性體轉移至對於心氣的涵養以及由心氣而發的察識（格物窮理以致知），而性理自身則是無能為力的，只是平置、靜擺在那裡以為心氣所依循的標準。心氣依理而行所成的道德即為他律道德，這不是孟子、《中庸》說性的本義。孟子、《中庸》所謂的性是作為道德創生之實體的性，而不是「由然推證所以然之理以為性」的性，即不是只為「存有之理」的性。此性是真正的道德行為所以可能的超越的根據，足以決定並創生一道德行為者。如依孟子的「就內在道德性說性」之義而言，不但枯槁無此性，即禽獸也不能有。若依《中庸》的「就於穆不已的天命流行之體說性」而言，則禽獸與枯槁之物也不能以此道德創生的實體為其自己的性。此性是吾人的真主體。吾人理解此實體只能由逆覺而體證之，不能由順取而究，由「從然推證所以然」而見。此處並無格物窮理的工夫，工夫唯在逆覺

自證。自證其道德的本心之自發自律自定方向自作主宰以爲吾人的性體，以認取性體之爲理，而非客觀地由「存在之然」逼顯出其所以然之理以爲性，主觀地由心氣之靈的凝聚來把握這些理，以使心氣情變的發動漸如理。牟先生說：

> 依朱子對於「存在之然」所作的「存有論的解析」，其由存在之然推證其所以然之理，其如此把握的實體（性體、道體）只能是理，而不能有心義與神義，此即實體只成存有而不活動者，因此，即喪失其創生義。然依孟子「本心即性」義，以及原初的「維天之命於穆不已」與夫《中庸》之言誠體、《易傳》言神體，則性體道體本即是道德創生的實體，其自身是理是心亦即是神，是則實體是「即存有即活動」者，而不是「只存有而不活動」者。〔註36〕

朱子嚴守伊川「涵養須用敬，進學在致知」的義理間架，其學與工夫的重點落在致知格物上。伊川與朱子並無孟子的本心義。他們所說的心只是「實然的心氣之靈」的心與「實然的心氣之偶然凝聚」的心，即經驗的心理學的心，而非內在而固有的、超越的、自發、自律、自定方向的道德本心。所以主觀地須有涵養工夫以使之常常凝聚而不散亂，並使此心氣之靈常清明而不昏昧，而客觀地復須有「認知的格物窮理以致知」的工夫，以加強此心之凝聚與清明，以使其一切發動較能如理而合道。因此他所說的涵養，是涵養此實然的凝聚之心與清明之心，而不是涵養吾人的實體性的道德本心。心只能如理，而不能即是理，所以終於爲他律道德。自說本心者而言，實體性的道德本心的自主、自律、自定方向即是理。理非是泛說的理，只是道德性的決定方向的理。此爲「無心外之理」的實義。因而致良知復本心以成道德實踐，方是眞正的自律道德，這是內聖之學、成德之教的本質。〔註37〕在伊川、朱子的格局下，心性不一。心爲後天的實然的心，道德意義的本心沉沒了；性則平散爲「只存有而不活動」者，性的道德力量也減殺了。性的原義，就孟子「內在的道德性」說，本是道德創造（道德行爲之純亦不已）的動源，也就是所謂本心。就《中庸》說，則是由天命流行的實體所規定的性。此實體落於個體上而爲個體所具有即爲性。所以這種性雖在個體而見，卻完全是宇宙性的，是絕對普遍的。

〔註36〕同註17，頁478。
〔註37〕參見同註12，頁523～524。

「天命之謂性」本可通人物而言，但通人物而言，必分別說性之兩層。天如果是「於穆不已」的天命流行之體，則天命之流行於人而命於人，不獨命人之生（存在），而且命以超越的義理當然之性，此因人能吸納此天命流行之體以爲己性；天命之流行於物而命於物，物不能實有天所命者以爲己性（即不能吸納此天命流行之體以爲己性），結果物只有物質結構之性、墮性或本能之性，而不能有「道德的創造性」之性，即天只命其生（存在），而不命其義理當然之性，依此，人禽之辨、人物之別可從性上說。〔註38〕如前所論，《中庸》「天命之謂性」的性既是指超越的義理當然之性，則也只有人能具有此性，物則不能。換言之，《中庸》天命之性乃專就人而說，不就物而說。

朱子說天命之性是通人物而言，這與《中庸》原義不合。而且在朱子的說統下，性是泛就存在之實然（具體事物）以推證所以然之理以爲性，性理只存有而不活動，其爲存在之理或實現之理也是靜態的。靜態地爲一切實然者的「存在之理」，即是靜態地爲定然的、義理本然之性。枯槁有其所以爲枯槁的「存在之理」，所以也有此定然的、義理本然之性，此即朱子所謂「理同」。理同即性同，人與物乃同一義理本然之性。因此，人與物的差別（人禽之辨）不在義理的本然之性處，只在因「氣異」（所稟之氣的差異）而有的不同的表現上。在人處，義理本然之性能進到氣質裡面來而有多樣的顯現；在物處，本然之性不能進到其氣質裡面來而有多樣的顯現，只收縮而爲一存在之理，使之成爲如是個體的定然之性。

二、率性之謂道

天命之性，通人物而言，既可有不同的意義，「率性之謂道」通人物而言，也當可有不同的意義。在人處，人能吸納「天命流行之體」（創生的實體）於其自己的生命內以爲性，所以能率性、盡性。此性是道德創造之性，是絕對普遍的，人也因此而凡聖等。然而在其他動物以及草木瓦石，則不能吸納此「天命流行之體」於其個體內以爲性，因而便無所謂盡性、率性以爲道。其所循者只能是氣之結構之性，如所謂本能、墮性等即是。這只是差別性之性，而不是那等同性（普遍性）之性。如循此氣之結構之性也可謂之道，則此道只能是天命流行帶著氣化以俱赴所成的氣化的自然之勢，而不能是人之率性

〔註38〕參見同註2，頁234。

以爲道的「道」。〔註39〕

　　依據上文對「天命之謂性」一語的解析，天是以理說的天，命是以理說的命，性是以理說的性，可見這句話是專就「人」而說，並未包括「物」。「率性之謂道」一語既上承「天命之謂性」一語而來，則也當是專就「人」而說，並未包括「物」。天命人以義理當然之性，所以率之即爲道。這是個人自己率性盡性的事。《中庸》有至誠盡性之說，所謂「唯天下至誠，爲能盡其性」，「盡」是工夫字，意即「充分體現」。「率性」若視同「盡性」，則「率」字便有工夫義可說。「性」是道德創造的實體，能充分盡之，便是「道」的再現。依儒家義，能充分體現此天命之性的，惟有聖人，現實上則以孔子爲代表。因此《中庸》說：「大哉！聖人之道！洋洋乎，發育萬物，峻極于天。優優大哉！禮儀三百，威儀三千，待其人而後行。故曰：苟不至德，至道不凝焉」，即表示非聖人無以率性成道之意。一般人雖然也有此天命之性，但因私慾（氣質之偏）冒升，致使性體隱伏，而不能全然表現出來。所幸有聖人能率性、盡性，全面做到「自誠明」，才有可能「經綸天下之大經，立天下之大本，知天地之化育」（第三十二章），而使常人也能透過聖人所凝成的「至道」（指禮儀與威儀），逐漸由明而誠地體現本性，達到「至誠」（「誠則明矣，明則誠矣」）的境界。

　　「道」的原始意義爲人所行的「路」，《孟子》〈萬章篇〉「假道於虞以伐虢」中的「道」字即表此義。引申可指物所經的「路」，《孟子》〈告子篇〉「禹之治水，水之道也」中的「道」字即表此義。不論是人所行的路或物所經的路，「道」都指謂具體的路。由此義進一步引申使用，則不以道指謂具體的路，而是只引申它的「通達可行」之意，以此爲模式去說人類生活上各種不同的活動而稱之爲道。如《孟子》書中所說的「責善，朋友之道也」（離婁下）、「不動心有道乎」（公孫丑上）。「交鄰國有道乎」（梁惠王下）即表示此一意義。這是「道」由原來「具體的指謂使用」引申爲「抽象的指謂使用」。〔註40〕《中庸》「率性之謂道」的「道」的涵義即當從此處來了解。由於「率性」的「性」既指人的義理本然之性，則率性而行所成的道，自應是人之所以爲人之道。依儒家義，人之所以爲人之道即是「仁」，或說「本心」、「仁義禮智之性」、「幾希」之性，這是不同於物性的。「仁」或「幾希」之性既爲人之所以爲人的本

〔註39〕參見同註2，頁159～160。
〔註40〕參見李杜《中西哲學思想中的天道與上帝》，臺北：聯經出版事業公司，民國67年版，頁85。

質，人道即依此而建立。孟子說：「仁也者人也，合而言之道也」（盡心下）「仁」是人之所以爲人、所以發展完成其德性人格的超越的根據、內在的實體，人而體現之於具體生活中便是道，此即所謂「合而言之道也」。意即成就人爲一眞正的人之道也。這和「率性之謂道」的「道」相同。所以「率性之謂道」的道即是「仁道」。

　　至於「率」字，鄭注、孔疏都訓「循」。〔註41〕朱子承之，並特別指出「率」字並無工夫義言。他說：

> 率，循也。道，路也。人物各循其性之自然，則其日用事物之間，莫不各有當行之路，是則所謂道也。〔註42〕

又說：

> 率性非人率之也。率只訓循。循萬物自然之性之謂道。此率字不是用力字。〔註43〕

朱子解天命之性是通人物而言，率字如有工夫義，則在物處是講不通的，因此只好說「率性非人率之也」、「此率字不是用力字」，這是在朱子說統下必然有的歸結。不只「率」字如此，盡心盡性的「盡」字，朱子也不認爲有工夫義，他說：

> 盡心盡性之盡不是做工夫之謂。蓋言上面工夫已至，至此方盡得耳，《中庸》言「唯天下至誠爲能盡其性」，孟子言「盡其心者知其性」是也。〔註44〕

又說：

> 盡其心者，由知其性也。先知得性之理，然後明得此心。知性猶格物，盡心猶知至。〔註45〕

朱子以格物致知說盡心知性，並表示由於知其性，始能盡其心。因爲工夫已在格物致知處全部用盡，所以說「盡心盡性之盡，不是做工夫之謂」。「盡」

〔註41〕鄭玄注：率，循也。循性行之，是謂道。
　　　　孔穎達疏：率，循也。……依循性之所感而行，不令違越，是之曰道。
　　　　十三經注疏，《禮記》注疏。
〔註42〕朱熹《四書集註》《中庸章句》。
〔註43〕見明胡廣《中庸章句大全》（《中國子學名著集成》，第一七冊，珍本初編，〈儒家子部〉），臺北：中國子學名著集成編印基金會，民國 67 年，頁 24～25。
〔註44〕《朱子語類》卷第六十，《孟子》十、〈盡心上〉。
〔註45〕同註44。

字在此只有認知的意義，而無實踐的意義。就孟子而言，說「盡心」是充分實現（擴充）本心之謂，不是「知至」之認知地盡，也不是「依所知之理、盡心力而爲之」〔註46〕的他律式的實行地盡。本心就是動力，能自發律則（理），所以心即是理。此理是本心所自具的本質的、必然的內容。心之自發此理足以決定並創生一道德行爲的存在。此性決不是如朱子所謂的只是理，由存在之然以推證者。就《中庸》而言，說「盡性」是充分實現（擴充）義理本然之性之謂，其義與孟子所說「盡心知性」並無二致。「盡」字在此都有其實踐的工夫義。「天命之謂性」是說「性之存有」，「率性之謂道」則是說盡性之實踐。

　　依朱子的講法，性、理、道三者的意義其實是相同的。所謂「性即理也」、「性只是理」、「性是實理，仁義禮智皆具」、「道即性，性即道，固是一物」。〔註47〕既然性、理、道是一，則「率性之謂道」等於說「如理順性謂之道」。因此，「率性」固可視爲循理而無工夫義。只不過朱子於《中庸》所講的「性體」，只收縮提練而爲一本體論的存有，即「只存有而不活動」的靜態的理，並不合《中庸》說性的原義。這表示朱子對「性」的理解有偏差，缺乏相應的契會。關於「道」，朱注說：

> 道者，日用事物當行之理，皆性之德而具於心，無物不有，無時不
>
> 然，所以不可須臾離也。〔註48〕

道與性同，是一切存在物的存在之理，但此理並不內在於心而爲心之所自發，「皆性之德而具於心」一語不可誤解。因朱子所謂的心不是道德的超越的本心，而只是知覺運用的實然的心，氣之靈的心，即心理學的心。仁義理智本都是性體中所含具的理，是實然之情的所以然之理，所謂「性之德」是也。至於心氣具仁義禮智之理是「認知地具」，即先通過格物窮理的靜攝工夫而具，此時是心知之明的認知地關聯地具，是「當具」，而非道德的本心之自發自律的「本具」。此即朱子所謂「心具眾理」之義，也就是「具於心」。〔註49〕朱子把孟子的「本心」轉成「心知之明」，只注意其照物的認知作用（涵攝作用），這顯非孟子的本意。

〔註46〕同註44。
〔註47〕同註44，卷第五，性理二，性情心意等名義。
〔註48〕《四書集註》《中庸章句》。
〔註49〕參見同註17，頁245。

三、修道之謂教

關於「修道之謂教」，鄭玄的解釋是：

> 脩，治也，治而廣之，人放傚之，是曰教。〔註50〕

鄭注訓修為治，「治而廣之，人放傚之」意謂：以道修（治）己，並擴而充之，以使他人仿傚而收教化之功。據此，則「修道」一詞的主語當是指「人君」而言。此意孔疏說得比較清楚：

> 脩道之謂教，謂人君在上，脩行此道以教天下，是脩道之謂教也。
> 〔註51〕

孔疏的講法本於鄭注，只不過明確地指出「修道」一詞的主語是「人君」而已。鄭、孔二氏之說都是從為政者以道修己出發，強調政治上化民之義，這和孔子「為政以德」、「政者正也」〔註52〕的觀念是一致的。《論語》〈顏淵篇〉記載：

> 季康子問政於孔子曰：「如殺無道，以就有道，何如？」孔子對曰：
> 「子為政，焉用殺？子欲善，而民善矣！君子之德風，小人之德草，
> 草上之風必偃。」

這是說為政不須刑殺，只要在上自正，則民化之。儒家「德治」的思想，由此可見。朱子的解釋則不同於鄭、孔，他說：

> 修，品節之也。性道雖同，而氣稟或異，故不能無過不及之差。聖
> 人因人物之所當行者而品節之，以為法於天下，則謂之教，若禮樂
> 刑政之屬是也。蓋人知己之有性而不知其出於天，知事之有道而不
> 知其由於性，知聖人之有教而不知其因吾之所固有者裁之也。〔註53〕

朱子是從「聖人立教」的觀點解釋「修道之謂教」。所以「修道」在此並非以道修己之意，因為聖人是已經體現了道的人。依朱子之意，性道乃人物所皆有，這是「理同」，但由於每一個體所稟的氣有「純駁之不齊」（這是「氣異」），因而在理的表現上便有過與不及之差，於是聖人才要立禮樂刑政之教，以為天下法。由文義看，聖人「品節」、「裁」的對象，應是「人物之所當行者」、「吾人所固有者」，即人人皆同的「性道」，而「品節」、「裁」的結果則是「禮樂刑政之屬」。可見所謂「品節」、「裁」，是說把一個絕對普遍的、存有論的、

〔註50〕同註41。
〔註51〕同註41。
〔註52〕分見《論語》〈為政〉、〈顏淵〉兩篇。
〔註53〕《四書集註》《中庸章句》。

純一的極至之理具體化而爲外在客觀的法度儀節的意思。但朱子的講法容易引起誤會，這是因爲「品節」、「裁」都落在「體」（性道）上說，而性道原是純粹至善的理，本身不能有損益，豈可言「修」（品節）？王陽明即曾有此質疑，《傳習錄上》記載：

> 馬子莘問：「修道之教，舊說謂聖人品節吾性之固有以爲法於天下，若禮、樂、刑、政之屬，此意如何？」先生曰：「道即性即命，本是完完全全，增減不得，不假修飾的。何須要聖人品節，卻是不完的物件！禮、樂、刑、政是治天下之法，固亦可謂之教，但不是子思本旨。若如先儒之說，下面由教入道的，緣何舍了聖人禮、樂、刑、政之教，別說出一段戒愼恐懼工夫？卻是聖人之教爲虛設矣。」
> 〔註54〕

王陽明認爲「道」本即是純粹至善，增減不得，所以不可說「修」（品節）。這種看法固然有理，卻未必是朱子本意。又陽明認爲，所謂「教」也不是如朱子所說的「禮樂刑政之屬」，而是指個人修省的工夫。他說：

> 聖人率性而行，即是道。聖人以下未能率性，於道未免有過不及，故須修道；修道則賢知者不得而過，愚不肖者不得而不及，都要循著這箇道，則道便是箇教。〔註55〕

陽明以爲除了聖人，於道都不免有過與不及，所以須要修道。可見他解釋「修道之謂教」並不從聖人立教的觀點說，而是就一般人以道自修而言。王船山也有同樣的看法：

> 所以爲學之法，即教也。聖人立教，亦非本文之意，看下文及一部《中庸》便見。時文又添個先王，愈謬。禮樂刑政，固亦是教，而此章所言之教，即下存養省察之學，所謂由教而入也。〔註56〕

以「爲學之法」訓「教」，則教指個人「存養省察之學」，即《中庸》所謂「愼獨」的工夫。《中庸》第二十八章說：

> 非天子不議禮，不制度，不考文。今天下車同軌，書同文，行同倫。雖有其位，苟無其德，不敢作禮樂焉；雖有其德，苟無其位，亦不敢作禮樂焉。

〔註54〕 《王陽明全集》卷一，語錄一，〈傳習錄上〉，頁 25。
〔註55〕 同註 54。
〔註56〕 王夫之《四書箋解》，臺北：廣文書局，卷二。

聖人有德無位，按道理是不能立禮樂刑政之教的，孔子說「天下有道，則禮樂征伐自天子出」（季氏），荀子說「王者盡制，聖者盡倫」（解蔽），其義皆與《中庸》一致，顯示這實係儒家的基本觀念。從這個角度看，說聖人立禮樂刑政之教確有不妥。牟宗三先生認爲「率性之謂道」是一義，「修道之謂教」是另一義，前者是個人之事，後者是政教之事，不可混爲一談。他表示：

> 依《中庸》，將道修之于家國天下而成教（教化、風教），所謂「修道之謂教」，須「待君師之職而後能」，然「率性之謂道」，則不須「待君師之職而後能」也。〔註57〕

又說：

> 天命之性不能有損益，故只可言「率」，而不可言「修」。只聞有「修身」，未聞有「修性」者。「修身」者以道修持自己也。但「修道」卻不是對於道本身有所修，乃是將道修之於家國天下，亦即以道修客觀之事也。是則所損益者是事，不是道。修事、修身從「所」言，修道從「能」言，即以能修之道修之於事也。以道修身靠自己，修道成教（以道修客觀社會之事）賴政治。〔註58〕

牟先生就社會生活、客觀關係解釋「修道之謂教」，則「修道之謂教」意謂將道修之於家國天下的社會生活之間、客觀關係之中而成教化。這不是對於道本身有所修，因此不同於「修身」之以道修持自己，而必須有賴於君師之職、政治的力量。但是依據傳統儒家「德治」的思想，首先便是要求在位者修德正己，樹立起道德典範，然後推而廣之（擴而充之），表現在政教方面，即可收治國平天下的效用。孔子說「爲政以德，譬如北辰，居其所而衆星拱之」（爲政）、「政者正也，子帥以正，孰敢不正」（顏淵）、「無爲而治者，其舜也與！夫何爲哉？恭己正南面而已矣」（衛靈公），孟子說「君仁莫不仁，君義莫不義，君正莫不正，一正君則國安矣」（離婁上）、荀子說「君者儀也，民者影也，儀正則影正」（君道篇），乃至於《中庸》說「君子篤恭而天下平」（第三十三章），無不是表示此義。可見若就德治主義的觀點而言，「修道之謂教」可以涵蓋由人君以道修己迄治國平天下的全部規模。《中庸》「哀公問政章」就有很完整的展示，例如說：

> 爲政在人，取人以身，修身以道，修道以仁。（第二十章）

〔註57〕同註2，頁203。
〔註58〕同註2，頁237。

表示人君爲政要以修身爲本，能以仁道修身，便可得賢人。又說：

> 凡爲天下國家有九經，曰：修身也，尊賢也，親親也，敬大臣也，
> 體群臣也，子庶民也，來百工也，柔遠人也，懷諸侯也。（同上）

九經是治理天下國家的九項大綱領，而以人君修身爲本。又說：

> 在下位，不獲乎上，民不可得而治矣；獲乎上有道，不信乎朋友，
> 不獲乎上矣；信乎朋友有道，不順乎親，不信乎朋友矣；順乎親有
> 道，反諸身不誠，不順乎親矣；誠身有道，不明乎善，不誠乎身矣。
> （同上）

由這段話看來，顯然《中庸》作者主張由「明善」、「誠身」而「順親」、「信友」、「獲上」、「治民」，這和《大學》所說由「格物」、「致知」、「誠意」、「正心」、「修身」而「齊家」、「治國」、「平天下」的道理是一樣的，都是《中庸》所謂「自明誠謂之教」的途徑。當然，「明善」、「誠身」是德治主義所強調的「修己」，而「順親」、「信友」、「獲上」、「治民」則不過是由此加以擴充而收的「治人」之效罷了。以儒家思想而言，治人必本於修己，而修己也必歸結於治人。孔子答子路問君子，即以「脩己以敬」、「脩己以安人」、「脩己以安百姓」指點他。〔註 59〕換言之，內聖與外王是密不可分、合而爲一的。所以儒家思想，從某一個角度看，主要的是倫理思想，但從另外一個角度看，也是政治思想。倫理與政治不分，正是儒家思想的特質。不過，以往二千年來，從儒家的傳統看外王，外王是內聖的直接延長。孟子說「人人親其親，長其長，而天下平」（離婁上），《大學》說「自天子以至於庶人，壹是皆以修身爲本」，天子要治國平天下，必先正心、誠意、修身、齊家。由正心、誠意、修身、齊家這些內聖的工夫，直接推展出去就是治國平天下的外王精神。

綜上所述，《中庸》「修道之謂教」的解釋，當以鄭、孔之說爲是。即人君將道（仁道）修之於身、家、國、天下而成教，一步步地客觀化、普遍化。在此，「修」字的用法，有如《老子》第五十四章所說的「修之於身，其德乃眞；修之於家，其德乃餘；修之於鄉，其德乃長；修之於國，其德乃豐；修之於天下，其德乃普」。徐復觀先生說：

> 先秦儒家之所謂「教」，多就政治上之教而言，如《論語》「既富矣，
> 又何加焉，曰教之」，「善人教民七年」（子路），「以不教民戰」（同
> 上）等皆是。「修道之謂教」的「道」，乃中庸之道，「修」是「整治」，

〔註59〕參見《論語》〈憲問篇〉。

即具體實現之意；這句話的意思是說具體實現中庸之道的即是政治
上的教。……「凡爲天下國家有九經」一段，是前面哀公問政一段
的發展，都是「修道之謂教」一語的說明。〔註60〕

依據前文的析論，徐先生的講法應當是符合《中庸》說這句話的原義的。

第二節　《中庸》形上思想的內涵

《中庸》形上義理是承孔孟思想而來的後期充其極的發展，這種形上學
與西方不同之處就在於它不是一套知解的形上學或獨斷的形上學，而是所謂
「道德的形上學」。在「道德的形上學」中，我們對形上實體的肯認是通過道
德實踐而獲致的；反之，若缺乏懇切的工夫體證，則所說的這一套形上學的
理論便不能成立。這就是爲什麼中國儒家哲學以道德實踐爲本的原因了。道
德實踐的最高目標是成聖，人從現實上看雖然是有限的存在，但儒家認爲只
要通過道德實踐，轉化形氣之私，徹底清澈其生命，則人人都可能成聖，也
就是在個人有限的生命中取得一無限而圓滿的意義。

然而，道德實踐所以可能的先驗根據（超越的根據）是什麼？如何實踐？
就前一問，是一個形上學的問題，即「本體」問題（心性問題），這是道德實
踐所以可能的客觀根據；就後一問，是一個實踐入路的問題，即「工夫」問
題，這是道德實踐所以可能的主觀根據。以道德哲學而言，必須兼顧本體和
工夫兩面，始稱完備。儒家自孔孟立教，講本體必函著工夫，講工夫就印證
道體，兩面一定相應。甚至工夫問題才是他們的主要關懷，至於本體問題則
是由自覺地作道德實踐而反省澈至的。不僅儒家如此，道家和佛家亦然。西
方人講道德哲學，只把它當純哲學的問題看，重視理論的分解，而不重視工
夫。所以西方觀解的形上學，終不免流於猜測、獨斷，而無必然性與真實性。
反之，儒家由實踐立場說形上學，即道德的形上學，這是有其必然性與真實
性的，並非猜測、獨斷，也無任何神秘不可解之處。其中關鍵，就在實踐工
夫的有無或重視與否。儒家所謂「本體」的問題，原就不是知識性的問題，
而是實踐性的問題。它並無確定的概念內容，而必須通過每一個人自覺地作
道德實踐來印證、體驗。本體的問題是本質上須關聯於工夫的問題來討論的。
此所以本文在探討《中庸》的形上思想時，即分別就這兩個面向加以論述。

〔註60〕徐復觀《中國人性論史》，頁109。

　　所謂本體，是指超越的、形而上的實體。以儒家爲準，無論說天道、天命、天德、天理，或者說乾元、太極，全都是意指天道本體，簡稱「道體」。又《中庸》說「誠者，天之道也」，所以誠也是本體，可稱作誠體，誠體即道體。道體既是形上的實有（形而上的絕對實體），又能發出創生萬物的作用。《詩經》說「維天之命，於穆不已」，即表示天命之體（天道）不已地起作用以妙運萬物而使之有存在。《中庸》說「天地之道，可一言而盡也。其爲物不貳，則其生物不測」，所謂「生物不測」，是說天道創生萬物神妙而不可測。當天命實體（道體）下貫（內在化）於個體而爲個體之性時，它就是性體、心體、仁體。這是天所與我者，是我固有之的，而且也是人皆有之的。性體是能起道德創造的「創造實體」，它是人之能自覺地作道德實踐的「道德的性能」或「道德的自發自律性」。〔註61〕以儒家義理來看，性體與道體通而爲一，在內容的意義上不能有二。就其統天地萬物而爲其體說，稱形而上的實體（道體）；就其具於個體之中而爲其體說，則稱性體。言之分際有異，而其爲體的實義則不能有異。〔註62〕而且道體之所以有創生萬物的意義，或天之所以爲天的具體而眞實的意義，完全由心、性的道德創造性來證實。〔註63〕

　　所謂工夫，是指體現「本體」的具體方法。只有通過工夫修養、心靈體驗、道德實踐的方式，才能把握到本體，單憑認知理解是永遠無法把握到本體的。因爲本體（超越的實體）不是一知識的對象，而是實踐理性上的一個肯定。從孔子說「克己復禮爲仁」，孟子說「求其放心、擴充四端」，《易傳》〈蹇〉〈象〉說「君子以反身修德」，《大學》、《中庸》說「愼獨」，以至於周濂溪的「主靜、立人極」，張橫渠的「變化氣質、繼善成性」，程伊川的「居敬窮理」，朱子的「涵養察識、即物窮理」，陸象山的「先立其大、辨志辨義利」，王陽明的「致良知」，以及胡五峰、劉蕺山的「盡心成性、以心著性」等等，全都是指點工夫的進路。其目的是要體證本體，使本體通過工夫而呈現起用。本體呈現，我們便能自覺、自主、自律、自定方向、自發命令來好善惡惡，不容已地表現道德行爲。

　　就道德本性而言，道德必須是自律的，即依無條件的定然命令而行。如果道德行爲眞是自發自律自定方向，而並不爲任何條件所制約，則必須承認

〔註61〕參見牟宗三《心體與性體》第一冊，頁40。
〔註62〕參見同註60，頁30～31。
〔註63〕參見牟宗三《圓善論》，頁133～134。

一個「自發自律自定方向而非在官覺感性中受制約」的超越的道德本心，方有真正的道德行為可言。這是肯認此本心的理論的也是客觀的根據。換言之，吾人講道德，說仁體、心體、性體、誠體、中體，乃至敬體、忠體，或形而上的實體時，主要目的是在說明真正的道德行為之所以可能的超越根據。因此必然要肯定每一個人的生命中都內在而固有地本具此自發自律自定方向的道德實體，以為道德創生的根源，此即吾人的真主體。人只有當安止於此正面的實體時，他始有其真實性與實有性，而且人只有當在體現這超越的實體的過程中，他始有其真實性與實有性，此時他不是一個偶然而茫然的存在，而是一個真實而必然的存在。〔註64〕

然而本心仁體不只是一個理論上的設準（即不只是一假設或預定），而是可以當下具體呈現的。如果本心仁體只是個假定，永遠無法呈現，那麼道德實踐的力量是非常微弱的。依儒家義，本心仁體是一個隨時在躍動的真體，它具有自我實現的力量，是一切道德行為的動力根源。當我們說本心時，即是就其具體的呈現而說，如孟子說的惻隱之心、羞惡之心等，都是隨時可以呈現的；象山說見父自然知孝、見兄自然知弟，當惻隱則惻隱，當羞惡則羞惡等等，〔註65〕也都表示本心是隨時在躍動在呈現的。當我們說仁體時，也是當下就其不安之感而說的，如孔子即當下從心之安不安來指點仁，顯示仁是可以在我們的真實生命裡具體呈現的。

本心性體如何才能呈現呢？必須經由反身逆覺的工夫，捨此別無他法。此種逆覺工夫是表示一種本體論的當下體證，不管是隔離的「超越的體證」，還是不隔的「內在的體證」，都是道德實踐的本質的工夫。如果缺乏這步體證，則自覺的真實的道德行為不可能出現，這是肯認此本心仁體的實際的也是主觀的根據。

依照中國哲學，肯定人有智的直覺（即良知、道心、自性清淨心的妙用），不論是良知、道心或自性清淨心都是個「給予」，而且是當下可以呈現的，如此人人才能成聖、成真人、成佛。否則，若良知、道心或自性清淨心不能當下呈現，則吾人永遠無法成聖、成真人、成佛，只能把成聖、成真人、成佛當作一個理想，卻永遠達不到，這不是儒、道、佛三家所能許可的。〔註66〕

〔註64〕參見牟宗三《智的直覺與中國哲學》，頁361。
〔註65〕參見《象山全集》卷三十四，〈語錄〉。
〔註66〕參見牟宗三《中國哲學十九講》，頁304。

就儒家而言，本心仁體呈現，智的直覺即出現；智的直覺出現，則道德的形上學便有可能，而《中庸》正是屬於這樣的一個思想系統。

針對「道德的形上學」的特性，我們可將《中庸》的形上思想的內涵，分別從「本體論」與「工夫論」兩方面加以展示。

一、本體論

本體問題是道德實踐所以可能的先驗的根據。就《中庸》而言，這唯一的本體有種種名稱，像是道體、性體、仁體、獨體、中體、誠體等等，全都是超越的、形而上的實體。依儒家義，這唯一的本體（無限心）人皆有之，它是我們成聖的超越根據。雖然如此，並不表示每個人都是聖人，可以放棄工夫；相反地，本體是表示工夫的超越根據，這個超越根據使工夫得到了保證。

（一）道

道體是指天道本體，或稱天道實體、天命實體，總之，是使宇宙生化可能的實體，即本體宇宙論的實體。

《中庸》作者如何了解「天道」呢？首先，《中庸》從「生物不測」的生化原理來了解天道，即天道是宇宙論的「生化原理」，是天地萬物存在的形上根據。第二十六章說：

> 天地之道，可一言而盡也。其爲物不貳，則其生物不測。

可以盡天道之一言的便是「其爲物不貳，則其生物不測」。「爲物不貳」指出天道精誠不二、純一不雜的本質，正因爲天道精誠不二、純一不雜，所以能「生物不測」。「生物」是指天地（天道）創生萬物之意，不是說有生之物。天道是天地萬物的終極根源，是宇宙萬物的本體。《中庸》的天道不是宗教家的人格神，而是形而上的道體。《詩經》〈周頌〉〈維天之命〉說：「維天之命，於穆不已。於乎不顯，文王之德之純。」朱子《詩經集傳》注云：「天命，即天道也。不已，言無窮也。純，不雜也。此亦祭文王之詩，言天道無窮，而文王之德純一不雜，與天無間，以贊文王之德之盛也。」天之所命，即天道的具體呈現，所以朱注說天命就是天道。「於穆」是深遠之貌。天命（天道）的確是一個既深遠又神秘的存在，我們試觀這個宇宙，山河大地變化無窮，背後似乎確有一種深邃的力量，永遠起著推動化育的作用。儒家的「天」是一個創造性原則，天命流行到那裏，就有存在。正因爲「於穆不已」的天命，

傳統人格神的天遂轉化爲本體論的實體，而沒有向人格神的宗教方向發展。牟宗三先生認爲此種思想的形態一旦確定了，宗教的形態立即化掉，所以中國古代沒有宗教。〔註67〕接著說到文王法天，文王的人格和天道一樣，他的德性精純不雜，永遠不退墮，因此〈維天之命〉一詩的作者加以稱頌。《中庸》第二十六章也引到此詩，並且進一步在「於穆不已」及「文王之德之純」底下各加一精警的贊語，以表示對天德與文王之德的讚美：

> 《詩》云：「維天之命，於穆不已。」蓋曰天之所以爲天也。「於乎不顯，文王之德之純。」蓋曰文王之所以爲文也，純亦不已。

《中庸》繼承《詩經》，以「於穆不已」的天命實體說天道，則天道自是指表一「形而上的道體」，即「本體宇宙論的實體」。換言之，道體（形上實體）既是本體論的存有，同時也是宇宙論的生化原理。總之，是「即存有即活動」的。依儒家的形上學，本體論與宇宙論這兩個層面的道理可以通而爲一。《中庸》說：

> 誠者，天之道也；誠之者，人之道也。（第二十章）

「誠」是一種德性，是屬於道德的，《中庸》以誠規定天道的內容與意義，則天道、誠體顯然爲一形而上的道德的實體無疑。但《中庸》作者並未透過認識之客觀有效性的批判反省，以確立其形上的「天道」的眞實性，而是經由「誠之」的人道修爲以契接並印證天道的眞實意義。從天來講，是本體宇宙論的創造；從文王來講，是道德的創造。天之所以爲創造的具體而眞實的意義，必須通過主觀的道德創造來呈顯，否則天命、天道的「內容的意義」是無從了解的。原本道體是形而上的存有，不在我們感官認知的範圍之內，但經由吾人的道德實踐（「誠之」的工夫），則可以證實天道、天命的「內容的意義」，這種印證的了解，牟先生稱爲「內容的了解」，〔註68〕不作內容的了解，天道的創造意義是得不到保證的。

　　《中庸》（儒家）由天命不已、天地之道的道體所表示的創生萬物的創造，叫做「創造性自己」、「創造性本身」或「創造性原理」，因爲它本身就是終極的。它的作用即《詩經》所說的「維天之命，於穆不已」的作用，而不是發自某一機能或器官的作用，否則還得有更後的預設。這種創造性和宗教家所謂「上帝的創造」不同，創造性就是天地萬物的本體，人格化即上帝，不人

〔註67〕參見牟宗三《中國哲學的特質》，頁32。
〔註68〕同註66，頁53。

格化即創造性本身，也就是創造的實體、絕對的實體。〔註69〕牟宗三先生說：

> 基督教的上帝創造萬物是一個意義，以創世紀神話的方式講，上帝
> 從無創造萬物。儒家講天道不已創生萬物又是一個意義，那不是從
> 無而造，而是「妙萬物而爲言」的那運用的創造。〔註70〕

道，分析地講，當然是超越的，但它同時也是內在的，既超越而又內在，才
是具體的道，《中庸》（儒家）思想即是如此。既然內在，那道之具體的運用
一定和萬物連在一起說，這就是儒家「妙萬物而爲言」的運用的創造。西方
宗教的上帝則只超越而不內在，所以耶教式的創生萬物，可以把世界暫時拉
掉，而專講創造之源。〔註71〕總之，《中庸》的天命不已、天地之道並不是宗
教家的人格神，而是形而上的道體。《中庸》的道體的確可以創生萬物，有積
極的創生作用，這是形而上的創造性，和「上帝的創造」不同。

（二）性

　　《中庸》作者如何理解「性體」呢？《中庸》說「天命之謂性」，「性」
是義理之性，即以理說的性體之性、超越面的性。它是人由道德實踐以使其
自己成爲道德的存在的體，所以也稱作「性體」，即此性即是體。

　　性體是吾人道德實踐的「先天根據」或「超越的根據」，是一切道德行爲
的動力根源，因此《中庸》接著說「率性之謂道」，意謂體現此性即可成就人
所以爲道德的存在的道。有這個「道德創造的實體」作爲吾人的性，我們才
能連續不斷、生生不息地引發德行的純亦不已。孔子論仁，孟子論心性，都
是講的這種道德的創造性。就《中庸》而言，人之所以能「率性」、「盡性」、
「誠之」，其真實的動力與根據，即在此天命之「性」，也就是由「仁義內在」
所見的「內在道德性」的性，這是單對人的道德實踐以發展完成其道德人格
（最高目標在成聖）而說。

　　「性」不是一個空洞的概念，而是有其真實內容的，孔子的仁固然包括
在內，孟子的惻隱之心、羞惡之心、是非之心、辭讓之心也都包括在內。《中
庸》說：

> 誠者，非自成己而已也，所以成物也。成己，仁也；成物，知也。
> 性之德也，合外內之道也，故時措之宜也。（第二十五章）

〔註69〕參見牟宗三《中國哲學十九講》，頁117。
〔註70〕同註68，頁104。
〔註71〕同註68，頁106。

仁與知即是「性」的本質的內容，也就是誠體的內容。性體即誠體，都是說的同一的本體，即道德創造的實體。此一道德創造的實體（性體、誠體）的真實意義由聖人（至誠之人）所體現，因此《中庸》說「唯天下至誠，為能盡其性」。儒聖立教，從道德意識入，其直接由道德意識所呈露的道德實體有種種名稱，依孔子所說的仁，可稱為「仁體」，這是就其道德的創生與感潤說；依孟子所說的心、性；可稱為「心體」、「性體」，名曰「心體」是就其為明覺而自主自律自定方向以具體而真實地成就道德行為之純亦不已或形成一存在的道德決斷說，名曰「性體」是就其對應個體而為其所以能起道德創造之超越根據說，或總對天地萬物而可以使之有自性說；依《中庸》所說的中（天下之大本）、誠，可稱為「中體」、「誠體」，名曰「中體」是就其亭亭當當而為天下之大本說，名曰「誠體」是就其為真實無妄、純一不二說。〔註72〕這些名詞是隨不同的分際而建立的，其實都指的是唯一的「本體界的實體」（超越的、形而上的實體）。

仁與知既是「性」的本質的內容，而且仁以成己，知以成物，則就成己成物而言，「性體」不僅創造吾人的道德行為，也創生一切而為一切存在的根源。就前者說，它是道德的實體，即引生德行之「純亦不已」的超越根據，由此開道德界；就後者說，它是存有論的實體，即萬物的創生原理或實現原理，由此開存在界。但這裡所謂的「存在」是「物之在其自己」的存在，是物自身而非現象。因此，性體是道德的，也是形上的。凡道德實踐必涉及存在，此涉及存在或是改善存在，或是創生一新存在。因此，革故生新即是道德的實踐。革故即是改善，生新即是創生。革故生新即是德行之「純亦不已」。我之個體生命固然不是定性的存在，可以轉化、改善，推而廣之，凡天地萬物也都不是定性的存在，一切存在都可以涵泳在理性的潤澤中，這就是《中庸》所謂的「參天地贊化育」或「致中和，天地位焉，萬物育焉」。〔註73〕《中庸》說：

> 唯天下至誠，為能盡其性；能盡其性，則能盡人之性；能盡人之性，
> 則能盡物之性；能盡物之性，則可以贊天地之化育；可以贊天地之
> 化育，則可以與天地參矣。（第二十二章）

「唯天下至誠」即是聖人，此由《中庸》說「誠者，不勉而中，不思而得，從容中道，聖人也」（第二十章）可知。至誠者（聖人）能充分體現此性，能

〔註72〕參見牟宗三《心體與性體》第二冊，頁 19。
〔註73〕參見牟宗三《圓善論》，頁 306～307。

充分體現此性，則不但人的意義獲得實現，同時人在實現自我（成己）時所涉及的一切存在，都會因吾人存在狀態的合於理性而獲得潤澤，使之成為一價值的存在、真實的存在，這就是所謂盡人之性、盡物之性（成物）。果如此，則人便如天地般地成就萬物，而參贊天地化育萬物的偉大行列。換言之，經由性體成己成物的創造過程，一切存在都轉化為價值的真實。

（三）仁

這裡所謂的「仁體」，是指《中庸》「率性之謂道」、「道也者不可須臾離也」的「道」。此「道」是人之所以為人之道，是人由道德實踐以使自己成為道德的存在的本體。《中庸》說：

> 仁者，人也，親親為大；義者，宜也，尊賢為大。親親之殺，尊賢
> 之等，禮所生也。（第二十章）

顯示仁就是人之所以為人的本質、主宰與真性，落在倫理關係上具體地說，則以親親為大。義表示道德的當然之理，落在倫理關係上具體地說，則以尊賢為大。《中庸》又說「修身以道，修道以仁」（第二十章），可見「率性之謂道」的「道」即是「仁道」。仁道是人之所以為人的常道，有普遍性，也有永恆性，所以孔子說「君子無終食之間違仁，造次必於是，顛沛必於是」（里仁），《中庸》作者也說「道也者，不可須臾離也，可離非道也」（第一章）。仁道是依道德的進路來建立的，它根本是一個道德意識，人不能表現道德意識就是墮落，就不能成其為人。仁道的內容是理，即道德法則，理（道德法則）是超越的、定然的，無所謂調整，也無所謂變動，千百年前的人生而即當孝、弟、忠、信，今天的人生而即當孝、弟、忠、信，千百年後的人也是生而即當孝、弟、忠、信。孝、弟、忠、信既是所謂的「天理」（道德法則），那麼為人之道又怎可隨易變動呢？《中庸》引孔子的話說「君子遵道而行，半途而廢，吾弗能已矣。君子依乎中庸，遯世不見知而不悔，唯聖者能之」（第十一章），即是此意。總之，《中庸》「率性之謂道」、「道也者不可須臾離也」的「道」，即是「仁者，人也」、「修道以仁」的「仁道」，也是《中庸》所強調的「中庸之道」以及「合外內之道」（成己、成物）的「誠」道。

（四）獨

《中庸》第一章說：

> 君子戒慎乎其所不睹，恐懼乎其所不聞。莫見乎隱，莫顯乎微，故

君子愼其獨也。

「莫見乎隱，莫顯乎微，故君子愼其獨也」這幾句話，朱子注說：

> 隱，暗處也；微，細事也；獨者人所不知而己所獨知之地也。言幽
> 暗之中，細微之事，跡雖未形而幾則已動，人雖不知而己獨知之，
> 則是天下之事無有著見明顯而過於此者，是以君子既常戒懼，而於
> 此尤加謹焉。所以遏人欲於將萌，而不使其潛滋暗長於隱微之中，
> 以至離道之遠也。〔註74〕

愼獨的「獨」，依朱子的解釋，指的是一般所謂發心動念的意念，這是「人所
不知而己所獨知之地」。意念有善有惡，有生有滅，是感性的，惟有通過戒愼
省察的實踐工夫，擴充善念、轉化惡念，始能純亦不已地表現道德行為。所
以工夫只在意念的發動處著力，必須純化意念，吾人的生命才會眞實無妄。
這同於《大學》所說「誠意」的工夫：

> 所謂誠其意者，毋自欺也。如惡惡臭，如好好色，此之謂自謙。故
> 君子必愼其獨也。（大學、傳十章、六「釋誠意」）

實然的意本是受感性影響的意，及其被誠（加「誠之」之功）以後，就轉化
爲純善。若依朱子的解釋，《大學》、《中庸》說愼獨的涵義並無不同。但明儒
劉蕺山則有另一套講法。他認爲《大學》所說愼獨和《中庸》所說愼獨不同，
《大學》之言愼獨是從「心體」說，《中庸》之言愼獨是從「性體」說，由是
而有心宗性宗之分。從心體說愼獨，則「獨」字所指的「體」即好善惡惡的
「意」。「意蘊于心，非心之所發也。」〔註75〕因此意與念不同，意屬超越屬，
念屬感性層。他將《大學》的「意」提升至超越層，定爲「心之所存之主」，
而非視爲受感性影響的「心之所發」的「念」。從性體說愼獨，則「獨」字所
指的「體」即「性體」，或稱作「獨體」，所謂「獨之外別無本體，愼獨之外
別無工夫，此所以爲中庸之道也」。〔註76〕

其實，「意」本可以就不同的層面講，《大學》由誠意說愼獨，它所謂的
「意」未必即是蕺山「意根最微」〔註77〕（心之所存）的意，而可以是朱子
所說現實上受感性影響的意（意念的意）；但《中庸》說愼獨是從「天命之謂

〔註74〕《四書集註》《中庸章句》。
〔註75〕《劉子全書》卷十，〈學言上〉
〔註76〕同註75，卷八，〈中庸首章說〉。
〔註77〕同註75，卷十二，〈學言下〉。

性」而來，因此愼獨的「獨」未必便是《大學》所說感性層的意念的意，而可能是蕺山「意根最微」（心之所存）的意，即屬於超越層者。因爲蕺山所說的心仍是超越的道德的自由自律的眞心，不是朱子所說的與理爲二的格物窮理的心、形而下的「氣之靈」的心、認知意義的心。

　　依《中庸》原義，不睹不聞而莫見莫顯的隱微之體（獨體）當是就天命之性這性體說，「莫見乎隱，莫顯乎微」是形容獨體澄然、森然的氣象，由此而言戒愼恐懼。所以「愼獨」者，即戒愼恐懼乎不睹不聞而己所獨知的「獨體」。這一獨體就是孟子所說的本心，《中庸》所說的性體、中體、誠體，王陽明所說的良知。

（五）中

《中庸》第一章說：

> 喜怒哀樂之未發謂之中，發而皆中節謂之和。中也者，天下之大本
> 也；和也者，天下之達道也。致中和，天地位焉，萬物育焉。

關於「喜怒哀樂之未發謂之中」這句話，可以有兩種不同的解析。一解是就喜怒哀樂未發時之潛隱未分的渾然狀態說中，因此，喜怒哀樂之未發即是其潛隱未分的渾然中體之未發，已發則是渾然中體之發。發出來的即是此喜怒哀樂，未發出來的即是喜怒哀樂之退藏於密。退藏於密的渾然狀態即伊川所謂「在中」之義。依伊川的解析，「在中」是「只喜怒哀樂不發便中」之意，這是以「平靜的實然心境」自身爲中，並不異質地指目一超越實體爲中。也就是說，中是指一實然的境況，不是價值意義。但此解有一嚴重的問題，即以氣說的平靜心境義理上不可能爲「天下之大本」。如此，《中庸》所謂「中也者天下之大本也」即不可通，而且心與性必爲二，實然的平靜心境並不可說是性。可見此種說法實不合《中庸》原意。另一解是就《中庸》原意說，即於喜怒哀樂未發之時或前，跨越一步、異質地指目一超越實體爲中，所以中體得爲天下之大本。中體與喜怒哀樂之情爲異質的兩層。有此中體不昧，始能使喜怒哀樂有發而中節之和。此「中」是價值意義，就《中庸》說，即「天命之謂性」的性體，或後半部所說的誠體。若會通於孟子，即本心。「大本」不得有二，本心即性。〔註78〕牟宗三先生說：

> 如果作爲「天下之大本」之「中」不是在通于天命之性體以外別爲

〔註78〕關於「喜怒哀樂之未發謂之中」一語的解析，詳參同註72，頁364～369。

> 一大本，則「中」實即指目通于天命之性體而言。「中」必不是就喜
> 怒哀樂之情未發時情之潛隱未分之渾融狀態言。如只如此，則仍屬
> 于情，而不足爲天下之大本。如視此爲大本，則必是在通于天命之
> 性體以外別有一大本。但此恐非《中庸》之意。故《中庸》以「中」
> 爲天下之大本必即是就通于天命之性體而言，必是就由喜怒哀樂之
> 情異質地躍至超越之性體而言，而不是直認情之潛隱未分之渾融狀
> 態爲「中」。〔註79〕

可見未發句不能同質地直解爲「不發便中」之意。《中庸》原意是就喜怒哀樂未發時見中體，非其不發自身便是中。所謂「未發之中」乃是「於情變未發時見中體」的簡語。此顯是有一種異質的跳躍。如此，始能見中爲天下之大本，而與「天命之謂性」的性體相通。否則必是於性體之外，又有「不發便中」的大本，這在義理上是不可通的。「不發便中」，此「中」不能爲天下之大本，也不就是「天命之謂性」的性體，其發出來也不必就能是中節之和。中體知是知非，其知是知非之知即是超越者，本不可就已發未發言，已發未發指喜怒哀樂之情說，中體不屬於情。伊川說「中即性也，此語極未安。中也者，所以狀性之體段」，〔註80〕他以爲「中」是狀性之體段，不可認爲中即是性。這種膠著的分別是多餘的。「中」字固由未發而見，其義爲無過不及，不偏不倚，所以是狀詞，或狀一種境況，或狀一種體段，但狀詞轉爲名詞，即指目「性」字，成實體字。如「誠」字之意爲「眞實無妄」，此本爲形容詞，但轉爲名詞，即代表實體，可稱作「誠體」，誠即是體。因此，中也稱「中體」，中即是體。伊川不明此義，徒爲無謂之糾纏。如以此中體（超越之體）駕臨於感性層之喜怒哀樂之上主宰而順導之，則喜怒哀樂之發自無不中節而和矣。和也者中體之達於用而在用中行，所以說「和也者天下之達道也」。如自人之道德實踐而言，此中體即是吾人的性體，也就是本心。本心呈現，創生德行，則凡喜怒哀樂之發，四肢百體之動，無不有本心的律度以調節之，也無不在本心的潤澤中而得其暢遂。此即所謂睟面盎背，以道殉身，也就是所謂達道之和。

中體呈現，和用暢遂，即謂之「致中和」。「致中和，天地位焉，萬物育焉」，則中體明顯是一切事與物的「實現原理」。一切存在都在中體的貫徹與

〔註79〕同註73，第3冊，頁61。
〔註80〕《二程全書》〈伊川文集〉卷五，〈與呂與叔（大臨）論中書〉。

涵潤中。事（行為物）在中體的貫徹中而為合天理之事，引生德行之純亦不已，而物（存在物）也在中體的涵潤中而如如地成其為物，一是皆得其位育而無失所之差。就事說，中體是吾人道德實踐的根據；就物說，中體是天地萬物的存有論的根據。在圓教下，道德創造與宇宙生化是一，都在中體的感應中朗現。這中體感應中的事與物，如依康德哲學，物是「物之在其自己」的物，事是「事之在其自己」的事，即都是物自身的身分，而不是作為現象的物與事。「中」是就其自體說，「和」是就感應說。感應不是感性中的接受或被影響，也不是心理學中的刺激與反應，而是康德所說的人類所不能有的「智的直覺」的感應。康德不承認人類能有這種直覺，但仁心的感通、中體的感應就含有這種直覺，這是中西哲學之最大而又最本質的差異點。〔註81〕

（六）誠

誠體在《中庸》有主、客觀兩重意義。客觀地說，誠體即是道體，所謂「誠者，天之道也」；主觀地說，誠體又是性體，所謂「自誠明，謂之性」、「唯天下至誠為能盡其性」、「誠者，非自成己而己也，所以成物也。成己，仁也；成物，知也。性之德也」。就誠體之為道體而言，《中庸》說「天地之道可一言而盡也。其為物不貳，則其生物不測」，「不貳」即專精純一之意，這就是「誠」。「誠」本是真實無妄的意思，為形容詞，它所指目的實體即天道。天道以「生物不測」為內容，即是以創生為內容。所以誠也可以轉為實體字，而稱作「誠體」。誠體者以誠為體，誠即是體。它是使宇宙生化為可能的實體，是天地萬物存在的形上根據。就誠體之為性體而言，它既是道德創造的原理，也是一個使一切存在成為真實而有價值意義的存在的奧體——存有論的原理。就事來說，誠體是吾人道德實踐的先驗根據，是一切德行的動力根源；就物來說，誠體是乾坤萬有的存有論的根據。《中庸》說：

> 誠者，物之終始；不誠無物。（第二十五章）

「物」字可以事物兩賅，即兼指行為物（事）與存在物。宇宙間一切事物都是在誠體的遍潤下而成始成終。在此成始成終的過程中，物得以成其為物，成其為一具體而真實的存在。如果不誠，則物即不成其為物，不成其為存在，而終歸於虛無。此終歸於虛無是價值地說，而非經驗地說。高柏園先生表示：

> 《中庸》謂：「誠者物之終始，不誠無物。」中之「物」，實乃指宇

〔註81〕參見牟宗三《從陸象山到劉蕺山》，頁225。

宙間的事事物物，而當吾人不誠，即失卻其存在之價值與意義，也
因而事物因人之無意義，而頓時成為機械的存在而形同虛無。換言
之，「無物」不是指自然義的「沒有東西」，而是指價值義的「沒有
存在的真實意義」。〔註82〕

可知「不誠無物」中的「物」，乃是指一價值世界、意義世界中的「物」，而
不是指一「物理對象」。因此，由誠體所貫徹的萬事萬物（行為物與存在物）
都直接能保住其道德價值的意義。在此，萬事萬物都是「在其自己」的萬事
萬物，這「在其自己」是具有一顯著的價值意義的。〔註83〕後來王陽明即根
據《中庸》此語而說「有心俱是實，無心俱是幻」。有心是肯定良知，良知是
心，有良知的潤澤，一切都是真實的，設若將良知這個本體撤銷，則一切存
在終歸於虛幻不實。所以誠體（良知）不只是道德的基礎，也是現實存在的
基礎。《中庸》說：

> 誠者，非自成己而已也，所以成物也。成己，仁也；成物，知也。
>
> 性之德也，合外內之道也，故時措之宜也。

「成」者，實現之謂也。誠者依誠體而實踐，首先是「成己」，即成就自己為
一真實的道德人格，同時也「成物」，即由於實踐之所及，而賦與世界以道德
意義，而使之真實化。此時由實踐所呈現的本體（誠體），便成為一絕對普遍
的原則。這說明了《中庸》是經由價值統攝存在。對著誠體直接呈現的，無
論是行為物（事）或存在物，都是物之在其自己，即物自身的身分，這方是
真正的真實物，真正的實在，而現象則可有可無。換言之，萬物離開道德的
創造，則無獨立存在的價值。就「不誠無物」而言，「成物」是依道德意義決
定存在意義，這是誠體的絕對義、存有論的意義、形而上的意義。從實踐過
程而達到「誠外無物」的境界，便含有一道德的形上學。可見道德的形上學
乃是道德實踐必然呈現的理境與歸宿，這不是離開實踐而憑空想像出來的。
牟宗三先生對《中庸》這段話有很精當的闡釋，他說：

> 誠體既成己，亦成物。「成己」是就事言，「成物」則是就物言。成
> 己是內，成物是外。就此內外而言，則有仁智分屬之權說。然仁與
> 智皆是「性之德」（本質的內容），亦即皆是誠體之內容，故此成己
> 成物之誠體便是合內外而為一之道。《中庸》言誠，至明道而由仁說，

〔註82〕高柏園《中庸形上思想》，頁122。
〔註83〕參見牟宗三《現象與物自身》，頁436。

至陽明而由良知明覺說，其實皆是說的這同一本體。是故就成己與
成物之分而有事與物之不同，然而其根據則是一本而無二，就成己
而言，是道德實踐；就成物而言，是自我實踐之功化。即在此功化
中含有一道德的形上學，即無執的存有論。〔註84〕

牟先生正是以「道德的形上學」的觀點詮釋成己與成物的義涵。仁與知既然
都是「性之德」，那麼成己與成物自當落在內聖成德之教上說，即成物直接爲
內聖的成己所統攝。經由成己成物的道德創造的過程，一切存在都轉化爲價
值的存在、眞實的存在。在此，成己成物的根本義顯然是重在道德世界的價
值成就。「成物，知也」固然也可以另就知識義的「智」上說，即對實然世界
進行知識掌握的要求，由此開出外王事功的領域，但這應不是《中庸》的原
義。雖然《中庸》也強調要「博學之」、「道問學」，然而「博學之」與「道問
學」的目的，並不在純認知活動的探究，而是在成就德行，所以這仍是屬於
「德行之知」的範疇，而非「見聞之知」（經驗知識）。《中庸》說：

> 誠則形，形則著，著則明，明則動，動則變，變則化；唯天下至誠
> 爲能化。（第二十三章）

由誠體的體現而有形、著、明、動、變、化的感通或感應過程，就在這形、
著、明、動、變、化的感通或感應的過程中，不僅成己，同時也成物，也就
是說一切事物都涵泳在誠體理性的潤澤中。此即《中庸》所謂「參天地贊化
育」或「致中和，天地位焉，萬物育焉」。「唯天下至誠爲能化」一語是形容
至誠者的德化之功效，孟子說「至誠而不動者，未之有也；不誠，未有能動
者也」（離婁上），也是此意，「動」即《中庸》的形、著、明、動、變、化。
因此，這是一個存有論的過程，誠體不只是道德的實體，也是本體宇宙論的
實體。換言之，因爲以「誠」爲本，「形、著、明、動、變、化」所表現的存
有論過程，是通過道德實踐而有的存有論的過程，是統攝在實踐理性下的一
個本體宇宙論的生化過程。所以誠體是生德（生道），這生是價值義的生。凡
由其所創生者，都是一價值的存在、眞實的存在。此時，事與物都不可當作
現象看，因爲它們對應於誠體的明覺感應，而不對應於識心（知性）的認知。
在誠體感應無外的一體朗現中，事是「在其自己」的事，是「實事」，也是「德
行」；物是「在其自己」的物，是物的本來面目、物的實相。總之，都是一個
有價值意味的「物自身」。現象與物自身的區分主要是就對應的主體而言，同

〔註84〕同註83，頁443。

一物也，如對應誠體明覺（無限心、智心）而言，即為物自身；如對應認知心（識心、有限心）而言，即為現象。〔註 85〕依牟宗三先生的看法，中國哲學，儒道佛三家都可以證成康德的現象與物自身之分。在儒家，對見聞之知而言即為現象，對德性之知而言即為物之在其自己。在道家，對成心而言即為現象，對玄智而言即為物之在其自己。在佛家，對識心而言即為現象，對智心而言即為物之在其自己。〔註 86〕

　　誠體的感通或感應並不能原則上劃一界限，實踐到最後，必然與天地萬物為一體，達到所謂天人合德的境界。《中庸》便是將天地萬物都對應於聖人境界來加以說明與安頓，這就是由道德實踐而建立其道德的形上學。《中庸》說：

　　　唯天下至誠，為能經綸天下之大經，立天下之大本，知天地之化育，
　　　夫焉有所倚？肫肫其仁，淵淵其淵，浩浩其天。苟不固聰明聖知達
　　　天德者，其孰能知之？

「唯天下至誠」即是聖人。聖人是能將本心真性（誠體）充分體現出來的人，也就是德行之純亦不已的人，《中庸》「唯天下至誠，為能盡其性」，即是此意。依《中庸》義理，天道的意義由人道證成，而能充分體現人道以印證天道的意義的人就是聖人，所以聖人也可以說是天道的體現者。天道、誠體之為實體是道德的實體，道德的實體只有通過道德意識與道德踐履而呈現而印證。聖人是道德意識道德踐履之最純然者，所以他體現此實體（誠體）也是最充其極而圓滿。此所以孔子必踐仁以知天，孟子必說盡心知性以知天，而《中庸》「肫肫其仁，淵淵其淵，浩浩其天」正是就此弘規而說，也是對於聖人生命之「上達天德」的最恰當的體會。聖人體現天道不能離開「肫肫其仁」，即不能離開盡仁義禮智的心性，到「浩浩其天」的境界，便是體現天道的境界。《中庸》說：

　　　故至誠無息。不息則久，久則徵，徵則悠遠，悠遠則博厚，博厚則
　　　高明。博厚所以載物也，高明所以覆物也，悠久所以成物也。博厚
　　　配地，高明配天，悠久無疆。如此者，不見而章，不動而變，無為
　　　而成。（第二十六章）

至誠者順誠體而動，則能引發道德行為的純亦不已，所謂「沛然莫之能禦」、「溥博淵泉而時出之」。所以誠體是道德創造的真實的根源，孔子的「學不厭、

〔註85〕參見同註83，頁 444～445。
〔註86〕參見同註81，頁 244。

教不倦」便是「至誠無息」的具體例證。不僅此也，依於誠體的絕對普遍性，天地萬物都在其感通遍潤之下，而成為真實而有價值意義的存在，因此它也是使一切存在者得以存在的實現原理。所以《中庸》用「載物」、「覆物」、「成物」等詞語來加以說明。聖人德配天地，所謂「博厚配地，高明配天，悠久無疆」、「大哉！聖人之道！洋洋乎發育萬物，峻極於天」（第二十七章），由聖人「至誠無息」的道德實踐，便可證實天地之道的內容的意義，其實就是形而上的道德創生的實體。「如此者，不見而章，不動而變，無為而成」，這也是「唯天下至誠為能化」的意思，此乃德性實踐的功化之極、誠體明覺感應的神妙不測，孔子說「一日克己復禮，天下歸仁焉」（顏淵），子貢說「夫子之得邦家者，所謂立之斯立，道之斯行，綏之斯來，動之斯和」（子張），孟子說「夫君子所過者化，所存者神，上下與天地同流」（盡心上），又引孔子的話說「德之流行，速於置、郵而傳命」（公孫丑上），這些都是相同意義的表述，也是《中庸》所謂「小德川流，大德敦化」（第三十章）的意思。在《中庸》作者的心目中，「天地之所以為大」，在於「天地之無不持載，無不覆幬」，在於「四時之錯行」「日月之代明」。孔子既能「祖述堯舜，憲章文武」，又能「上律天時，下襲水土」（以上皆第三十章語），於是他「聰明睿知，足以有臨也；寬裕溫柔，足以有容也；發強剛毅，足以有執也；齊莊中正，足以有敬也；文理密察，足以有別也。溥博淵泉，而時出之」（第三十一章），自然贏得天下人的尊親，成就了一種德配天地的理想人格。聖人是德性的概念，是德性的極致圓滿的實現者，也就是至誠者，而至誠者不但盡己之性（成己），同時也盡人之性、盡物之性（成物），而參贊天地的化育。此義明顯地表示《中庸》是通過道德實踐的聖人境界而開顯為一道德的形上學，也就是基於德行的純亦不已而來的誠信，對於天地萬物予以價值意義的說明。

二、工夫論

工夫問題是道德實踐所以可能的主觀根據。依儒家內聖成德之教，心性本體人皆有之。人既皆有心性本體的超越根據，又何以未必人人都能毫無阻礙地呈現出來呢？這由於人是感性的存在，受到感性的限制。因此，如果要使心性本體在我們的生命中呈現起用，就必須通過道德實踐的工夫。說到工夫，一般人都易以為始自宋儒。其實孔子要人踐仁，此踐仁即是工夫。孟子道性善，並沒有表示放棄後天工夫的磨鍊。性善表示人有表現善的根據，人是可以表現善

的。但將善具體地表現在行為方面，則需要一番磨鍊的工夫。現實上人之所以有不善，正是缺少這番後天的修養工夫。孟子說存養擴充、盡心知性、養浩然之氣，無一不是工夫。《大學》說明明德、格物、致知、誠意，乃至修身、齊家、治國、平天下，都是道德實踐的工夫。只要有實踐處，便無不有工夫在。這種內聖工夫是自覺地求將本有的心性本體實現之於個人身上，從根處徹底消化生命中之非理性反理性的成分，所以是生命清澈的工夫。

以王陽明「致良知」而言，「致」是「向前推致」之意，等於孟子所謂「擴充」。「致良知」是把良知之天理不讓它為私欲所間隔而充分地把它呈現出來，以使之見於行事而成道德行為。但如何能「致」呢？關鍵即在逆覺的工夫。因良知人人本有，它雖是超越的，也時時不自覺地呈露，所謂透露一點端倪，此時隨其呈露而自覺地意識及之，不令滑過，則良知即可呈現而自作主宰。所以逆覺中即含有一種肯認或體證，這叫做「逆覺體證」。由於此體證是在良知於日常生活中隨時呈露而體證，因此又稱「內在的逆覺體證」，孟子「求其放心」也是如此。設若是隔離日常生活而作體證，如延平之「默坐澄心，體認天理」，則稱作「超越的逆覺體證」。牟宗三先生表示：「不隔離者是儒家實踐底定然之則，隔離者則是一時之權機。此兩者不可混同，亦不可於此起爭端。」〔註87〕說「兩者不可混同」，乃因兩者在逆覺的形態上確有不同，說「不可於此起爭端」，是因兩者都重在顯體，屬於同一義理間架，即都是一種「本體論的體證」，並不是對立的。

（一）超越的逆覺體證

1. 慎　獨

《中庸》說慎獨是通過「天命之謂性」這個性體而來的。性是個主體（本體），但這個主體必須通過慎獨此一工夫來呈現。慎獨的獨從性體處講，也稱作獨體，即不睹不聞之獨時不自欺不瞞昧所呈現的真實無妄之體。慎獨所體證的性體即是孟子說的本心，王陽明說的良知。慎是工夫字，乃戒慎恐懼之意，慎獨正是要精察於自己的性體而念念護持之令其不昧，昭然呈現，以為真主宰，〔註88〕所以在戒慎恐懼之中有一種察識體證的工夫在，這就是隔離中的超越體證。此一義理間架的本質的意義，即是靜中逆覺一超越之體，即

〔註87〕同註81，頁230。
〔註88〕參見同註81，頁130。

靜復以立體或見體之意。靜復以立體或見體乃儒者本有之義，是愼獨工夫所必函者。牟宗三先生說：

> 《中庸》言愼獨固亦含有「平日涵養」之意，但亦不只是伊川與朱子所謂「敬而無失、平日涵養之意」。蓋朱子所謂的涵養是空頭的，並無察識體證之意在內，而《中庸》之言愼獨則正是在不睹不聞之中自覺地要面對森然之性體而體證之。「莫見乎隱，莫顯乎微」正是雖在不睹不聞，喜怒哀樂未發，而無有可觀可察之時，仍然昭然若揭，屹立于吾人之面前，而有可體可驗之氣象，此即在戒懼涵養之中而有一種察識體證之工夫在，此即是本體論的體證，即，隔離中的超越的體證。此即「先識仁之體」之先察識之義也。此即非空頭的涵養。而所體證的性體即是本心，決非心性平行，心爲中性的實然的心，而性只是理也。〔註89〕

獨體（性體、心體）是一個潛隱自存的本體，這個本體是道德之根、價值之源，是純粹至善的，所以沒有善惡相，這正是人所不知而己所獨知的隱微之地。在隔離的、超越的體證中，獨體從私欲、氣質、喜怒哀樂情變之激發的混雜中澄然凸現以自持其自己，成爲純粹自己之自存自在，此即是其「莫見乎隱、莫顯乎微」的森然、朗然的氣象。〔註90〕所以必須戒愼恐懼而不要瞞昧它，不要瞞昧它就是要正視、肯認它爲道德行爲的超越根據，爲是非善惡的判斷標準，以使吾人自覺地作道德實踐爲可能，並使吾人明白所謂眞正的道德行爲只是這獨體的體現，只相應這獨體而動者。對於此獨體肯認得愈清楚、愈眞切，愈覺眞正道德行爲爲可能。因此，愼獨是自覺地作道德實踐的本質的工夫。《中庸》講愼獨是從工夫上開主體，愼獨的學問自嚴格的道德意識而發，其根源可追溯至曾子。曾子說「吾日三省吾身」，孟子以「守約」二字說之。「守約」與「愼獨」同一精神，可見《中庸》的愼獨之學，其實是繼承孔門嚴格的道德意識而建立的超越的逆覺體證的工夫論。

2. 致中和

致中和的問題只是由感性之情未發時見一異質的超越之體（即中體），再由此體以主宰情而成爲情發之和。所謂「未發之中」乃是「於情變未發時見中體」的簡語，並非伊川「在中」之義，所謂只不發便是中。因單自實然的

〔註89〕同註82，頁183。
〔註90〕參見同註79，頁5。

心之未被激發起的平靜狀態說的「中」，不能為「天下之大本」。在喜怒哀樂未發之靜時，吾人暫時與感性層的擾攘隔離一下，以體證一超越的實體，此即是中體。這種異質的指目即為「超越的體證」。在此體證中，天理與人欲有一截然的對照。延平默坐、靜坐所觀的氣象就是「中體即性體」的氣象，不是伊川性自性，心自心，與性離開的實然的心之平靜狀態的氣象。此「不發便中」的平靜心境雖「自有一般氣象」〔註91〕或伊川所說的「形像」，〔註92〕然而觀此實並無嚴肅的意義，也不必須「終日危坐」以驗之。顯然延平是在靜驗一作為「天下之大本」的中體、性體或超越的真體，而不是此「不發便中」的實然的平靜心境之自身。即使會通於孟子，也是指「本心即性」的「本心」說，而非此「不發便中」的情識之心或心理學的心。〔註93〕此一體證所表示的義理間架即靜復以立體或見體之義，不隨動滾下去而相反於動即為靜，逆回來即為復。由此靜復而見真體（中體）。

「致中和」的「致」是工夫字，它標示吾人達成「和」的理想狀態須有一番自覺地作道德實踐的工夫，作慎獨的工夫。在此「致」中，即含有逆覺之意，而即以逆覺開始其致。通過逆覺而肯認或體證中體（超越的實體）。但在喜怒哀樂未發之靜時所體認的大本中體，只是大本中體之在其自己而為抽象的狀態，這只是道德實踐的一關，如要使它成為具體而真實的大本，則必須再歸於日常生活中而體現之，此即所謂踐形、睟面盎背、以道徇身，也就是喜怒哀樂發而中節的和。所以致中和含有由超越體證而至具體呈現的全部工夫過程。真正自覺地作道德實踐，其工夫也不過如此而已。

陽明詠良知詩說：「無聲無臭獨知時，此是乾坤萬有基。」〔註94〕獨知的知即是無聲無臭、不睹不聞、喜怒哀樂未發前或未發時所欲體證的中體。良知是萬有之基，它不能不通於存有界。同樣地，中體也是一切事物的存在原理，它不能不通於存有界。雖通於存有界，可是自始即扣緊道德實踐說。因此，其形上意義是在道德實踐上含有的，這就是所謂「道德的形上學」。從實踐過程而達到最高境界，則天地萬物都在中體的潤澤、貫徹中，而成為具有真實價值的存在。可見「天地位焉，萬物育焉」這句話，顯然是一形上學的

〔註91〕《河南程氏遺書》第十八，伊川先生語四，〈與蘇季明論中和〉，蘇季明語。
〔註92〕同註91，伊川語。
〔註93〕參見同註71，頁377。
〔註94〕《王陽明全集》卷二十，外集二，詩，〈詠良知四首示諸生〉，頁384。

命題。

（二）內在的逆覺體證

1. 率性、盡性

《中庸》說率性、盡性，「性」是超越的義理之性，是吾人眞正的主體，可稱爲性體。性體是價值主體，它是人生以及一切文化活動的一個本源形態。儒者說性體是遍在於任何人的，惟賢者能不喪失罷了。一般人所以喪失，主要是被私欲所蒙蔽。雖然被私欲所蒙蔽，但不能說他沒有這個性體。既然肯定性體人皆有之，於是儒家主張人人都可以成爲聖人。這不僅是一邏輯的可能，而且是實踐的可能。以《中庸》而言，通過率性、盡性的道德實踐的工夫，即可體現性體，性體能朗現，則聖人可至。反過來說，所謂聖人，便是將性體充分體現出來的人，因此《中庸》說「唯天下至誠爲能盡其性」、「唯天下至誠爲能化」。

率、盡是工夫字，充盡而實現之的意思，這是使性體呈現的本質的工夫。不能率性、盡性，則無法開闢價值之源、樹立道德的主體。熊十力先生曾就《中庸》「率性之謂道」解釋說：

> 率性之謂道者，謂率由乎性，即性已顯。率由者，謂日用操存之際，
> 一切皆順性之發，而不至拘於形骸以妨礙其性也。有一毫私欲，便
> 是拘形骸所致，非其性然也。操存義見孟子。率性工夫，亦只是操
> 存。操存者，保任本心，而不放失。即念念之間，莫非眞性流行。
> 人不率性，則將如陽明所云順軀殼起念，而成頑然一物，乃失其本
> 性矣。率性率字，固是工夫，然工夫即本體，故謂之道。無此工夫，
> 即本體不顯，是失其道。〔註95〕

熊先生以孟子操存本心之義解釋「率性」，操存是使本心不放失的工夫，吾人若能操而存之，則本心即亭亭當當存在這裡；反之，若不能操而存之，則它就亡失而不見。其實也無所謂亡失，只是本心潛隱而不震動，所以不起作用而已。然而本心到底是一活物，豈有終不震動的道理？它隨時可以呈露出端倪來，就表示隨時能有震動。而且本心之不容已也自有一種力量，雖桎之反覆，終究是壓不住。這是逆覺所以可能也是必然的最內在的根據。逆覺者即逆其汨沒陷溺之流而警覺之意。警覺是本心自己的震動，這表示本心提起來

〔註95〕熊十力《讀經示要》，臺北：洪氏出版社，民國 65 年，卷一，頁 17。

而覺其自己，即在此「提起來而覺其自己」中醒悟其利欲之私、感性之雜——總之，隨軀殼起念，乃根本是墮落陷溺，而非其本心、非其真正之自己。於是便有一種內在不容已的力量突出來而違反那汩沒陷溺之流，而想從其中超拔出來，所以警覺又叫做逆覺。順本心的呈露當下警覺而體證之，認為此即吾人純淨的本心，是使那道德行為為可能的主體，這種體證就稱作「內在的逆覺體證」，因為此一良知自我覺醒的工夫並不隔絕感性經驗生活。假如無法肯認這個本心，那麼真正的道德行為（自律道德）就不可能出現。

《中庸》說率性、盡性，固然也是一種內在的逆覺體證的工夫，但不只是操存本心而已，它還包括在現實生活中各種不同的分際上作具體呈現的全部義理程序。須知體證只是道德實踐的一關，是消極工夫，積極工夫則在體現。如此體證而又體現之，至於純熟而歸於自然，便是孟子所謂「沛然莫之能禦」，再熟，一若堯舜的「性之」，便是聖人化境之平平。〔註96〕

性體通過「率」、「盡」的實踐工夫可以被體現，它可以被體現不是完全靠外力，外力只是助緣，乃是根本上靠此性體本身的震動而驚醒了吾人。所謂性體本身的震動，即是性體本身惻然有所覺的隨時呈露。這種惻然有所覺隨時呈露即可驚醒吾人反而正視之，此之謂「逆覺體證」。逆覺而體證、肯認之，即是不讓它流逝，不讓它忽隱忽現、出沒無常，也就是要把它定住，讓它淵然澄淳而自在而呈現。因此，性體一如人皆有之的本心，不是一個假定或理念，而根本就是一種呈現，此由性體隨時呈露可知。性體如是自在而呈現，吾人的生命即上遂而從它，而自感性中解脫出來。此時性體作主，不是感性作主；性體即不容已地起作用，這就是它的自律性。等到性體被體現而至全部朗現，則吾人的一切活動自必完全符合於性體的自律，此即所謂天理流行，堯舜性之，自誠明謂之性。到此境界，全部感覺界（現象界）已被轉成睿智界（價值界），聖人可至。〔註97〕

2. 誠之、明誠

《中庸》說「誠者，天之道也；誠之者，人之道也」，可見「天之道」以誠為體，「人之道」以誠為工夫。誠既是本體，也是工夫。天人合一的樞紐即在誠。就「天之道」而言，誠是天道的內容的意義，是形而上的本體，《中庸》

〔註96〕參見同註37，頁339。
〔註97〕參見牟宗三〈康德道德哲學述評〉一文，載《鵝湖月刊》第八卷第五期，民國71年11月出版。

說「天地之道可一言而盡也，其爲物不貳，則其生物不測」，不貳不測也就是誠。就「人之道」而言，誠不僅是道德創生的原理，也是道德的形上學中的存有論的原理，這是誠的本體義，同時它還是體現「誠體」的逆覺自證的道德工夫，這是誠的工夫義。所以誠在《中庸》，兼有形上含義與實踐含義。但《中庸》不論說天道，抑是人道，都是本於實踐的立場而說的，所謂「苟不至德，至道不凝焉」。理非空言，道不虛懸，必待人去體現。然而眞能盡其性而體現天道以至其極者則是聖人。而聖人之所以能盡其性而體現天道以至其極，也不過是誠而已。因此《中庸》說「唯天下至誠，爲能盡其性，……可以贊天地之化育，則可以與天地參矣」（第二十二章）。誠字在此首先作工夫義、作用義看，但就在「誠之」的工夫作用中，性的全體內容具於其中，所以誠也是工夫也是本體，可稱作誠體。《中庸》凡說性、天，皆由誠以實之，因而誠體即等於性體。依《中庸》義，性體是純粹而先天的道德理性；它所展現的道德法則，其先驗性與普遍性，是隨著天命之性而當然定然如此的。誠體亦復如此，它是先天而固有的，由誠體所自發的普遍的道德法則是一切道德行爲的準繩。

就體現誠體而言，隨人的根器而有不同的方式（形態）。能「安而行之」、「不勉而中，不思而得，從容中道」（均見第二十章）的是聖人，因聖人生命通體是一誠字，其具體清澈精誠惻怛的眞實生命本身就是全幅是仁道的表現，此即孟子所謂「堯舜性之也」的「性之」、「由仁義行」，《中庸》所謂「自誠明謂之性」。這些都表示工夫純熟至於「唯天下至誠爲能化」的境界。聖人以下的一般人，雖然人人皆有此本體，但由於氣質的偏蔽難化，所以必須經由「誠之」的工夫，以逐漸恢復其誠體，此即孟子所謂「湯武反之」的「反之」，也是《中庸》所謂「自明誠謂之教」。例如《中庸》認爲聖人以下的賢者，其生命未臻精純，因此須要自其一偏（曲）而推至其極（致），以至於「誠」的境界，所謂「其次致曲，曲能有誠」（第二十三章），朱子注說：「其次，通大賢以下凡有未至者而言也。致，推致也；曲，一偏也。……蓋人之性無不同，而氣則有異。故惟聖人能舉其性之全體而盡之，其次則必自其善端發現之偏而悉推致之，以各造其極也。」〔註98〕可見一般人常無此氣稟之善，所以不免時有不善或惡的表現，必須通過「誠之」的工夫以漸復其性。「誠之」的工夫即是「反之」的工夫，這是一種逆覺體證的工夫，因其不必

〔註98〕《四書集註》《中庸章句》。

隔絕現實生活，所以屬於內在的逆覺體證。「誠之」的工夫也是「復性」的
工夫，所謂復性，即恢復我們的主體性（本體性），也就是由「誠之」的工
夫以求恢復天所賦與自己的「誠」的本體或本性。積極地講，是在擴充、實
現吾人的義理之性；消極地講，則須變化吾人的氣質、節制吾人的情欲。《中
庸》說「誠之者，擇善而固執之也」（第二十章），「擇善而固執之」是誠體
所發的知是知非（道德上的是非）的作用。誠體一如性體、獨體、中體，它
是指導吾人行為的「當然之理」，是一切價值判斷的標準，是一個應當不應
當的先天的決定。《中庸》又說「誠身有道，不明乎善，不誠乎身矣」（第二
十章），表示要使自己的生命真實無妄（誠身），必須通過「明善」的工夫。
「明善」即「擇善而固執之」，都是「誠之」的工夫。不過此處所謂的「善」，
當是與「惡」相對的「善」，這是指表現上的事，而「誠體」（性體、獨體、
中體）自己則是粹然至善而無相對善惡之相的。也就是說，《中庸》所謂的
「明善」不必解同孟子所謂的「明善」。孟子「明善」是明乎本心之為絕對
的至善，而《中庸》「明善」的「善」則是指現實上相對善惡的善。前者是
「體」善，後者是「事」善。

　　至於如何才能「明善」、「擇善而固執之」及「自明誠」呢？《中庸》提
出了一套具體的步驟，此即：

　　　　博學之，審問之，慎思之，明辨之，篤行之。

這些都是說的「明善」、「擇善」及「自明」的工夫，由此不斷地實踐，就能
體現誠的境界。至於氣稟的限制，則吾人可以透過勤奮與努力來加以克服，《中
庸》說：

　　　　人一能之，己百之，人十能之，己千之。果能此道矣，雖愚必明，
　　　　雖柔必強。（第二十章）

《中庸》作者相信只要致曲有誠，工夫純熟，最終也能臻於至誠能化的境界。
這種對人雖有限而可無限的肯定，正是傳統儒家（佛、道亦然）一貫的立場
與信念。現實上人總是一感性的存在，由於有感性，所以常為物欲所牽引、
影響、左右，因而使那本心性體（誠體、獨體、中體）被蒙蔽而不易呈現出
來。道德實踐即是如何使這本心（良知）在屯蒙險阻中呈現，因而至於朗現。
這並無其他外在的巧妙辦法，本質的關鍵仍在逆覺體證的工夫。逆覺其實就
是良知的自我震動而警醒它自己。由此逆覺，良知呈現，乃至朗現。當吾人
為感性所左右時，我們的意念常不能順本心良知（誠體）的明覺而發，因此

總是有善有惡的,此即陽明所謂隨軀殼起念。等到本心良知（誠體）在屯蒙險阻中步步呈現,乃至全體朗現時,則意念即完全超化、轉化而爲順本心的明覺而發,此即陽明所謂致知以誠意,也是劉蕺山所謂「化念還心」。〔註99〕化念還心,意從知起,則意念純善而無惡,只是知體（誠體）感應的如如流行,只是良知天理的展現。

〔註99〕《劉子全書》卷十一,〈學言中〉。

結　論

　　本論文的主要目標，在探討《中庸》的形上思想，並嘗試用現代語言加以表述。而有關《中庸》文獻的疏理，及詮釋進路的抉擇，本文都以牟宗三先生之說爲基本依據。這是因爲截至目前爲止，仍以牟先生的理論具有最高的詮釋效力與籠罩性。他所建立的哲學系統，不但體系嚴謹，而且條理分明、思路一貫，可以恰當地說明《中庸》所蘊函的形上思想，並合理地安頓它在儒學發展史上的地位。

　　其次，本文的論述，重點之一是對《中庸》名義、作者與成書年代的探討，這些看似屬於外圍的考證的問題，實則對《中庸》形上思想的義理性格有一定程度的釐清作用。由中庸名義的析論，我們發現，「中庸」一詞，其實義只在「中」字。在《中庸》作者的心目中，「中」不僅是吾人道德實踐的根據，也是天地萬物的存有論根據。它已由先秦儒學實踐哲學的範疇，進而提昇爲形而上的範疇。這應即是《中庸》作者繼承孔、孟中道思想，而有的一步調適上遂的發展。由《中庸》作者及其成書年代探討，我們也發現，古今學者在這些方面所提出的種種質疑，大多不甚可靠，原因則往往出於對《中庸》義理的誤解。因此，一方面我們適時地加以辨正釐清，一方面也尊重學術史上各種客觀的資料與研究成果，將《中庸》的成書年代定在孟荀以後。它是思孟學派的共同創作，其義理性格仍是正宗儒家的。

　　本論文的第二個重點是《中庸》形上思想與儒學傳統。哲學思想不是懸空發生的，《中庸》形上思想亦復如此。我們認爲《中庸》自本體宇宙論的立場說性的思路，一方面是回應孔子以前「天命下貫而爲性」的意識趨向，一方面是順承孔子踐仁以知天、孟子盡心知性以知天的義理規路，而有的「性

體與天命實體通而爲一」的提升。其間實有一定的脈絡線索可尋，並非無端而至。換言之，無論就儒家理論內部及其外緣條件而言，《中庸》形上思想都有它發展的適當性與合法性。吾人即由此思想史背景的考察中，肯定《中庸》形上思想的義理性格，其實是繼承了孔、孟修人道以證天道的教義以後，又再往前一步，明天道以弘人道。

本論文的第三個重點是對當代《中庸》形上思想詮釋系統的考察。我們選擇了五位具代表性的當代學者的詮釋加以比較，由此確立了牟宗三先生的詮釋系統的優越性，而將《中庸》形上思想的義理性格，定位爲「道德的形上學」，即依道德的進路對萬物的存在有所解釋與說明。《中庸》由天命實體說性體，其實是以孔、孟的道規爲背景而來的後期充其極的圓滿發展，不可視爲敵對相反的歧途。換言之，《中庸》從道德的形上學的角度來看，正是發展孔孟「心性論」以解釋「存有」的思想。所以，它既不是如錢穆先生所說的自然主義的思想，也不是如勞思光先生所說的以存有論解釋價值論的形而上學的道德學的思想，而是以價值論解釋存有論的道德的形上學。依錢、勞二先生的詮釋進路理解《中庸》形上思想，不僅無法還原到文獻及歷史的脈絡中取得印證與支持，而且往往將詮釋對象導入自相矛盾的立場。因此，這樣的詮釋系統是不宜作爲理解《中庸》形上思想的依據的。由《中庸》對道德主體性的肯定，可知它基本上還是「天道性命相貫通」的思想。在道德的形上學中，實然與應然的對立不復存在，而是透過應然涵攝整個存在界，此所以道德秩序即宇宙秩序。這是實踐理性的事，而非知解理性的事。

本論文的最後一個重點是《中庸》形上思想的綱領與內涵。這個部份是屬於觀念系統的研究，也就是所謂思想體系的建構。就《中庸》形上思想的綱領而言，它是以首章「天命之謂性，率性之謂道，修道之謂教」三句話來展現天道觀、人性觀與工夫論，所以我們特別就這三句話進行義理的解析，以確定天、命、性、道、教諸詞的實際含義，並釐清它們之間的關聯。就《中庸》形上思想的內涵而言，我們根據「道德的形上學」的特性，將《中庸》形上思想的內涵，分別從「本體論」與「工夫論」兩方面加以展示。這個部份主要是針對《中庸》裡的一些重要形上概念與工夫理論，如道、性、仁、獨、中、誠與愼獨、致中和、率性、盡性、誠之、明誠等等加以闡述，以期將《中庸》形上思想眞實而具體地呈現出來。

《中庸》繼承孔子踐仁以知天、孟子盡心知性以知天的教義，而自本心

仁體、純粹至善的性體以通澈「於穆不已」的天道天命，這是由道德的主體
而透至其形而上的宇宙論的意義。儒家道德的形上學的義理架構因此確立。
北宋儒者自濂溪、橫渠至明道，進一步承《中庸》的圓滿發展，而從此頂峰
上說道體性體，更使先秦儒家道德的形上學得到充其極的發展而臻至圓滿的
境界。先秦儒家是由《論》、《孟》發展到《中庸》，北宋三家則是由《中庸》
漸回到《論》、《孟》。本文的論述，僅止於先秦，至於《中庸》在宋明理學中
的發展，則是今後有待努力的方向與課題。

主要參考書目

壹、書籍部份

1. 《周易》，十三經注疏本，藝文印書館。
2. 《周易讀本》，黃慶萱先生，三民書局。
3. 《易傳之形成及其思想》，戴璉璋先生，文津出版社。
4. 《尚書》，十三經注疏本，藝文印書館。
5. 《書集傳》，蔡沈，世界書局。
6. 《尚書今註今譯》，屈萬里，商務印書館。
7. 《新譯尚書讀本》，吳璵，三民書局。
8. 《詩經》十三經注疏本，藝文印書館。
9. 《詩經集傳》，朱熹，蘭台書局。
10. 《周禮》，十三經注疏本，藝文印書館。
11. 《禮記》，十三經注疏本，藝文印書館。
12. 《禮學新探》，高明先生，學生書局。
13. 《左傳》，十三經注疏本，藝文印書館。
14. 《論語》，十三經注疏本，藝文印書館。
15. 《論語正義》，劉寶楠，中華書局四部備要本。
16. 《孝經》，十三經注疏本，藝文印書館。
17. 《爾雅》，晉郭璞注，宋邢昺疏，商務印書館四部叢刊正編。
18. 《孟子》，十三經注疏本，藝文印書館。
19. 《孟子譯注》，楊伯峻，源流出版社。
20. 《孟子三辨之學的歷史省察與現代詮釋》，袁保新，文津出版社。

21. 《孟子哲學與先秦思想》，高柏園，文津出版社。

22. 《孟子思想的哲學探討》，李明輝，中研院文哲所。

23. 《大學義理疏解》，岑溢成，鵝湖出版社。

24. 《中庸指歸》，黎立武，商務印書館四庫全書。

25. 《中庸輯略》，朱子，商務印書館四庫全書。

26. 《中庸或問》，朱子，商務印書館四庫全書。

27. 《中庸章句大全》，胡廣，中國子學名著集成編印基金會。

28. 《中庸義理疏解》，楊祖漢，鵝湖出版社。

29. 《中庸誠的哲學》，吳怡，東大圖書公司。

30. 《中庸思想研究》，陳滿銘先生，文津出版社。

31. 《中庸形上思想》，高柏園，東大圖書公司。

32. 《大學中庸今釋》，陳槃，正中書局。

33. 《四書集註》，朱熹集註，學海出版社。

34. 《四書箋解》，王夫之，廣文書局。

35. 《四書纂疏》，趙順孫，商務印書館四庫全書。

36. 《四書的智慧》，王開府先生，萬卷樓圖書有限公司。

37. 《經典釋文》，陸德明，商務印書館四部叢刊正編。

38. 《讀經示要》，熊十力，洪氏出版社。

39. 《說文解字注》，許慎，蘭台書局。

40. 《周金文釋例》，王讚源，文史哲出版社。

41. 《史記會注考證》，瀧川龜太郎，洪氏出版社。

42. 《後漢書》，范曄，中華書局四部備要本。

43. 《梁書》，姚思廉，中華書局四部備要本。

44. 《隋書》，魏徵等，中華書局四部備要本。

45. 《宋史》，脫脫，中華書局四部備要本。

46. 《兩漢思想史》（一）（二）（三），徐復觀，學生書局。

47. 《老子道德經》，王弼注，紀昀校訂，文史哲出版社。

48. 《老子今註今譯》，陳鼓應註譯，商務印書館。

49. 《老子的哲學》，王邦雄，東大圖書公司。

50. 《老子哲學之詮釋與重建》，袁保新，文津出版社。

51. 《莊子集釋》，郭慶藩，世界書局。

52. 《莊子讀本》，黃錦鋐先生，三民書局。

53. 《莊子今註今譯》上下冊，陳鼓應註譯，商務印書館。

54. 《莊老通辨》，錢穆，東大圖書公司。

55. 《荀子集解》，王先謙，藝文印書館。

56. 《荀子讀本》，王忠林註譯，三民書局。

57. 《名家與荀子》，牟宗三，學生書局。

58. 《韓非子集釋》，陳奇猷，河洛圖書出版社。

59. 《淮南鴻烈集解》，劉文典，粹文堂書局。

60. 《春秋繁露義證》，董仲舒撰，蘇輿義證，河洛圖書出版社。

61. 《論衡集解》，王充撰，劉盼遂集解，世界書局。

62. 《孔叢子》，商務印書館四部叢刊正編。

63. 《韓昌黎全集》，韓愈，中華書局四部備要本。

64. 《李文公集》，李翱，商務印書館四部叢刊正編。

65. 《歐陽永叔集》，歐陽修，王雲五主編國學基本叢書四百種。

66. 《張載集》，張載，北平中華書局。

67. 《二程全書》，程顥、程頤，中華書局四部備要本。

68. 《捫蝨新話》，陳善，商務印書館叢書集成初編。

69. 《朱文公文集》，朱子，商務印書館四部叢刊正編。

70. 《朱子語類》，朱子，文津出版社。

71. 《象山全集》，陸象山，中華書局。

72. 《魯齋集》，王柏，商務印書館四庫全書。

73. 《習學記言》，葉適，商務印書館四庫全書。

74. 《玉海》，王應麟，華文書局。

75. 《王陽明全集》，王陽明，河洛圖書出版社。

76. 《劉子全書》，劉宗周，華文書局中華文史叢書。

77. 《宋元學案》上中下，黃宗羲，河洛圖書出版社。

78. 《明儒學案》上下，黃宗羲，河洛圖書出版社。

79. 《蛾術編》，王鳴盛，中文出版社。

80. 《考信錄》，崔述，世界書局。

81. 《中國哲學的特質》，牟宗三，學生書局。

82. 《道德的理想主義》，牟宗三，學生書局。

83. 《生命的學問》，牟宗三，三民書局。

84. 《才性與玄理》，牟宗三，學生書局。

85. 《心體與性體》三冊，牟宗三，正中書局。

86. 《從陸象山到劉蕺山》，牟宗三，學生書局。

87. 《智的直覺與中國哲學》，牟宗三，商務印書館。

88. 《現象與物自身》，牟宗三，學生書局。

89. 《中國哲學十九講》，牟宗三，學生書局。

90. 《時代與感受》，牟宗三，鵝湖出版社。

91. 《圓善論》，牟宗三，學生書局。

92. 《中西哲學之會通十四講》，牟宗三，學生書局。

93. 《中國哲學原論‧導論篇》，唐君毅，學生書局。

94. 《中國哲學原論‧原道篇》卷二，唐君毅，學生書局。

95. 《中國哲學原論‧原性篇》，唐君毅，學生書局。

96. 《中國文化之精神價值》，唐君毅，正中書局。

97. 《哲學概論》二卷，唐君毅，學生書局。

98. 《中國思想史》，錢穆，學生書局。

99. 《中國學術思想史論叢》（二），錢穆，東大圖書公司。

100. 《中國人性論史》，徐復觀，商務印書館。

101. 《中國思想史論集》，徐復觀，學生書局。

102. 《學術與政治之間》，徐復觀，學生書局。

103. 《思辯錄》，勞思光，東大圖書公司。

104. 《中國哲學史》三卷三冊，勞思光，香港友聯出版社。

105. 《新編中國哲學史》三卷四冊，勞思光，三民書局。

106. 《中國哲學史》，王邦雄等編著，國立空中大學印行。

107. 《中國古代哲學史》，胡 適，商務印書館。

108. 《中國哲學史》，馮友蘭，翻印本。

109. 《中國哲學史講義》，蔡仁厚，東海大學哲學系印行。

110. 《孔孟荀哲學》，蔡仁厚，學生書局。

111. 《宋明理學北宋篇》，蔡仁厚，學生書局。

112. 《宋明理學南宋篇》，蔡仁厚，學生書局。

113. 《王陽明哲學》，蔡仁厚，三民書局。

114. 《新儒家的精神方向》，蔡仁厚，學生書局。

115. 《儒家心性之學論要》，蔡仁厚，文津出版社。

116. 《朱子哲學思想的發展與完成》，劉述先，學生書局。

117. 《理想與現實的糾結》，劉述先，學生書局。

118. 《中西哲學論文集》，劉述先，學生書局‧。

119. 《當代儒學論集：傳統與創新》，劉述先主編，中研院文哲所。

120. 《佛教思想與現代探索》，傅偉勳，東大圖書公司。

121. 《學問的生命與生命的學問》，傅偉勳，正中書局。

122. 《儒家倫理學析論》，王開府先生，學生書局。

123. 《儒家與康德》，李明輝，聯經出版事業公司。

124. 《康德倫理學與孟子道德思考之重建》，李明輝，中研院文哲所。

125. 《儒學與現代意識》，李明輝，文津出版社。

126. 《當代儒學之自我轉化》，李明輝，中研院文哲所。

127. 《天人關係論》，楊慧傑，大林出版社。

128. 《中國人性論》，臺大哲學系主編，東大圖書公司。

129. 《中國心性論》，蒙培元，學生書局。

130. 《儒家哲學新論》，傅佩榮，業強出版社。

131. 《儒道天論發微》，傅佩榮，學生書局。

132. 《儒家的心學傳統》，楊祖漢，文津出版社。

133. 《儒家的心性學與道德形上學》，盧雪崑，文津出版社。

134. 《寂寞的新儒家》，牟宗三等，鵝湖出版社。

135. 《文學與美學》，龔鵬程，業強出版社。

136. 《從價值系統看中國文化的現代意義》，余英時，時報文化出版企業有限公司。

137. 《儒道之間》，王邦雄，漢光文化事業公司。

138. 《儒家哲學》，吳汝鈞，商務印書館。

139. 《中國人的價值觀——人文學觀點》，沈清松編，桂冠圖書公司。

140. 《當代新儒學論文集‧內聖篇》，鵝湖學術叢刊，文津出版社。

141. 《儒家圓教底再詮釋》，謝大寧，學生書局。

142. 《先秦儒學史概論》，王志躍，文津出版社。

143. 《中國古代天道思想論》，李杜，藍燈文化事業股份有限公司。

144. 《中西哲學思想中的天道與上帝》，李杜，聯經出版事業公司。

145. 《現代中國與形上學》，項退結，黎明文化事業公司。

146. 《儒家形上學》，羅光，學生書局。

147. 《形上學》，曾仰如，商務印書館。

148. 《中外形上學比較研究》上下冊，李震，中央文物供應社。

149. 《解除世界魔咒》，沈清松，時報文化出版企業有限公司。

150. 《詮釋與創造》，沈清松，聯合報系文化基金會。

151. 《牟宗三先生與中國哲學之重建》，蔡仁厚等，文津出版杜。

152. 《帛書五行篇研究》，龐樸，山東齊魯書社 1988 年。

貳、論文部份

1. 〈四書學考〉，傅武光先生，師大國文研究所碩士論文，62 年 7 月。

2. 〈康德道德哲學述評〉，牟宗三，鵝湖月刊第八卷第五期，71 年 11 月。

3. 〈當然之理與實然之理〉，戴璉璋先生，鵝湖月刊第七卷第七期，71 年 1 月。

4. 〈述殷周之際〉，戴璉璋先生，鵝湖月刊第二卷第二期，65 年 8 月。

5. 〈關於道德自律的反省〉，孫振青，哲學與文化第十五卷第六期，77 年 6 月。

6. 〈帛書五行篇思想研究〉，汪義麗，中國文化大學博士論文，84 年。

7. 〈帛書五行篇、德聖篇論道德、心性與形體的關聯〉，楊儒賓，中國文哲研究的回顧與前瞻研討會論文，79 年。

8. 〈馬王堆二、三號漢墓發掘的主要收穫〉，中國科學院考古研究所暨湖南省博物館寫作小組，《考古》，1974 年第一期。

9. 〈儒家心性論的現代化課題〉（上），傅偉勳，鵝湖月刊第十卷第五期，73 年 11 月。

10. 〈儒家心性論的現代化課題〉（下），傅偉勳，鵝湖月刊第十卷第八期，75 年 2 月。